SVEC
2010
08

Les *Lettres sur la sympathie* (1798) de Sophie de Grouchy: philosophie morale et réforme sociale

SVEC (formerly known as *Studies on Voltaire and the Eighteenth Century*) is dedicated to eighteenth-century research. *SVEC* welcomes work across a broad range of disciplines and critical methodologies.

www.voltaire.ox.ac.uk

C

PQ
2105
.A2
S8
V.2010:08
2010

Les *Lettres sur la sympathie* (1798) de Sophie de Grouchy: philosophie morale et réforme sociale

Sous la direction de

MARC ANDRÉ BERNIER

et

DEIDRE DAWSON

VOLTAIRE FOUNDATION

OXFORD

2010

© 2010 Voltaire Foundation, University of Oxford

ISBN 978 0 7294 1000 7
ISSN 0435-2866

The Voltaire Foundation is a department of the University of
Oxford. It furthers the University's objective of excellence in
research, scholarship and education by publishing worldwide.

Voltaire Foundation
99 Banbury Road
Oxford OX2 6JX, UK
www.voltaire.ox.ac.uk

A catalogue record for this book is available from the British Library

History of ideas / women's studies
Histoire des idées / études sur les femme

Cover illustration: *La Liberté et l'Égalité unies par la Nature* (1796), estampe de Louis Charles
Ruotte. Collection Hennin, 12289, BnF.

FSC (the Forest Stewardship Council) is an independent organization established to
promote responsible management of the world's forests.

This book is printed on acid-free paper

Printed in the UK by Page Bros (Norwich) Ltd

Table des matières

Remerciements

Les auteurs du dix-huitième siècle feignent souvent de ne s'être résolus à publier un livre qu'à la suite des sollicitations pressantes de quelques amis. On nous permettra d'imiter leur exemple, moins pour se faire un mérite de l'intérêt que nos travaux auraient pu susciter, que pour souligner le rôle d'une communauté d'amitié et de savoir sans laquelle cette entreprise aurait été impossible. Nous aimerions tout particulièrement remercier les collaborateurs dont les textes que nous avons réunis dans cet ouvrage ont été d'un apport déterminant à notre réflexion. Que dire également de Jonathan Mallinson, de ses encouragements et de son soutien amical? Nous ne saurions trop le remercier d'avoir bien voulu accueillir ce livre dans la collection qu'il dirige. Enfin, nous souhaiterions exprimer toute notre reconnaissance à Lyn Roberts, toute comme à Isabelle Lachance, professionnelle de recherche pour la Chaire de recherche du Canada en rhétorique, dont le travail de relecture, toujours attentif, nous a été d'un très précieux secours.

Présentation

MARC ANDRÉ BERNIER

Les métamorphoses de la sympathie
au siècle des Lumières

Lorsqu'en 1798, Sophie de Grouchy (1764-1822), marquise de Condorcet, fait paraître huit *Lettres sur la sympathie* à la suite de sa traduction de *The Theory of moral sentiments* d'Adam Smith,[1] l'ouvrage du philosophe écossais est déjà bien connu du public français. Publié en 1759 à Londres et Edimbourg, ce traité de philosophie morale avait reçu un écho presque immédiat en France, alors que Marc-Antoine Eidous en 1764, puis l'abbé Blavet en 1774 en avaient proposé deux éditions françaises successives. Comme le montre le titre que Sophie de Grouchy choisit de donner à ses *Lettres*, la vogue considérable dont jouit la pensée de Smith tient surtout à la place centrale que celui-ci accorde à la notion de sympathie, dont la discussion faisait d'ailleurs l'objet du premier chapitre de la *Théorie des sentiments moraux*. De fait, en cette seconde moitié du dix-huitième siècle, les discours sur la sympathie se situent au cœur des préoccupations d'une époque qui s'interroge aussi bien sur les fondements de la sociabilité que sur les sources du Moi, en présumant chaque fois un jeu complexe d'influences et de déterminations entre le corps et l'esprit, la raison et la sensibilité.

Si la sympathie connaît alors une telle fortune au sein de ces débats, elle le doit sans nul doute à l'ambiguïté de la notion elle-même, que son histoire sémantique inscrit aux confins de la médecine et de la psychologie, de la philosophie morale et de la science politique, de l'imaginaire amoureux, voire érotique, et de la théorie esthétique. Tandis que l'étymologie rappelle que le terme dérive de *sympathia*, lui-même 'emprunté au grec συμπάθεια dont la formation correspond au latin *compassio*', son histoire en fait un concept qui circonscrit un espace de savoir auquel il semble difficile d'assigner des frontières précises en raison des interférences constantes qu'il suppose entre le physique et le psychique. C'est ainsi que les langues anciennes et, à leur exemple, le

---

1. Adam Smith, *The Theory of moral sentiments*, éd. David D. Raphael et Alexander L. Macfie, dans *The Glasgow edition of the works and correspondence of Adam Smith* (Oxford, 1976), dorénavant *TMS*.

français classique s'en servent pour désigner 'aussi bien la communauté de sentiments ou d'impressions entre deux ou plusieurs personnes que le rapport de certaines choses entre elles'.[2] Le *Dictionnaire universel* (1690) de Furetière illustre à merveille ces différents axes de signification que comporte la notion, en évoquant tantôt des 'gens de même humeur qui ont de la *sympathie*', pour dire qu'il y a entre eux une conformité de qualités naturelles et de sentiments, tantôt la vigne, 'qui a de la *sympathie* avec l'ormeau', tantôt les deux pôles d'un aimant coupé en deux, si bien que 'l'un a de la *sympathie* avec l'autre, et l'attire'.[3] Bref, la sympathie renvoie autant à un principe à l'œuvre dans la chimie du vivant ou les mouvements de la matière que, suivant l'ancienne médecine des humeurs, à un facteur de rapprochement entre des tempéraments. En même temps, on s'aperçoit que la sympathie permet de mettre en relation non seulement des choses et des êtres, mais encore les divers champs du savoir où elle intervient. C'est pourquoi la force et l'intérêt de cette notion tiennent beaucoup moins à la rigueur de sa définition qu'aux transferts conceptuels qu'elle autorise entre les savoirs, depuis la chimie et la physique jusqu'à la médecine et la psychologie, et qui contribuent puissamment à nourrir, pendant toute son histoire, son génie métaphorique.

De ce point de vue, la sympathie se situe donc, comme le signalait récemment Patrick Dandrey, 'au cœur du complexe partage entre les domaines physique et spirituel dont le dialogue structure l'évolution de la pensée et des sciences occidentales'.[4] C'est même à ce titre que les discours sur la sympathie fécondent et renouvellent l'imaginaire scientifique, philosophique et littéraire au cours du dix-huitième siècle, en favorisant tout particulièrement le vaste mouvement de réhabili-tation du corps et des passions qui traverse tout le siècle. Dans ce contexte, sympathie, compassion ou même pitié forment un faisceau conceptuel en fonction duquel une anthropologie nouvelle entend valoriser l'activité spontanée et irréfléchie de la sensibilité humaine au nom du double refus de la philosophie stoïcienne, fondée sur la négation des désirs, et de la tradition des moralistes classiques, dont les maximes désenchantées proposent une anatomie impitoyable du cœur de l'homme pour mieux conclure au triomphe universel de l'égoïsme et de l'intérêt personnel. Dès 1704, dans *Le Système du cœur* que fait paraître

---

2.   Walter von Wartburg, 'Sympathia', dans *Französisches Etymologisches Wörterbuch. Eine Darstellung des galloromanischen Sprachschatzes* (Bâle, 1966), xii.488.
3.   Antoine Furetière, 'Sympathie', dans *Dictionnaire universel* (La Haye, Arnout et Reinier, 1690), n.p.
4.   Patrick Dandrey, 'Entre *medicinalia* et *moralia*: la double ascendance de la sympathie', dans *Les Discours de la sympathie: enquête sur une notion de l'âge classique à la modernité*, éd. Thierry Belleguic, Eric Van der Schueren et Sabrina Vervacke (Québec, 2007), p.22.

Etienne Simon de Gamaches (1672-1756), auteur proche de Fontenelle et membre de l'Académie des sciences, on lit par exemple: 'la compassion fait une partie considérable de cette sensibilité dont nous avons besoin pour les intérêts d'autrui. Et c'est ici le lieu d'attaquer certains philosophes qui font gloire de donner tout à la raison, qui ne peuvent souffrir pour parler leur langage qu'on soit la dupe de ses propres sentiments.' Et l'auteur de préciser, quelques pages plus loin à l'intention de ces austères philosophes, que la nature

> nous fait souffrir lorsque ceux avec qui nous avons quelque liaison se trouvent dans la peine, afin que recherchant comme par instinct à nous délivrer des inquiétudes qu'elle nous donne, nous cherchions en même temps à les soulager dans les disgrâces qu'ils éprouvent; c'est pourquoi il faut convenir, que de ce côté-là notre sensibilité est toujours véritablement estimable, puisqu'elle nous met et qu'elle nous affermit dans les dispositions où nous devons être pour les intérêts de la société.[5]

Autrement dit, compassion et sympathie substituent non seulement à la règle morale édictée par une raison législatrice un mouvement naturel et spontané d'identification aux sentiments d'autrui, mais elles permettent encore de comprendre en quoi l'affectivité participe de la formation du lien social. Suivant le même esprit, lorsque la République française, à l'autre extrémité du siècle, fait de la fraternité l'un de ses fondements, il entre dans cet idéal la nécessité de présumer l'existence, comme l'affirme à juste titre Pierre Macherey, d'un 'sentiment du collectif tel qu'il peut se former chez l'individu'[6] et que la sympathie sert, précisément, à nommer et à penser. Au reste, dans l'intervalle qui sépare les spéculations morales auxquelles se livre le *Système du cœur* et les proclamations généreuses que publie la Révolution, les discours sur la sympathie seront étroitement associés à l'invention littéraire, notamment dans la seconde moitié du siècle, alors que l'écriture s'assigne de plus en plus comme tâche de dire le mystère qui unit les êtres, dans les moments où s'opère une sorte de chimie des cœurs. De manière privilégiée, la sympathie et l'imaginaire qui en procède permettent de forger un langage susceptible d'évoquer ces attractions irrésistibles, cette communion des corps et cet accord des âmes, comme le fait Rousseau dans ses *Confessions*, où il demande: 'Que ceux qui nient la sympathie des âmes expliquent, s'ils peuvent, comment de la première entrevue, du premier mot, du premier regard, Mme de

5. Etienne Simon de Gamaches, *Le Système du cœur, ou Conjectures sur la manière dont naissent les différentes affections de l'âme, principalement par rapport aux objets sensibles, par M. de Clarigny* (Paris, Denys Dupuis, 1704), p.198-99 et p.205-207.
6. Pierre Macherey, 'Sympathie', dans *Dictionnaire de philosophie politique*, éd. Philippe Raynaud et Stéphane Rials (Paris, 1996), p.656.

Warens m'inspira, non seulement le plus vif attachement, mais une confiance parfaite, et qui ne s'est jamais démentie.'[7]

Rousseau n'est pas seul, loin s'en faut, à témoigner de ce déplacement du foyer de l'analyse morale chez les écrivains, moins soucieux désormais de décrire, comme pouvait le faire un Crébillon fils, les calculs et les stratégies présidant à la conquête amoureuse, que de rêver à une société des cœurs qu'autorisent et favorisent les usages métaphoriques de la notion de sympathie. Dès 1767, ne voit-on pas Louis-Sébastien Mercier publier un roman qu'il intitule *La Sympathie* et où il observe d'emblée qu'il 'ne faut qu'un instant pour unir deux belles âmes', que celles-ci 'volent l'une au-devant de l'autre', portées par 'une force inconnue' que 'nous nommons Sympathie'?[8] En Allemagne, au seuil du dix-neuvième siècle, Goethe, on le sait, fera à son tour de cette 'force inconnue' la matière et le principe de l'intrigue des *Affinités électives* (*Die Wahlverwandtschaften*, 1809), roman qu'il considérait lui-même comme le plus accompli de tous ceux qu'il avait écrits.

A simplement évoquer ces quelques jalons et ces quelques titres, tantôt obscurs et tantôt célèbres, on mesure enfin l'incroyable vitalité et la surprenante hétérogénéité qui caractérisent la notion de sympathie au cours de la période. Si intimement lié aux fictions et aux concepts qu'invente le siècle, le foisonnement des imaginations de toutes sortes auquel donne lieu la sympathie en explique le rôle éminent, comme l'illustrent, au demeurant, les travaux qu'a multipliés sur cette question la recherche universitaire actuelle. Avec la publication récente d'un ouvrage collectif aussi riche et imposant que *Les Discours de la sympathie: enquête sur une notion de l'âge classique à la modernité*, on pourrait même conclure, comme le fait Jean-Pierre Cléro en introduction, que 'la sympathie a désormais sa somme'.[9] Pourtant, l'histoire de cette notion au siècle des Lumières comporte toujours une part d'ombre et, singulièrement, lorsqu'il s'agit de mieux comprendre la manière dont la philosophie morale écossaise se prolonge et se transforme, en France, dans les milieux qui se réclament aussi bien des formes les plus radicales du sensualisme, voire du matérialisme athée, que de l'idéal républicain. C'est pourquoi la réédition des huit *Lettres sur la sympathie* de Sophie de Grouchy, dont le texte était devenu d'un accès difficile, représente d'abord une invitation à parcourir ce territoire moins bien exploré, alors que les six études qui les accompagnent et que nous avons réunies à leur suite se proposent d'interroger l'originalité de leur apport et d'en éclairer la portée.

---

7. Jean-Jacques Rousseau, *Les Confessions*, dans *Œuvres complètes* (Paris, 1964), t.1, p.52.
8. Louis-Sébastien Mercier, *La Sympathie, histoire morale* (Amsterdam, Zacharie, 1767), p.11.
9. Jean-Pierre Cléro, 'Introduction', dans *Les Discours de la sympathie*, éd. T. Belleguic, E. Van der Schueren et S. Vervacke, p.xiii.

De fait, on ne saurait réduire la contribution de Sophie de Grouchy à l'histoire des discours sur la sympathie au seul mérite d'avoir procuré au public français la meilleure traduction de *The Theory of moral sentiments*. Certes, cette ambition importe elle aussi, et d'autant plus que son travail, appelé à faire autorité, sera repris tout au long des dix-neuvième et vingtième siècles dans les rééditions successives de l'ouvrage de Smith, jusqu'à ce que paraisse, en 1999, la nouvelle traduction de Michaël Biziou, Claude Gautier et Jean-François Pradeau, qui reconnaissent d'ailleurs eux-mêmes que la version de la marquise de Condorcet 'procure à son lecteur le plaisir d'une langue raffinée'.[10] L'année même de la mort de Sophie de Grouchy, la notice que lui consacrait la *Biographie nouvelle des contemporains* ne disait déjà rien d'autre: 'On lui doit une bonne traduction de deux ouvrages de Smith: *Théorie des sentiments moraux*, etc., et *Dissertation sur l'origine des langues* [...]. La traduction par Mme de Condorcet est remarquable par la pureté et l'élégance du style, les idées et la sévérité du langage philosophique.' Toutefois, à cet éloge, ses biographes ajoutaient aussi cette remarque: 'Cet ouvrage contient en outre huit *Lettres sur la sympathie*, dans lesquelles Mme Condorcet supplée aux omissions de l'auteur anglais, dont elle examine, modifie et quelquefois combat les opinions.'[11]

Or, ce dialogue critique qu'engage Sophie de Grouchy avec la pensée de Smith s'inscrit d'abord dans un contexte où, comme l'écrit malignement l'une de ses contemporaines, la duchesse d'Abrantès, 'Mme de Condorcet employait le pouvoir que lui donnaient ses talents et sa beauté, non seulement sur son mari, mais sur tout ce qui venait dans son salon pour opérer le terrible mouvement subversif de toutes choses'.[12] Le remarquable portrait qu'Elisabeth Badinter propose de Sophie de Grouchy et sur lequel s'ouvre la section où sont réunies les études que nous avons rassemblées insiste d'ailleurs à juste titre sur les particularités de ce salon qui, régi par un couple affichant un athéisme militant et pratiquant 'l'égalité des sexes', s'affirme dès le début de la Révolution comme 'le plus "progressiste" de Paris'. C'est là, poursuit E. Badinter, 'que l'on prône pour la première fois l'idée de République, en juillet 1791, après la fuite du roi; là que les principaux chefs de la Gironde se réunissent pour définir leur stratégie; là, enfin, que se décide

---

10. Michaël Biziou, Claude Gautier, Jean-François Pradeau, 'Introduction', dans Adam Smith, *Théorie des sentiments moraux*, trad. et éd. M. Biziou, C. Gautier et J.-F. Pradeau (Paris, 1999), p.10.
11. Antoine Vincent Arnault *et al.*, 'Grouchy (Sophie)', dans *Biographie nouvelle des contemporains, ou Dictionnaire historique et raisonné de tous les hommes qui, depuis la Révolution française, ont acquis de la célébrité* (Paris, 1822), t.8, p.364.
12. Henri Valentino, *Mme de Condorcet, ses amis et ses amours, 1764-1822* (Paris, 1950), p.71; cité ci-dessous par Elisabeth Badinter, 'Esquisse d'un portrait', p.109.

l'élection de Condorcet à la Législative'.[13] A la fois républicaine et girondine, cette sensibilité politique s'exprime dans les préoccupations que Sophie partage avec son époux dans les années 1780 et 1790, depuis la question de l'égalité des droits entre les sexes jusqu'à celle de l'abolition de l'esclavage des Noirs, en passant par le projet d'une réforme de l'instruction publique qu'anime l'idéal d'une école gratuite et universelle. Bref, Sophie de Grouchy est 'fille des Lumières'.[14]

Elle l'est d'abord à titre d'héritière des formes de sociabilité lettrée propres au salon d'Ancien Régime et de la tradition de libre pensée illustrée par les encyclopédistes; elle l'est ensuite en tant que figure particulièrement représentative d'une génération qui, engagée dans la Révolution et regroupée autour du cercle des idéologues, entend poursuivre l'œuvre des philosophes en travaillant à fonder ce que notre modernité appellera les sciences humaines. Belle-sœur du médecin et philosophe Cabanis, intimement liée, de surcroît, aux principaux collaborateurs de la *Décade philosophique*, sa démarche s'inscrit surtout dans une mouvance qui, caractéristique des Lumières finissantes, radicalise les thèses du sensualisme jadis formulées par Condillac au profit d'un matérialisme naturaliste dont l'ambition essentielle consiste à approfondir l'analyse du destin intellectuel et social des sensations physiques. L'esprit qui préside à ce programme, Cabanis lui-même le résume avec éloquence dans la préface du traité qu'il consacre aux *Rapports du physique et du moral de l'homme* (1802):

> Les écrivains qui se sont occupés avec quelque profondeur de l'analyse des idées, de celle du langage et des autres signes qui les représentent, et des principes de la morale privée ou publique, ont presque tous senti cette nécessité de se diriger, dans leurs recherches, d'après la connaissance de la nature humaine physique. [...] Ici le moraliste et le médecin marchent toujours encore sur la même ligne. Celui-ci n'acquiert la connaissance complète de l'*homme physique* qu'en le considérant dans tous les états par lesquels peuvent le faire passer [...] les modifications de sa propre faculté de sentir; celui-là se fait des idées d'autant plus étendues et plus justes de l'*homme moral*, qu'il l'a suivi plus attentivement dans toutes les circonstances où le placent [...] les événements de l'état social, les divers gouvernements, les lois.[15]

Dès la fin du dix-huitième siècle, c'est précisément cette perspective qu'adopte Sophie de Grouchy dans ses *Lettres*, alors qu'en cherchant à fonder les sciences de l'homme moral sur celles de l'homme physique en faveur d'une démarche attentive aux 'événements de l'état social', elle renouvelle de ce fait la réflexion autour de la question de la sympathie.

13. Voir ci-dessous, E. Badinter, 'Esquisse d'un portrait', p.112.
14. Voir ci-dessous E. Badinter, 'Esquisse d'un portrait', p.122 et suiv.
15. Pierre Jean Georges Cabanis, *Rapports du physique et du moral de l'homme* (Paris, 1843), p.44.

Du moins est-ce la lecture qu'en proposera Cabanis lui-même dès 1802. S'il est vrai, rappelle-t-il, que Smith a fait du principe de la sympathie morale 'une analyse pleine de sagacité', celle-ci est pourtant restée 'incomplète, faute d'avoir pu le rapporter à des lois physiques'; en revanche, en suivant cette voie dont le philosophe écossais s'était détourné, 'Mme Condorcet, par de simples considérations rationnelles, a su tirer [ce principe] du vague où le laissait encore la *Théorie des sentiments moraux*'.[16] Cette réflexion mérite assurément d'être approfondie, ce qui suppose d'abord de rappeler rapidement certaines lignes de force des discours sur la sympathie chez les philosophes écossais, de manière à esquisser ensuite les orientations fondamentales de la relecture qu'en propose Sophie de Grouchy.

De l'école écossaise au matérialisme français

Qu'il s'agisse des Lumières européennes en général ou de la philosophie morale écossaise en particulier, la fortune de la notion de sympathie tient, on l'a vu, au projet de réhabilitation de l'affectivité qui anime tout le dix-huitième siècle. En même temps, ancrer l'expérience morale dans la nature affective de l'homme permet de dépasser les logiques de l'intérêt qui, chez des philosophes comme Hobbes ou des moralistes comme La Rochefoucauld, président sans cesse et sans merci aux affaires du monde. Fonder une théorie des *sentiments moraux* pour mieux réfuter cette anthropologie pessimiste où les calculs d'un Moi égoïste gouvernent seuls le cœur de l'homme, voilà même le projet qui anime les Lumières écossaises depuis Francis Hutcheson (1694-1746) jusqu'à Adam Smith (1723-1790), en passant par David Hume (1711-1776).[17] Titulaire de la chaire de philosophie morale à l'université de Glasgow, où il fut le maître de Smith, Hutcheson s'inspire ainsi de l'œuvre du philosophe anglais Shaftesbury (1671-1713) pour en tirer, le premier, une morale du sentiment fondée sur l'idée suivant laquelle 'the Author of Nature [...] has given us strong affections to be the springs of each virtuous action; and made virtue a lovely form, that we might easily distinguish it from its contrary'.[18] Ce ressort affectif des actions vertueuses, Hutcheson l'associe surtout, on s'en aperçoit, à une percep-

16. P. J. G. Cabanis, *Rapports du physique et du moral*, p.479.
17. Sur 'le caractère essentiellement réactif de l'invention du *moral sens*' et, dans son prolongement, de la sympathie chez les philosophes écossais, voir notamment Laurent Jaffro, 'La formation de la doctrine du sens moral: Burnet, Shaftesbury, Hutcheson', dans *Le Sens moral: une histoire de la philosophie morale de Locke à Kant*, éd. Laurent Jaffro (Paris, 2000), p.13.
18. Francis Hutcheson, *An Inquiry into the original of our ideas of beauty and virtue* (Londres, 1738), p.xiv.

tion immédiate et intuitive dans l'ordre sensible: à ce titre, il l'envisage comme une faculté interne analogue aux sens externes et propose de l'appeler 'sens moral' ('moral sense').[19] C'est ce que Smith lui-même rappelle dans les pages qu'il consacre à Hutcheson dans sa *Théorie des sentiments moraux*: 'Comme les corps qui nous environnent, en affectant nos sens d'une certaine manière, paraissent posséder certaines qualités de goût, d'odeur, de même les différentes affections et actions, en affectant cette puissance particulière de perception, paraissent posséder certaines qualités aimables ou odieuses, vertueuses et vicieuses, justes ou erronées.'[20]

Au surplus, en assimilant le sens moral à une faculté de sentir appelée à devenir le fondement de son éthique, Hutcheson réprime non seulement, comme le souligne à nouveau Smith, 'les injustices de l'amour de soi', mais fortifie encore 'dans le cœur de l'homme les affections les plus douces et les plus généreuses'[21] qui, elles-mêmes, placent les êtres vivants dans une sorte de communication bienveillante les uns avec les autres. Toutefois, si cet apport décisif de Hutcheson à la révolution sentimentale des Lumières écossaises nourrira bientôt, chez ses continuateurs, l'ambition de fonder le rapport à autrui sur un principe profondément étranger à la conception d'un Moi qui n'a en vue que son avantage, il n'en demeure pas moins que la notion de sens moral elle-même, comme l'observe encore Smith, suppose 'une nouvelle puissance de perception, dont on n'a jamais parlé jusque-là'.[22] C'est pourquoi, autant chez Hume que chez Smith, le sens moral sera appelé à se résorber dans le concept de sympathie, notion qu'ils conçoivent l'un et l'autre comme 'un opérateur qui permet la communication ou le transfert des affects'[23] et qui, en ce sens, peut assurément se prévaloir d'une plus grande évidence empirique qu'une faculté intime dont ni l'origine ni le

19. F. Hutcheson, *An Inquiry*, p.xiv.
20. Adam Smith, *Théorie des sentiments moraux*, trad. S. de Grouchy (Paris, F. Buisson, An VI [1798]), septième partie, section 3, ch.3, p.251. Voir *TMS*, p.322: 'As the bodies around us, by affecting these in a certain manner, appear to possess the different qualities of sound, taste, odour, colour; so the various affections of the human mind, by touching this particular faculty in a certain manner, appear to possess the different qualities of amiable and odious, of virtuous and vicious, of right and wrong.'
21. A. Smith, *Théorie des sentiments moraux*, septième partie, section 2, ch.3, p.209. *TMS*, p.303-304: 'Such is the account given of the nature of virtue in this amiable system, a system which has a peculiar tendency to nourish and support in the human heart the noblest and the most agreeable of all affections, and not only to check the injustice of self-love.'
22. A. Smith, *Théorie des sentiments moraux*, septième partie, section 3, ch.3, p.250. *TMS*, p.321: 'there is no occasion for supposing any new power of perception which had never been heard of before'.
23. Philippe Chanial et Alain Caillé, 'Présentation', dans *L'Homme est-il un animal sympathique? Le contr'Hobbes*, *Revue du MAUSS* 31 (2008), p.15.

fonctionnement ne semblent confirmés par le témoignage de l'expérience. De fait, pour ces héritiers de Hutcheson, la sympathie, 'faculté généralement connue et qui appartient à tous les hommes, suffit pour expliquer tous les effets qu'on attribue à la faculté particulière nommée *sens moral*'.[24]

Le premier chapitre de la *Théorie des sentiments moraux* témoigne de cette évolution et de ces tensions propres à la philosophie morale écossaise, Smith y introduisant en ces termes la question des sentiments moraux: 'Quelque degré d'amour de soi qu'on puisse supposer à l'homme, il y a évidemment dans sa nature un principe d'intérêt pour ce qui arrive aux autres, qui lui rend leur bonheur nécessaire, lors même qu'il n'en retire que le plaisir d'en être témoin.'[25] Ce principe, qui détermine chacun à s'intéresser à la fortune d'autrui, sert ensuite de socle à ce que Smith appelle un 'système de la sympathie', système au nom duquel il entend combattre les philosophes et les moralistes qui, tel Hobbes ou Mandeville, plaçaient l'amour-propre au cœur des affections humaines. En effet, poursuit-il, le 'système qui déduit toutes nos passions et tous nos sentiments de l'amour de soi, système qui a fait tant de bruit dans le monde mais, qu'on n'a, ce me semble, jamais bien développé, n'est que le système de la sympathie pris dans un sens contraire au sens véritable'.[26] C'est à placer sous ce nouveau jour le principe véritable des actions humaines que s'emploie la suite du texte, la sympathie y devenant un mécanisme primitif de contagion des passions à partir duquel seront déduites toutes les règles de la moralité, voire de la justice et de la sociabilité.

Pitié et compassion ou, plus exactement, selon la belle expression de Smith, '*fellow-feeling*',[27] la sympathie se distinguerait donc radicalement de

---

24. A. Smith, *Théorie des sentiments moraux*, septième partie, section 3, ch.3, p.250. *TMS*, p.321: 'and sympathy, a power which has always been taken notice of, and with which the mind is manifestly endowed, is [...] sufficient to account for all the effects ascribed to this peculiar faculty'.

25. A. Smith, *Théorie des sentiments moraux*, première partie, section 1, ch.1, p.5-6. *TMS*, p.9: 'How selfish soever man may be supposed, there are evidently some principles in his nature, which interest him in the fortune of others, and render their happiness necessary to him, though he derives nothing from it except the pleasure of seeing it.'

26. A. Smith, *Théorie des sentiments moraux*, septième partie, section 3, ch.1, p.241-42. *TMS*, p.317: 'That whole account of human nature, however, which deduces all sentiments and affections from self-love, which has made so much noise in the world, but which, so far as I know, has never yet been fully and distinctly explained, seems to me to have arisen from some confused misapprehension of the system of sympathy.'

27. *TMS*, p.10: 'Sympathy [...] may now [...] be made use of to denote our fellow-feeling with any passion whatever.' A juste titre, la plus récente traduction française propose de rendre *fellow-feeling* par 'affinité'; voir A. Smith, *Théorie des sentiments moraux*, trad. Michaël Biziou, Claude Gautier et Jean-François Pradeau (1999; Paris, 2007), p.25, n.3.

tous les mouvements égoïstes que suscite en chacun l'amour de soi. Mais,
demandera-t-on, si la philosophie morale écossaise a mobilisé et amplifié
l'idée de sympathie pour mieux jeter les bases d'une véritable
refondation de la pensée morale, où cherchait-elle, où trouvait-elle en
l'homme la source d'un tel principe? Voici en quels termes Smith répond
à cette première question: 'Aucune expérience immédiate ne nous
apprenant ce que les autres hommes sentent, nous ne pouvons nous
faire d'idée de la manière dont ils sont affectés',[28] observe-t-il d'abord,
avant d'ajouter cette remarque capitale:

> nos sens ne nous portent et ne nous porteront jamais au-delà de notre
> personne; il n'y a que l'imagination qui nous fasse concevoir quelles sont les
> sensations de cet homme souffrant; et l'imagination même ne peut faire
> naître en nous cette idée que parce qu'elle nous représente ce que nous
> éprouverions si nous étions à sa place. Elle nous montre alors les impressions
> que recevraient nos sens, et non celles dont les siens sont affectés.[29]

Autrement dit, la sympathie procède d'une représentation qui fait en
sorte que le rapport à autrui se joue sur la scène d'un théâtre intérieur où
se produisent des impressions enfantées par l'imagination.

Cette dimension proprement théâtrale de la sympathie n'a pas
échappé à la critique actuelle. Par exemple, dans un ouvrage paru il y
a quelques années sous le titre de *Surprising effects of sympathy*, le critique
américain David Marshall remarquait ainsi combien, pour Smith, 'acts of
sympathy are structured by theatrical dynamics that (because of the
impossibility of really knowing or entering into someone else's sentiments) depend on people's ability to represent themselves as tableaux,
spectacles, and texts before them'.[30] Chez lui, la sympathie dérive
toujours d'un 'imaginary change of situations'[31] et, dans ce contexte,
on comprendra sans peine que Smith, qui fut lui-même professeur de
rhétorique et auteur de célèbres *Lectures on rhetoric and belles lettres*,[32]
appréhende la sympathie à la lumière de parallèles incessants entre

---

28. A. Smith, *Théorie des sentiments moraux*, première partie, section 1, ch.1, p.6. *TMS*, p.9: 'As we
    have no immediate experience of what other men feel, we can form no idea of the
    manner in which they are affected.'
29. A. Smith, *Théorie des sentiments moraux*, première partie, section 1, ch.1, p.7. *TMS*, p.9: 'our
    senses [...] never did, and never can, carry us beyond our own person, and it is by the
    imagination only that we can form any conception of what are [the] sensations [of my
    brother]. Neither can that faculty help us to this any other way, than by representing to us
    what would be our own, if we were in his case. It is the impression of our own senses only,
    not those of his, which our imaginations copy.'
30. David Marshall, *The Surprising effects of sympathy: Marivaux, Diderot, Rousseau and Mary Shelley*
    (Chicago et Londres, 1988), p.5.
31. *TMS*, p.317.
32. A. Smith, *Lectures on rhetoric and belles lettres, delivered in the University of Glasgow by Adam Smith,
    reported by a student in 1762-1763*, éd. John M. Lothian (Toronto et New York, 1963).

l'expérience vécue et la représentation littéraire.[33] Qu'il s'agisse des 'gens du peuple' qui, observant un funambule, 'tournent et balancent leur corps comme ils voient que fait le danseur, et comme ils sentent qu'ils devraient faire eux-mêmes s'ils étaient sur la corde'; ou encore des 'héros de roman ou de tragédie [qui] nous font également partager leurs succès et leurs revers': dans tous les cas, conclut Smith, 'l'émotion du spectateur est donc toujours analogue à ce qu'il croirait ressentir lui-même s'il éprouvait une de ces passions'.[34]

La sympathie, une émotion *analogue*? En mettant en parallèle le numéro d'un funambule et un héros de roman, l'expérience vécue et l'effet rhétorique qu'exerce une fiction, Smith réaffirme, à vrai dire, l'impossibilité où se trouve chaque individu de ressentir immédiatement ce qu'éprouve autrui. Certes, sympathiser consiste à pouvoir se mettre à la place de l'autre, mais ce mécanisme tient *essentiellement* à l'imagination, si bien que la sympathie, comme l'a déjà observé Jean-Pierre Cléro, 'n'implique pas plus de correspondance entre nous et ce avec quoi nous sympathisons qu'il en existe entre nos représentations et les objets que nous croyons voir'.[35] C'est pourquoi la sympathie invite à associer les phénomènes de contagion des passions à un jeu de rôles imaginaire et, du même souffle, à assimiler la conscience morale à une sorte de théâtre intime. Il s'agit là de la thèse centrale que développe Smith et qui, au surplus, constitue le socle de la philosophie morale écossaise depuis David Hume, dont le *Treatise of human nature* (1739) affirme sans cesse: 'No passion of another discovers itself immediately to the mind.'[36] De Hume jusqu'à Smith, la sympathie se conçoit dès lors comme une 'lively idea converted into an impression', et cette 'conversion d'une idée en une impression' s'effectue 'par la force de l'imagination'.[37] De ce point de vue, la sympathie cesse assurément 'd'être une harmonie cosmique ou physique' pour ne plus devenir que 'l'affaire des psychismes entre eux',

33. Voir A. Smith, *Théorie des sentiments moraux*, trad. M. Biziou, C. Gautier et J.-F. Pradeau, p.26, n.2, où les traducteurs renvoient le lecteur, sur ce point, aux *Lectures on rhetoric and belles lettres* de Smith, éd. James C. Bryce (Oxford, 1983), VI, p.25 et VIII, p.40.

34. A. Smith, *Théorie des sentiments moraux*, première partie, section I, ch.1, p.8-10. *TMS*, p.10: 'The mob, when they are gazing at a dancer on the slack rope, naturally writhe and twist and balance their own bodies as they see him do, and as they feel that they themselves must do if in his situation. [...]. Our joy for the deliverance of those heroes of tragedy or romance who interest us [...] the emotions of the by-stander always correspond to what, by bringing the case home to himself, he imagines should be the sentiments of the sufferer.'

35. J.-P. Cléro, 'Introduction', dans *Les Discours de la sympathie*, éd. T. Belleguic, E. Van der Schueren et S. Vervacke, p.xviii.

36. David Hume, *A Treatise of human nature*, éd. Lewis A. Selby-Bigge (Oxford, 1978), p.576.

37. D. Hume, *A Treatise of human nature*, p.385-86. Cité et traduit par J.-P. Cléro, 'La Sympathie, concept mort-né? Les antinomies de la sympathie', dans *Les Discours de la sympathie*, éd. T. Belleguic, E. Van der Schueren et S. Vervacke, p.359.

c'est-à-dire 'le produit de projections des psychismes humains [...] sur la nature physique et vivante'.[38] Ainsi s'explique le fait, analyse par exemple Smith, que l'on puisse même sympathiser avec les morts. En pareil cas, le sentiment du malheur qui les a frappés et l'idée lugubre de la putréfaction qui les menace ne peuvent pas, à l'évidence, tirer leur source des sensations qu'ils éprouvent, mais bien des illusions d'une imagination qui nous entraîne à projeter en pensée 'nos âmes vivantes dans leurs corps inanimés'.[39] Or, c'est précisément cette idée suivant laquelle la sympathie procède de représentations imaginaires que reprendront et commenteront, mais surtout contesteront Sophie de Grouchy et, avec elle, le matérialisme français.

Les *Lettres sur la sympathie*

Cette relecture critique de *The Theory of moral sentiments* s'inscrit non seulement dans le dialogue extrêmement fécond qui se noue entre la France et l'Ecosse au cours du siècle des Lumières,[40] mais encore dans une grande tradition au sein de laquelle, depuis Emilie du Châtelet jusqu'à Geneviève Thiroux d'Arconville,[41] les femmes ont joué un rôle éminent de passeurs culturels. C'est d'abord à ce titre, comme le rappelle fort opportunément Catriona Seth dans l'un des articles réunis dans cet ouvrage, que Sophie de Grouchy a rendu 'un double service [...] à la postérité'.[42] La nouvelle traduction qu'elle propose de la *Théorie des sentiments moraux* a d'abord le mérite, comme l'écrivait un journaliste de la *Décade*, 'd'une scrupuleuse fidélité et d'une élégance de style qui n'en conserve pas moins dans toute la rigueur l'exacte précision de l'analyse'.[43] Au reste, en étudiant la réception, fort élogieuse, de cette

---

38. J.-P. Cléro, 'La Sympathie, concept mort-né?', p.359.

39. A. Smith, *Théorie des sentiments moraux*, première partie, section 1, ch.1, p.16. *TMS*, p.13: 'The idea of that dreary and endless melancholy, which the fancy naturally ascribes to their condition, arises altogether from our joining to the change which has been produced upon them, our own consciousness of that change, from our putting ourselves in their situation, and from our lodging, if I may be allowed to say so, our own living souls in their inanimated bodies, and thence conceiving what would be our emotions in this case.'

40. Sur ces questions, voir notamment *France and Scotland in the Enlightenment*, éd. Deidre Dawson et Pierre Morère (Lewisburg et Londres, 2004).

41. Emilie du Châtelet est la traductrice bien connue d'Isaac Newton, *Principes mathématiques de la philosophie naturelle* (Paris, Desaint et Saillant, 1759) et Geneviève Thiroux d'Arconville a traduit, entre autres, Peter Shaw, *Leçons de chimie* (Paris, J. T. Hérissant, 1759), John Gay, *L'Opéra des gueux* (Londres, Jean Nourse, 1767) et Alexander Monro, *Traité d'ostéologie* (Paris, G. Cavelier, 1759).

42. Voir ci-dessous Catriona Seth, 'Un double service rendu à la postérité: la *Théorie des sentiments moraux* par Adam Smith, suivie des *Lettres sur la sympathie*', p.127.

43. Jacques-François-Marie Vieilh de Boisjoslin, '*Théorie des sentiments moraux* [...] Premier Extrait', *Décade* 26 (20 prairial An VI [8 juin 1798]), p.463; cité par C. Seth, 'Un double service rendu à la postérité', p.132.

traduction, C. Seth éclaire surtout la manière dont travaille Grouchy, qui recourt généralement à des tournures moins abstraites et plus proches de l'expérience vécue que celles de Smith. Mais si la langue de Grouchy tend 'à incarner en quelque sorte les idées',[44] ses *Lettres sur la sympathie* témoignent, sans doute davantage, de cette même attitude. De fait, si leur originalité tient, tout comme sa traduction de Smith, à un ensemble de déplacements et d'infléchissements, ceux-ci contribuent de même à redéfinir en profondeur l'esprit de la philosophie morale écossaise, que Grouchy relit à la lumière des principales thèses du matérialisme et du sensualisme français, pour mieux insister sur le caractère vécu et immédiat des phénomènes de sympathie. En ce sens, comme l'assure d'emblée l'avertissement qu'elle place en tête de sa nouvelle traduction, ses *Lettres* s'affirment comme étant 'propres à tracer la ligne qui sépare les *deux écoles de philosophie française* et *écossaise*'.[45]

C'est ainsi que, chez elle, la sympathie ne doit plus être considérée seulement en fonction d'une représentation imaginaire, dans la mesure où elle est avant tout l'expression d'une *loi de la sensibilité* qui dispose chaque individu 'à *sentir* d'une manière semblable à celle d'autrui'.[46] A la différence de Smith qui, prétend-elle, n'a pas osé pénétrer jusqu'à la 'première cause' de la sympathie en montrant 'comment elle doit appartenir à tout être sensible' (Lettre première, p.30), Grouchy insiste sans cesse sur ces 'premières causes'. Celles-ci, répète-elle partout, 'dérivent de la nature des sensations qui nous font éprouver le plaisir et la douleur' (Lettre première, p.36), de sorte que '[l]es premiers mouvements de cette sympathie naissent *à l'instant même* où les objets qui peuvent l'exciter s'offrent à nos regards' (Lettre III, p.47, nous soulignons). Bref, dès lors que toutes les affections et toutes les pensées qui surgissent dans l'âme correspondent à des 'idées que nous ont apportées nos sens' (Lettre II, p.38), il faut nécessairement en conclure que c'est d'abord 'comme êtres sensibles que nous sommes susceptibles de sympathie' (Lettre première, p.36-37). De la sympathie définie par Smith comme un 'imaginary change of situations', on passe ainsi à une conception qui associe celle-ci non plus à une représentation, mais à une sorte de chimie des cœurs procédant d'émotions physiques, voire organiques, qui affectent immédiatement l'âme.

Cet infléchissement nettement sensualiste et matérialiste conduit naturellement Grouchy à réactiver toute la pluralité des sens dont la

---

44. C. Seth, 'Un double service rendu à la postérité', p.136.
45. Voir ci-dessous S. de Grouchy, 'Avertissement', dans *Lettres sur la sympathie*, p.27; c'est l'auteure qui souligne.
46. S. de Grouchy, Lettre première, p.31; c'est nous qui soulignons. La pagination renvoie à la présente édition des *Lettres sur la sympathie*.

riche histoire sémantique du terme 'sympathie' conserve toujours la mémoire, depuis les propriétés chimiques de la matière jusqu'à l''indisposition qui arrive à une partie du corps par le vice d'une autre'[47] et qu'étudie toujours, au dix-huitième siècle, la physique anatomique. Le mot 'sympathie', lit-on également dans l'*Encyclopédie*, 's'emploie pour exprimer l'aptitude qu'ont certains corps pour s'unir ou s'incorporer, en conséquence d'une certaine ressemblance, ou convenance dans leurs figures'.[48] En ce sens, on dira qu'en raison d'une affinité chimique, l'aimant sympathise *avec* le fer, usage dont Grouchy reste tributaire lorsqu'elle affirme qu''un enfant [...] sympathise *avec* l'être souffrant' (Lettre première, p.32, nous soulignons), et non pas qu'il a de la sympathie *pour* lui, tournure moderne privée de toute résonance organique ou chimique et, de ce fait, essentiellement psychologique. Aussi les descriptions de la sympathie supposent-elles toutes, chez Grouchy, l'idée suivant laquelle cette affection renvoie d'abord à une propriété de la matière. Tantôt, ce sont les bêtes qui sont susceptibles de sympathie, car celles-ci 'sont sensibles, et [...] cette qualité [...] suffit pour les rendre capables de sympathiser avec la douleur' (Lettre II, p.39). Tantôt, ce sont surtout ces 'liens intimes' et nécessaires 'qui rapproche[nt] et enchaîne[nt] les cœurs', suivant un sentiment où 'toutes les parties de notre sensibilité se correspondent' (Lettre III, p.47). Chaque fois, on s'en aperçoit, la sympathie apparaît donc comme un principe qui, en raison de sa dimension physiologique, voire chimique, est fondé sur un élan primitif qui entraîne les cœurs avant même que n'intervienne l'imagination ou le raisonnement.

A l'évidence, pareille relecture de la philosophie morale de Smith procède de la tradition matérialiste française. Les *Lettres* offrent d'ailleurs un témoignage d'autant plus précieux de la réception en France de la pensée écossaise que s'y expriment les principales thèses des idéologues sur la question de la sympathie et ce, quatre ans avant la publication par Cabanis des *Rapports du physique et du moral de l'homme*. Suivant le même esprit que chez sa belle-sœur Sophie, Cabanis assurera, lui aussi, que la sympathie, 'comme tendance d'un être vivant vers d'autres êtres de même ou de différente espèce, [...] rentre dans le domaine de l'instinct'.[49] Ici, comme déjà chez Sophie, la 'vue, l'odorat, l'ouïe, le tact, deviennent tour à tour, et quelquefois de concert, les instruments extérieurs de la sympathie' (p.473), si bien qu'entre les

---

47. A. Furetière, *Dictionnaire universel*, iii.

48. [Louis de Jaucourt], 'Sympathie', dans *Encyclopédie ou Dictionnaire raisonné des sciences, des arts et des métiers*, éd. Denis Diderot et Jean Le Rond D'Alembert (Neufchâtel, Samuel Faulche, 1765), t.15, p.735.

49. P. J. G. Cabanis, *Rapports du physique et du moral*, p.469.

opérations des sens et les affections sympathiques existent des rapports immédiats, fondés sur les 'attractions animales primitives qui leur servent de base' (p.479). Toutefois, à la différence de son beau-frère Cabanis, destinataire présumé de ses *Lettres*,[50] la réflexion de Grouchy doit également beaucoup à Rousseau. Comme l'a récemment observé Philip Knee, la sympathie, chez le philosophe de Genève, 'semble s'opposer radicalement au monde de la représentation, des signes, des apparences', dans la mesure où le projet rousseauiste est structuré par l'intuition sans cesse réaffirmée 'd'une dégradation du sentiment par sa représentation, ou par ce qu'on peut appeler son *spectacle*'.[51] Dans un texte comme la *Lettre à D'Alembert sur les spectacles* (1759), par exemple, Rousseau voyait s'incarner dans l'expérience théâtrale l'expression par excellence d'un art qui s'égare lorsqu'il prétend agir sur la conscience morale par la représentation de passions feintes, les artifices et les illusions du spectacle conspirant plutôt à anéantir la vérité des sentiments. De fait, pour que l'autre 'se manifeste à moi comme réalité absolue', il faut plutôt 'redonner sa place à un mouvement spontané d'identification à la souffrance de l'autre', à ce mouvement antérieur à toute réflexion, que Rousseau appelle 'pitié' et qui 'se traduit par l'exigence d'une *identité sentie* entre les hommes'.[52] Or, c'est justement cette 'exigence d'une *identité sentie* entre les hommes' que Grouchy, à l'exemple de Rousseau, oppose à Smith. En somme, chez elle, la sympathie est non seulement conçue comme une propriété de la matière qui, répète-t-elle sans cesse, 'affecte [...] sympathiquement nos organes' (Lettre IV, p.58), mais encore comme le principe même de l'idéal rousseauiste de transparence, de fusion sentimentale et de communication ardente.

Aux conceptions de l'école écossaise, dominées par la théâtralisation du rapport à autrui, s'oppose de la sorte un imaginaire moral où les opérations des sens deviennent la source d'une société des cœurs et d'un accord immédiat des âmes. C'est ainsi que Daniel Dumouchel insiste avec raison sur cette 'reconstruction généalogique d'un plein sentiment d'humanité morale à partir de la structure même de la sensation physique'.[53] Mais en montrant en quoi 'nos sentiments moraux et notre

---

50. Voir ci-dessous S. de Grouchy, Lettre première, n.1, p.29.
51. Philip Knee, 'Les mésaventures politiques de la sympathie chez Rousseau', dans *Les Discours de la sympathie*, éd. T. Belleguic, E. Van der Schueren et S. Vervacke, p.424; c'est l'auteur qui souligne.
52. Sur Rousseau et la question de la représentation, on voudra bien se reporter aux analyses extrêmement éclairantes de P. Knee, 'Rousseau et la conscience démocratique', *Lumen* 23 (2004), p.224.
53. Voir ci-dessous Daniel Dumouchel, 'Une éducation sentimentale: sympathie et construction de la morale dans les *Lettres sur la sympathie* de Sophie de Grouchy', p.141.

sentiment de la justice s'enracinent profondément dans la sensibilité humaine',[54] c'est-à-dire en interrogeant les constructions 'idéologiques' dérivant des impressions primitives, la pensée de Grouchy participe également de l'œuvre des idéologues. Comme l'affirmera Cabanis de manière tout à fait emblématique, il ne suffit pas de supposer à la sympathie 'un mélange d'influence organique directe, qui semble indépendante de la réflexion': il faut encore s'intéresser au destin sémiotique de ces affections primitives, l'analyse des 'sentiments sympathiques moraux' devant appartenir au 'domaine de l'idéologie', puisque 'la partie la plus importante de l'art des signes' est 'soumise à la culture'.[55] Autrement dit, on ne saurait isoler ce qui, dans la sympathie, est simplement organique des constructions rhétoriques, politiques ou sociales qui les prolongent, et c'est à cette dimension de la pensée de Grouchy que s'intéressent tour à tour, dans cet ouvrage, ma propre contribution, ainsi que les articles de Michel Malherbe et de Deidre Dawson.[56]

Les *Lettres sur la sympathie* transforment d'abord le projet traditionnel de la rhétorique, dans la mesure où, désormais, il ne s'agit plus de s'étudier à bien représenter les signes des passions pour mieux fléchir les esprits, mais bien d'inventer une parole authentique qui, inspirée par une 'sympathie naturelle et irréfléchie' (Lettre VI, p.83), doit sa force persuasive à une vérité procédant d'une émotion intime et sincèrement ressentie. Toutefois, la République, où retentit la voix poignante de l'orateur ou de l'homme de lettres auquel rêve la citoyenne Condorcet, doit également s'établir sur les principes d'une philosophie du droit, que développent notamment les Lettres V, VI et VII, auxquelles s'est plus particulièrement intéressé M. Malherbe. Au lendemain de la Terreur et de la guerre civile, c'est alors la question cruciale du rétablissement du lien social qui semble guider la réflexion de Grouchy, dans un contexte où les 'idées du juste et de l'injuste [...] se tirent des idées abstraites du bien et du mal, quand s'y joint l'idée du droit'.[57] Si Smith invitait à envisager le problème à partir de 'l'utilité que l'on peut trouver à autrui en échange de ce que l'on peut soi-même offrir ou vendre',[58] M. Malherbe montre fort opportunément en quoi se fait jour, chez Grouchy, l'idée d'une *puissance positive des lois*, en vertu de laquelle le corps politique est en droit, par exemple, de légiférer en vue d'instaurer

---

54. Voir ci-dessous D. Dumouchel, 'Une éducation sentimentale', p.149.
55. P. J. G. Cabanis, *Rapports du physique et du moral*, p.481.
56. Voir ci-dessous Marc André Bernier, 'Rhétorique et politique des émotions physiques de l'âme chez Sophie de Grouchy', p.167; Michel Malherbe, 'Justice et société chez Sophie de Grouchy', p.151 et Deidre Dawson, 'Droits de la femme et droit au bonheur', p.179.
57. M. Malherbe, 'Justice et société', p.157.
58. M. Malherbe, 'Justice et société', p.161.

un ordre social plus juste. Au reste, la fécondité théorique d'un principe comme la sympathie permet non seulement de fonder cette action émancipatrice du pouvoir législatif sur un sentiment d'amour pour la justice, mais encore de repenser les liens qui se nouent entre deux individus au sein d'un couple qu'unit le désir amoureux. C'est ce qu'illustrent enfin les pages que Grouchy consacre à 'la sympathie pour les plaisirs des autres' et, en particulier, pour le spectacle offert par les jouissances de l'amour qui, précise-t-elle, constitue 'un sentiment antérieur à la jalousie et aux idées d'honnêteté et de pudeur' (Lettre IV, p.59). Sur cette base, D. Dawson montre enfin qu'à la différence de l'école écossaise, Sophie de Grouchy, mais aussi Germaine de Staël et Mary Wollstonecraft, parviennent à inventer une philosophie qui, en s'ouvrant à la quête du bonheur, réhabilite pleinement l'affectivité dans la pensée morale.

I

Les *Lettres sur la sympathie* de Sophie de Grouchy

Principes d'édition

Etablissement du texte

Le texte des huit *Lettres sur la sympathie* que nous reproduisons est celui de l'édition publiée chez Buisson, à Paris, en l'An VI de la République (1798), la seule parue du vivant de l'auteure. Par souci de lisibilité et d'accessibilité, nous en avons uniformisé et modernisé l'orthographe et les conventions typographiques; en recourant au besoin aux éditions ultérieures, nous avons également corrigé les coquilles et les fautes manifestes. Comme il n'existe qu'un seul état du texte, il ne s'agit pas d'une édition critique au sens strict. Notre travail s'en approche cependant par le souci de rigueur philologique qu'a guidé le respect des principes suivants:

- modernisation de l'orthographe, là où l'usage du dix-huitième siècle diverge de l'usage d'aujourd'hui (par exemple, 'surtout' plutôt que 'sur-tout', 'sentiments' plutôt que 'sentimens', 'poumon' plutôt que 'poulmon', 'lois' plutôt que 'loix', etc.);
- suppression de la majuscule de déférence (par exemple, 'cet écrivain' plutôt que 'cet Écrivain'; 'tous les ouvrages sortant de sa main' plutôt que 'tous les Ouvrages sortant de sa main');
- accentuation des lettres majuscules, ce que ne permettait pas toujours la typographie ancienne (par exemple 'Édimbourg' plutôt que 'Edimbourg');
- emploi de la minuscule dans les adjectifs dérivés de gentilés (par exemple, les deux écoles de philosophie 'française et écossaise' plutôt que 'Française et Écossaise');
- suppression du trait d'union entre très et l'adjectif ou l'adverbe au superlatif (par exemple 'très considérables' plutôt que 'très-considérables');
- emploi de l'italique de préférence au romain pour désigner l'œuvre elle-même de Sophie de Grouchy (par exemple, 'Dans les *Lettres sur la sympathie*, qui paraissent à la suite' plutôt que 'Dans les Lettres sur la Sympathie, qui paraissent à la suite');
- suppression de l'italique dans le cas des noms propres, là où l'usage moderne n'y recourt plus (par exemple, 'se vend chez Buisson' plutôt que 'se vend chez *Buisson*');
- maintien de la ponctuation du texte original, sauf dans les rares cas où l'usage ancien s'écarte trop des habitudes modernes et gênerait, de ce

fait, la lecture. Il peut s'agir de l'emploi de la virgule entre un sujet qui tient en quelques mots et le verbe (par exemple, 'l'*Essai sur l'origine des langues* présente' plutôt que 'l'*Essai sur l'origine des langues*, présente') ou avant l'ouverture d'une parenthèse: par exemple, 'la douleur (insensibilité rare)', plutôt que 'la douleur, (insensibilité rare)'. De même, on a parfois remplacé, dans une longue période, le deux-points par le point-virgule. Pour une phrase dont le tour est interrogatif, nous avons toujours substitué un point d'interrogation au point final (par exemple, 'ne resterait-il pas encore cinquante livres pour chaque famille?', plutôt que 'ne resterait-il pas encore cinquante livres pour chaque famille.');

– correction, indiquée entre crochets, dans les très rares cas où une erreur manifeste s'est glissée dans le texte (par exemple, 'Quelques personnes [...] éprouvent uniquement l'ennui, parce que le désir d'une situation plus avantageuse que celle où [elles] sont' plutôt que 'Quelques personnes [...] éprouvent uniquement l'ennui, parce que le désir d'une situation plus avantageuse que celle où ils sont').

Annotation du texte

Deux types de note se trouvent en bas de page: les notes de l'auteure, peu nombreuses, qui se terminent par la mention '[note de S. de Grouchy]'; les notes d'éclaircissement, qui visent à expliquer des faits de langue, de culture ou d'histoire des idées avec lesquels le lecteur contemporain est devenu moins familier. La première mention de chaque personnage historique appelle, dans chaque lettre, une courte notice biographique.

AVERTISSEMENT
SUR LES OUVRAGES DE SMITH

LE nom de Smith n'a pas besoin d'éloges. Cet écrivain est aujourd'hui généralement regardé comme l'un des premiers génies du siècle; et sa gloire est du petit nombre de celles que le temps doit chaque jour confirmer et agrandir. La *Théorie des sentiments moraux* est sans contredit l'analyse la plus complète qu'on ait faite encore des affections humaines. La *Richesse des nations*[1] présente, sur presque toutes les questions d'économie politique, et le tableau le plus riche de tous les faits qui peuvent se rapporter à cette science, et les vues les plus étendues, les plus sûres, les plus libérales, sur les différentes branches de l'administration intérieure. Ce n'est pas seulement un guide nécessaire à toutes les personnes chargées de l'exécution des lois; c'est un flambeau pour les législateurs, et un flambeau dont la lumière est d'autant plus pure que les principes théoriques sont toujours, dans cet ouvrage, établis ou confirmés par un ensemble riche d'exemples concluants. Quoique moins parfait que la *Grammaire* de Condillac,[2] l'*Essai sur l'origine des langues* présente cependant plusieurs remarques importantes qui ne se trouvent pas chez le philosophe français, notamment celles par lesquelles Smith

1. Cinq volumes in-8°. Cet ouvrage, traduit de l'anglais par A. Roucher se vend chez Buisson Libraire, rue Hautefeuille, n° 20 [note de S. de Grouchy]. Poète, disciple de Voltaire, Jean-Antoine Roucher (1745-1794) s'est vite opposé à la politique menée par les Jacobins: arrêté en 1793, il meurt sur l'échafaud le 25 juillet 1794 avec son ami et poète André Chénier. Sa traduction de la quatrième édition de *Wealth of nations* (Londres, Andrew Strahan et Thomas Cadell, 1786) paraît en 1790-1791. On y annonce la parution prochaine 'd'un volume de notes, par M. le marquis de Condorcet, de l'Académie des sciences', mais ces notes ne furent jamais publiées. Voir Kenneth E. Carpenter, *The Dissemination of the 'Wealth of nations' in French and in France, 1776-1843* (New York, 2002).
2. Né à Grenoble en 1714, Étienne Bonnot de Condillac fit des études en philosophie et en théologie à Saint-Sulpice et à la Sorbonne, avant de recevoir les ordres en 1740. Entre 1751 et 1758, l'abbé de Condillac fréquente les salons parisiens, où il se lie avec Diderot, Rousseau et D'Alembert. Représentant éminent du sensualisme philosophique, il fit paraître ses principales œuvres au cours de cette période: *Essai sur l'origine des connaissances humaines* (Amsterdam, P. Mortier, 1746), *Traité des systèmes* (La Haye, Néaulme, 1749), *Traité des sensations* (Londres et Paris, De Bure aîné, 1754) et *Traité des animaux* (Paris, De Bure aîné, 1755). Sa *Grammaire* fait partie du *Cours d'études* (Parme, Imprimerie royale, 1775), destiné à l'infant de Parme, petit-fils de Louis XV, dont il fut le précepteur entre 1758 et 1767. Il meurt à Paris en 1780; son œuvre devait exercer une influence considérable sur Condorcet et sur les idéologues.

cherche à déterminer, avec exactitude, les différences qui existent entre les langues anciennes et les langues modernes, et montre comment, à mesure que les idées se sont étendues, les langues se sont de plus en plus simplifiées.[3] Enfin dans ses *Œuvres posthumes*,[4] publiées par un de ses amis (Dugald Stewart) et de ses disciples,[5] on distingue les *Fragments sur l'astronomie des Anciens, sur leur physique, sur les arts d'imitation*;[6] fragments précieux, où toute la perfection du langage philosophique se trouve jointe à ce coup d'œil vaste, à cette sagacité particulière, et même à ce

3.   Les 'Considerations concerning the first formation of languages, and the different genius of original and compounded languages' paraissent pour la première fois dans *Philological miscellany* (Londres, s.n., 1761), accompagnées, en traduction, de plusieurs articles tirés de l'*Encyclopédie* et des *Mémoires* de l'Académie des inscriptions et belles-lettres. À partir de la troisième édition de la *Theory of moral sentiments* (Londres, A. Millar et Édimbourg, A. Kincaid et J. Bell, 1767), Smith décide de publier son essai sur les langues et son traité de philosophie morale ensemble. L'influence des œuvres françaises telles que le 'Discours préliminaire' de l'*Encyclopédie* de D'Alembert (Paris, Briasson, David, Le Breton et Durand, 1751), l'*Essai sur l'origine des connaissances humaines* de Condillac (Amsterdam, P. Mortier, 1746) et les *Vrais Principes de la langue française, ou la Parole réduite en méthode conformément aux lois de l'usage* de l'abbé Girard (Paris, Le Breton, 1747) est manifeste dans la conception que se fait Smith de l'unité entre pensée et formation du langage. Voir Adam Smith, *Lectures on rhetoric and belles lettres*, éd. J. C. Bryce, p.25-26 et 203.
4.   Le citoyen Prévost, professeur de philosophie à Genève, les a traduites avec autant d'élégance que de correction. Sa traduction se vend chez Agasse, imprimeur-Libraire, rue des Poitevins, n° 18 [note de S. de Grouchy]. Il s'agit des *Essais philosophiques, par feu Adam Smith*, docteur en droit, de la Société royale de Londres, de celle d'Édimbourg, etc. etc. Précédés d'un précis de sa vie et de ses écrits; par Dugald Stewart, de la Société royale d'Édimbourg. Traduits de l'anglais par P. Prévost, professeur de philosophie à Genève de l'Académie de Berlin, de la Société des curieux de la nature, et de la Société royale d'Édimbourg. Première partie. À Paris, chez H. Agasse, imprimeur-librairie, rue des Poitevins, n° 18, An V de la République [1797, vieux style]. Cet ouvrage est une traduction des *Essays on philosophical subjects by the late Adam Smith* (Londres, Thomas Cadell et William Davies, 1795).
5.   Dugald Stewart (1753-1823) a fait carrière comme professeur de mathématiques et de philosophie à l'université d'Édimbourg. Il étudie la philosophie morale avec Adam Ferguson à Édimbourg et avec Thomas Reid à Glasgow. En 1785, il succède à Ferguson et devient titulaire, pendant vingt-cinq ans, de la chaire de philosophie à l'université d'Édimbourg. Auteur de plusieurs ouvrages – outre une biographie d'A. Smith, *Outlines of moral philosophy* (1793), *Philosophical essays* (1810) et *Philosophy of the active and moral powers of man* (1828) –, il dirigea *The Works of Adam Smith* (Londres et Édimbourg, 1811), première édition des œuvres du philosophe écossais. Sa pensée s'inscrit dans la tradition de la philosophie du sens commun, qu'ont illustrée les Lumières écossaises à la suite des travaux de Thomas Reid, d'Adam Ferguson, d'Adam Smith et de Francis Hutcheson, mais ne néglige pas non plus les apports du matérialisme français et des idéologues comme Cabanis, Destutt de Tracy et Laromiguière.
6.   Avant sa mort, Smith exigea que les manuscrits de ses œuvres inédites fussent détruits, à l'exception de son *History of astronomy*, de son *Treatise on the imitative arts* et de quelques pièces détachées. Voir A. Smith, *Essays on philosophical subjects*, éd. William P. D. Wightman, James C. Bryce (Oxford, 1980); Dugald Stewart, *Account of Adam Smith*, éd. Ian Ross (Oxford, 1980), p.171-72 et Ian Ross, *The Life of Adam Smith* (Oxford, 1995), p.404-406.

doux éclat d'imagination, qui caractérisent tous les ouvrages sortis de la même main.

Quelque temps avant sa mort, Smith avait revu la *Théorie des sentiments moraux* et la *Richesse des nations*, mais surtout le premier ouvrage, auquel il avait fait des additions très considérables, et des changements essentiels.[7] La nouvelle traduction que l'on offre au public, est faite sur la dernière édition, et elle était devenue nécessaire. Dans les *Lettres sur la sympathie*, qui paraissent à la suite, quelques opinions de Smith sont examinées, modifiées et même combattues. Ces *Lettres* ont paru propres à tracer la ligne qui sépare les *deux écoles de philosophie française* et *écossaise*; ou plutôt à leur servir peut-être de point de ralliement, car il n'est pas impossible qu'ici, comme dans beaucoup d'autres cas, la dispute roule uniquement sur des mots.

---

7. En 1790, peu de temps avant la mort de son auteur, paraît la sixième édition de *Theory of moral sentiments* (Londres, A. Strahan et T. Cadell et Édimbourg, J. Bell), la première datant de 1759 (Londres, A. Kincaid et Édimbourg, J. Bell). Cette édition est considérablement revue et augmentée, avec en particulier l'ajout d'une sixième partie ('Of the character of virtue'), dans laquelle Smith approfondit les implications sociales et politiques de vertus comme la bienfaisance, la maîtrise de soi et la prudence. De même, il amplifie la septième partie, en ajoutant plusieurs considérations sur le stoïcisme, et revoit presque entièrement la troisième ('Of the foundation of our judgements concerning our own sentiments and conduct, and of the sense of duty'). En 1792, la septième édition n'apporte que des corrections mineures, mais il est peu probable que Smith lui-même y ait travaillé, alors qu'il était déjà gravement malade à l'époque où parut la sixième. Voir *TMS*, p.42-46.

Lettres
à C***,[1]
SUR LA THÉORIE DES SENTIMENTS MORAUX

Lettre première

L'homme ne me paraît point avoir de plus intéressant objet de méditation que l'homme, mon cher C***. Est-il, en effet, une occupation plus
satisfaisante et plus douce que celle de tourner les regards de notre âme
sur elle-même, d'en étudier les opérations, d'en tracer les mouvements,
d'employer nos facultés à s'observer et à se deviner réciproquement, de
chercher à reconnaître et à saisir les lois fugitives et cachées, que suivent
notre intelligence et notre sensibilité?[2] Aussi, vivre souvent avec soi me
semble la vie la plus douce, comme la vie la plus sage; elle peut mêler aux

1. Ce n'est qu'en 1830, à l'occasion d'une réédition de la traduction de *Theory of moral
    sentiments* par S. de Grouchy, que le nom de Cabanis remplace, pour la première fois, le
    'C***' figurant dans le titre des *Lettres sur la sympathie* et dans la suite du texte. Pierre-Jean-
    Georges Cabanis (1757-1808), médecin et philosophe matérialiste proche des idéologues,
    épousa Charlotte de Grouchy, sœur de Sophie, et fut un familier des Condorcet. La
    réédition de 1860, publiée par Henri Joseph Léon Baudrillart (1821-1892), professeur
    d'économie politique au Collège de France, substitue aussi le nom de Cabanis au C***
    anonyme de l'édition originale. Plusieurs biographes de S. de Grouchy (voir Antoine
    Guillois, *La Marquise de Condorcet: sa famille, son salon, ses amis*, Paris, 1897, ou Thierry Boissel,
    Sophie de Condorcet, femme des Lumières, Paris, 1988) soutiennent que les *Lettres sur la sympathie*
    sont adressées à Cabanis, mais sans évoquer d'autres preuves que la mention de son nom
    dans les rééditions de 1830 et de 1860. Cependant, dans sa réédition des *Lettres sur la
    sympathie* (Montréal et Paris, 1994), Jean-Paul de Lagrave observe que Condorcet signait
    certains de ses écrits avec un C*** (voir p.37-38, n.3). Dans le souci de respecter la lettre et
    l'esprit de l'édition préparée et publiée par l'auteure elle-même, nous avons rétabli le
    'C***' du texte original, bien que l'on doive à l'évidence y lire le nom de Cabanis qui, dès
    1802, a lui-même souligné la contribution de S. de Grouchy à sa réflexion dans ses
    Rapports du physique et du moral de l'homme (voir, ci-dessus, 'Présentation. Les métamor-
    phoses de la sympathie au siècle des Lumières', p.7).
2. Cette réflexion de S. de Grouchy sur le plaisir de l'introspection s'inscrit dans une
    tradition morale qui remonte aux *Essais* de Michel de Montaigne, comme le montre, entre
    autres, 'Du démentir': 'Et quand personne ne me lira, ai-je perdu mon temps de m'être
    entretenu tant d'heures oisives à pensements si utiles et agréables? [...] Ai-je perdu mon
    temps de m'être rendu compte de moi si continuellement, si curieusement? Car ceux qui
    se repassent par fantaisie seulement et par langue quelque heure, ne s'examinent pas si
    primement, ni ne se pénètrent, comme celui qui en fait son étude, son ouvrage et son
    métier, qui s'engage à un registre de durée, de toute sa foi, de toute sa force. Les plus
    délicieux plaisirs, si se digèrent-ils au dedans, fuient à laisser trace de soi, et fuient la vue
    non seulement du peuple, mais d'un autre' (*Essais*, éd. Pierre Michel, Paris, 1965,
    ii.XVIII.426).

jouissances que donnent les sentiments vifs et profonds, les jouissances de la sagesse et de la philosophie. Elle établit l'âme dans un bien-être qui est le premier élément du bonheur, et la disposition la plus favorable aux vertus. Beaucoup d'hommes n'arrivent jamais au mérite et au bonheur auquel ils pourraient atteindre, parce qu'ils ignorent, méprisent ou redoutent cette vie, qui, perfectionnant[3] à la fois la raison et la sensibilité, rend meilleur pour soi et pour les autres. Vous savez si j'y suis fidèle: aussi, après ces ouvrages qui traitent des grands moyens d'assurer le bonheur de l'homme en société, je mets au premier rang ceux qui nous ramènent à nous-mêmes, et nous font habiter notre âme.

Cependant, je n'avais pas encore lu la *Théorie des sentiments moraux* de Smith: j'avais ouï dire du mal de la traduction française de cet ouvrage célèbre,[4] et je n'entendais pas assez l'anglais pour lire l'original: j'ai osé enfin l'entreprendre; mais au lieu de suivre les idées du philosophe d'Édimbourg,[5] je me suis laissé aller aux miennes. En lisant ses chapitres sur la sympathie, j'en faisais d'autres sur le même sujet: je vous les écrirai successivement, afin que vous me jugiez; je ne dis pas que vous nous jugiez, car je suis loin de prétendre au parallèle.

Vous savez que le sujet des premiers chapitres est la sympathie. Smith s'est borné à en remarquer l'existence, et à en exposer les principaux effets: j'ai regretté qu'il n'eût pas osé remonter plus haut; pénétrer jusqu'à sa première cause; montrer enfin comment elle doit appartenir à tout être sensible et susceptible de réflexion.[6] Vous verrez comment j'ai eu la témérité de suppléer à ces omissions.

3. L'idée de 'perfectionnement' occupe une place centrale dans les débats philosophiques du dix-huitième siècle finissant et se retrouve notamment chez Condorcet, qui soutient que 'la nature n'a marqué aucun terme au perfectionnement des facultés humaines' (Jean-Antoine-Nicolas de Caritat, marquis de Condorcet, *Tableau historique des progrès de l'esprit humain: projets, esquisse, fragments et notes, 1772-1794*, éd. Jean-Pierre Schandeler et Pierre Crépel, Paris, 2004, p.234-35).

4. En 1764, Marc-Antoine Eidous traduit la première édition de *Theory of moral sentiments* (1759) et la publie sous le titre de *Métaphysique de l'âme*. La troisième édition (1767) est traduite par l'abbé Blavet, publiée en 1774-1775 et réimprimée en 1782, chaque fois sous le titre de *Théorie des sentiments moraux*.

5. Né à Kirkcaldy en 1723, Adam Smith meurt à Édimbourg en 1790, mais c'est la ville de Glasgow qui le revendique comme l'un de ses citoyens les plus célèbres. Entre 1737 et 1740, Smith fait ses études à l'université de Glasgow où il occupera, à partir de 1752, la chaire de philosophie morale dont son maître, Francis Hutcheson, avait été titulaire entre 1729 et 1746. En 1764, Smith quitte toutefois l'université pour accompagner le jeune duc de Buccleuch en France, où il séjourne jusqu'en 1766, avant de s'installer définitivement à Édimbourg, où il travaille aux rééditions successives de ses livres.

6. Dès le premier paragraphe de *The Theory of moral sentiments*, Smith constate ainsi la capacité de tout individu de ressentir de la sympathie pour ses semblables, quels que soient sa situation dans la vie, son caractère ou son passé: 'How selfish soever man may be supposed, there are evidently some principles in his nature, which interest him in the fortune of others, and render their happiness necessary to him, though he derives nothing

La sympathie est la disposition que nous avons à sentir d'une manière semblable à celle d'autrui.[7]

Avant d'examiner les causes de la sympathie que nous éprouvons à l'occasion d'un mal moral, il faut examiner les causes de celle que nous éprouvons à l'occasion des maux physiques.

Toute douleur physique produit dans celui qui la reçoit une sensation composée.

Elle produit d'abord une douleur locale dans la partie sur laquelle agit immédiatement la cause de la douleur.

Elle produit de plus une impression douloureuse dans tous nos organes, impression très distincte de la douleur locale, et qui accompagne toujours cette douleur, mais qui peut continuer d'exister sans elle.

On concevra combien cette sensation est distincte de la douleur locale, si l'on veut observer ce qu'on sent au moment où cette douleur cesse. Souvent alors, on éprouve à la fois, et le plaisir que cause la cessation de la douleur locale, et un sentiment général de malaise; or, ce sentiment de malaise est quelquefois très pénible; il peut même, si des causes particulières le prolongent, devenir plus insupportable que des douleurs locales plus vives en elles-mêmes, quoique plus courtes, parce que les organes qui sont le principal siège de cette impression sont les plus essentiels aux fonctions de la vie, comme aux facultés qui nous rendent sensibles et intelligents.

Cette sensation générale se renouvelle lorsque nous nous ressouvenons des maux que nous avons soufferts; c'est elle qui nous en rend le souvenir douloureux, et elle accompagne toujours ce souvenir plus ou moins fortement.

Il est nécessaire d'observer que cette impression, quoique susceptible sans doute de quelques variétés, est cependant la même pour beaucoup

---

from it except the pleasure of seeing it. [...] The greatest ruffian, the most hardened violator of the laws of society, is not altogether without it' (*TMS*, p.9). Cette affirmation s'oppose nettement aux thèses exposées par Thomas Hobbes qui, dans son *Léviathan* (1651), soutenait que l'amour-propre est le principal ressort du comportement. S. de Grouchy est évidemment plus proche de Smith que de Hobbes mais, à la différence du premier, elle accorde un rôle considérable à l'expérience sensible, à l'éducation et aux conditions sociales dans la formation d'un sens moral chez l'individu.

7. Chez Smith, la sympathie se définit moins comme une 'disposition à sentir', comme chez S. de Grouchy, qu'en fonction d'un mécanisme primitif de contagion des passions: 'Whatever is the passion which arises from any object in the person principally concerned, an analogous emotion springs up [...] in the breast of every attentive spectator [...]. Pity and compassion are words appropriated to signify our fellow-feeling with the sorrow of others. Sympathy, though its meaning was, perhaps, originally the same, may now, however, without much impropriety, be made use of to denote our fellow-feeling with any passion whatever' (*TMS*, p.10).

de douleurs locales très différentes, du moins, lorsque ces douleurs ont quelque analogie entre elles, ou par leur intensité, ou par leur nature; mais quand cette impression serait différente pour deux douleurs d'un genre opposé, pour la fracture d'un os, par exemple, et pour la lésion intérieure de quelque viscère, il peut arriver que l'homme qui les a ressenties toutes deux, éprouve une même impression en se les rappelant, si le temps a affaibli le souvenir qu'il en a, ou s'il ne s'y arrête pas assez, pour que son imagination et sa mémoire lui transmettent les sensations auxquelles était attachée la différence de ces impressions.

Comme le souvenir d'un mal que nous avons éprouvé, reproduit en nous l'impression douloureuse qu'ont soufferte alors tous nos organes, et qui faisait partie de la douleur locale que ce mal nous a causée, de même nous ressentons cette impression douloureuse, lorsqu'en état de discerner les signes de la douleur, nous voyons souffrir un être sensible, ou que nous savons qu'il souffre.

En effet, dès que le développement de nos facultés et l'expérience répétée de la douleur nous permettent d'en avoir l'idée abstraite, cette seule idée renouvelle en nous l'impression générale faite par la douleur sur tous nos organes.

Voilà donc un effet de la douleur qui suit également et sa présence physique et sa présence morale.

On entend ici par sa présence morale, ou l'idée que nos souvenirs nous en donnent, ou celle que nous en pouvons avoir par la vue ou la connaissance des douleurs d'autrui.

La cause de la sympathie pour les douleurs physiques vient donc de ce que la sensation que produit en nous toute douleur physique, est une sensation composée, dont une partie peut se renouveler à la seule idée de la douleur.

On voit à présent comment un enfant, dès qu'il a assez d'intelligence pour discerner les signes de la douleur, sympathise avec[8] l'être souffrant qui les lui offre; comment la vue de la douleur peut l'affecter au point de lui arracher des cris, et de le porter à en fuir le spectacle; comment il en

---

8. Il importe de distinguer l'usage de 'sympathiser avec' et d''avoir de la sympathie pour'. Alors que la seconde expression, essentiellement psychologique et moderne, désigne une affinité morale, la première, en revanche, renvoie au vocabulaire de la chimie et de la physiologie. C'est dans ce second sens que Furetière parle, par exemple, d'une 'affinité entre divers organes qui fait que, lorsque l'un d'eux est affecté, les autres le sont aussi' (*Dictionnaire universel*, n.p.) Il en va de même dans l'*Encyclopédie*, où la sympathie exprime d'abord 'l'aptitude qu'ont certains corps pour s'unir ou s'incorporer, en conséquence d'une certaine ressemblance, ou convenance dans leurs figures [...]. Ainsi, le mercure qui s'unit à l'or' ([Louis de Jaucourt], 'Sympathie', Neufchâtel, Samuel Faulche, 1765, p.735). Dans ce contexte, dont l'usage de S. de Grouchy est tributaire, on comprend que le mercure sympathise *avec* l'or.

est plus ou moins ému, suivant qu'il a plus ou moins de connaissance des signes de la douleur, plus ou moins de sensibilité, d'imagination et de mémoire.

De la sensibilité, et de l'imagination surtout, dépend la reproduction de l'impression générale de la douleur sur nos organes; car cette impression est d'autant plus vive que notre sensibilité est plus forte, et la reproduction en est d'autant plus facile que cette impression a été plus vive, et que notre imagination est plus capable de recevoir et de conserver toutes les idées qui peuvent la reproduire.

Non seulement l'impression générale de la douleur sur tous nos organes se reproduit à sa seule idée, mais son impression locale se renouvelle aussi quelquefois, lorsque le souvenir ou l'idée de la douleur nous frappe vivement. C'est ainsi qu'un homme qui a souffert une opération violente croit sentir en se la rappelant avec toutes ses circonstances, une partie de la douleur locale qu'elle lui a fait éprouver, ou que celui qui voit un homme blessé, outre l'impression pénible qu'il ressent à la vue de la douleur, croit, si son imagination est forte ou facile à émouvoir, éprouver une douleur locale dans la partie du corps que la blessure a offensée, et quelquefois aussi dans la partie voisine traversée par les mêmes nerfs. J'ai connu une femme qui, après avoir lu dans un ouvrage de médecine un morceau très détaillé sur les maladies du poumon, avait eu l'imagination tellement effrayée de la multiplicité des causes qui peuvent altérer cet organe si nécessaire à la vie, qu'elle avait cru éprouver quelques-unes des douleurs qui caractérisent la pulmonie, et avait eu peine à se défaire de cette idée. De pareils exemples ne sont pas rares, surtout dans cette classe d'individus auxquels la mollesse et l'oisiveté de leur vie laissent peu de moyens pour se soustraire aux égarements d'une imagination trop active.[9]

On sent aisément que l'impression générale produite par la vue de la douleur physique, se renouvelle plus facilement lorsque nous voyons souffrir les maux que nous avons soufferts nous-mêmes, parce qu'alors

---

9. Un exemple similaire se trouve chez Smith: 'Persons of delicate fibers and a weak constitution of body complain, that in looking on the sores and ulcers which are exposed by beggars in the streets, they are apt to feel an itching or uneasy sensation in the correspondent part of their own bodies. The horror which they conceive at the misery of those wretches affects that particular part in themselves more than any other; because that horror arises from conceiving what they themselves would suffer, if they really were the wretches whom they are looking upon, and if that particular part in themselves was actually affected in the same miserable manner' (*TMS*, p.10). Dans l'exemple de S. de Grouchy, toutefois, il ne s'agit pas tant d'une identification avec les maux réels d'autrui que d'une hypersensibilité de l'imagination, résultant d'un mode de vie oisif. Elle met ainsi l'accent sur l'importance des distinctions sociales et leur influence sur le fonctionnement de la sympathie, idée qu'elle développera plus loin.

elle est excitée en nous, et par nos souvenirs, et par la vue de leur objet. C'est par cette raison que l'école de la douleur et de l'adversité est si efficace pour rendre les hommes plus compatissants et plus humains. Que cette école vous serait nécessaire, riches et puissants, qui êtes séparés de l'idée même de la misère et de l'infortune par la barrière presque insurmontable de la richesse, de l'égoïsme et de l'habitude du pouvoir!

Les vieillards qui ont ordinairement perdu de leur sensibilité, doivent éprouver plus difficilement les mouvements de la sympathie pour les douleurs physiques: si l'on en voit quelques-uns s'attendrir aisément et verser souvent des larmes, cela ne vient pas de la force de leur sympathie, mais de l'affaiblissement de leurs organes, qui double sur eux le pouvoir de la douleur: aussi, le spectacle leur en est dangereux, et il peut encore abréger leur vie.

On se demandera peut-être ici, pourquoi les chirurgiens, les médecins, et tous ceux qui soignent les êtres souffrants, sont ordinairement moins affectés que les autres hommes, à la vue de la douleur? Comment, par exemple, les chirurgiens ont assez de sang-froid pour sonder une plaie, y porter le fer et le feu, pénétrer dans des viscères délicats, à travers des chairs sanglantes et déchirées, sans que la vue et les accents de la douleur affectent assez leurs organes pour faire trembler leur main, pour troubler leurs regards, égarer leur attention et leur jugement? En y réfléchissant, on verra que ce n'est pas uniquement parce que la nécessité de se soustraire à une peine qui, trop souvent répétée, deviendrait insupportable, les a endurcis contre l'impression de la douleur (insensibilité rare, et qu'heureusement le cœur humain ne peut contracter que par des efforts longs et pénibles), mais bien plutôt parce que l'impression de la douleur est prévenue et arrêtée en eux par l'habitude qu'ils ont prise de la considérer sous le rapport de la conser- vation de l'être souffrant, et parce que l'idée de prévenir sa destruction, adoucit à chaque instant à leurs yeux l'aspect si souvent affreux de ses maux, et à leurs oreilles les cris aigus de ses gémissements et de ses plaintes. L'intérêt si touchant et si pressant de sauver les jours de son semblable, l'attention nécessaire pour en deviner les moyens, suspend, pour la conservation de l'homme, l'impression qu'il reçoit de la douleur; et la nature bienfaisante le soustrait à cette impression dès qu'elle pourrait l'empêcher d'être utile.

Il semble qu'il n'est pas besoin de prouver que plus la sensibilité est exercée plus elle est vive, à moins qu'à force de l'exciter, on ne la porte à ce degré qui la rend fatigante et douloureuse, et qui contraint à chercher à s'en délivrer. Une sensibilité qui n'est point exercée tend à s'affaiblir, et ne peut plus être excitée que par des impressions très fortes:

> L'âme est un feu qu'il faut nourrir
> Et qui s'éteint s'il ne s'augmente. Volt.[10]

De quelle importance n'est-il donc pas d'exercer la sensibilité des enfants au point nécessaire pour qu'elle acquière en eux tout le développement dont elle est susceptible; pour qu'elle parvienne à celui où elle ne peut plus être émoussée par les objets qui, dans le cours de la vie, cherchent à l'égarer, à nous emporter loin de la nature et de nous-mêmes, à concentrer notre sensibilité dans toutes les passions de l'égoïsme ou de la vanité; à nous éloigner des goûts simples, d'une vie raisonnable, des penchants naturels dans lesquels est placé le véritable bonheur de chaque individu, le bonheur qui n'en immole aucun autre et qui va au bien de tous. Pères, mères, instituteurs, vous avez presque entre vos mains la destinée de la génération qui vous suivra![11] Ah! que vous êtes coupables, si vous laissez avorter, dans vos enfants, ces précieux germes de sensibilité qui n'attendent, pour se développer, que la vue de la douleur, que l'exemple de la compassion, que les larmes de la reconnaissance, qu'une main éclairée qui les échauffe et les remue! Que vous êtes coupables, si vous êtes plus pressés des succès de vos enfants que de leurs vertus; si vous êtes plus impatients de les voir plaire dans un cercle, que de voir leurs cœurs bouillonner d'indignation à l'aspect de l'injustice, leurs fronts pâlir devant la douleur, leurs cœurs traiter tous les hommes en frères! Songez moins à leurs grâces, à leurs talents, à leurs emplois; faites produire à leur âme tous les sentiments que la nature y a mis; rendez-les faciles au remords, et délicats à la voix de l'honneur et de la probité; qu'ils ne puissent voir souffrir sans être tourmentés du besoin de soulager. En faut-il moins pour qu'au milieu de cette foule de barrières oppressives, élevées entre l'homme et l'homme, par le besoin, la force et la vanité, ils tremblent à chaque pas de blesser ses droits, ou de négliger de réparer les antiques outrages qu'ils ont reçus! Que la douce habitude de faire le bien leur apprenne que c'est par leur cœur qu'ils

---

10. Voltaire, 'Stances irrégulières. À son Altesse royale la princesse de Suède, Ulrique de Prusse, sœur de Frédéric le Grand', janvier 1747, dans *Œuvres complètes. Pièces en vers I*, éd. Louis Moland (Paris, 1877-1885), t.8, p.587-88. Les vers cités par S. de Grouchy sont tirées de la stance suivante: 'S'occuper, c'est savoir jouir / L'oisiveté pèse et tourmente. / L'âme est un feu qu'il faut nourrir, / Et qui s'éteint s'il ne s'augmente.'

11. L'éducation de leur fille unique, Éliza, fut une préoccupation importante des Condorcet, surtout pendant la Terreur, quand leur vie était en péril. Le testament de Condorcet, rédigé pendant qu'il se cachait chez Mme Vernet, veuve du sculpteur Louis-François Vernet, met en valeur le rôle que les écrits de S. de Grouchy jouaient, à ses yeux, dans l'éducation morale de leur enfant: 'Les conseils que j'ai écrits pour elle, des lettres de sa mère sur la sympathie, serviront à son éducation morale. D'autres fragments de sa mère donneront sur le même sujet des vues très utiles' ('Testament', dans *Œuvres*, éd. Arthur Condorcet O'Connor et François Arago, Paris, 1847-1849, p.624-25).

peuvent être heureux, et non par leurs titres, par leur luxe, par leurs dignités, par leurs richesses!

Vous me l'avez appris, respectable mère, dont j'ai tant de fois suivi les pas sous le toit délabré du malheureux, combattant contre l'indigence et la douleur![12] Recevez pour toute ma vie l'hommage que je vous devrai, toutes les fois que je ferai du bien, toutes les fois que j'en aurai l'heureuse inspiration et la douce joie. Oui, c'est en voyant vos mains soulager à la fois la misère et la maladie; c'est en voyant les regards souffrants du pauvre se tourner vers vous et s'attendrir en vous bénissant, que j'ai senti tout mon cœur, et que le vrai bien de la vie sociale expliquée à mes yeux, m'a paru dans le bonheur d'aimer les hommes et de les servir.

Comme nous recevons les impressions du plaisir avec les mêmes organes qui reçoivent celles de la douleur, ces impressions suivent les mêmes lois. Tout plaisir physique comme tout mal physique produit en nous une sensation composée d'une sensation particulière de plaisir dans l'organe qui le reçoit immédiatement, et d'une sensation générale de bien-être; et cette dernière sensation peut se renouveler à la vue du plaisir, comme se renouvelle, à la vue de la douleur, son impression générale sur nos organes.

Nous sommes donc susceptibles de sympathie pour les plaisirs physiques que les autres peuvent éprouver, comme pour leurs maux. Cette sympathie seulement est plus difficile à exciter, et par conséquent plus rare; d'abord, parce que l'intensité du plaisir étant moindre que celle de la douleur, son impression générale sur nos organes est moins facile à réveiller: en second lieu, parce que presque tous les plaisirs physiques ont en eux-mêmes quelque chose d'exclusif, qui, en nous donnant l'idée et le sentiment de la privation, balance et peut aller jusqu'à détruire l'impression agréable que l'idée du plaisir d'autrui devait nous faire éprouver.

La sympathie que la vue des plaisirs physiques nous fait ressentir, est donc un sentiment qui a moins de puissance sur notre âme que celui qui nous est inspiré par la vue de la douleur; mais il était important d'en constater l'existence, parce qu'il sert à expliquer plusieurs phénomènes de la sympathie morale.

Vous voyez, mon cher C***, que les premières causes de la sympathie dérivent de la nature des sensations que nous font éprouver le plaisir et la douleur, et que c'est d'abord comme êtres sensibles que nous sommes

---

12. François-Jacques, seigneur de Robertot, marquis de Grouchy, épousa Marie-Gilberte-Henriette Fréteau en 1760. Selon les témoignages de ses proches, la mère de S. de Grouchy était réputée pour son intelligence, sa bonté et sa compassion. Le frère de Mme de Grouchy la décrit ainsi: 'Femme incomparable par l'élévation de son esprit, femme avec l'âme de laquelle je changerai la mienne, s'il était en mon pouvoir' (cité par A. Guillois, *La Marquise de Condorcet*, p.6).

susceptibles de sympathie pour les maux physiques, les maux les plus communs parmi les hommes. Vous verrez dans la lettre suivante, comment cette sympathie, que notre sensibilité commence, se complète par la réflexion. Que ne lui devons-nous pas, même dans ses plus faibles commencements, puisque dès lors elle est la première cause de ce sentiment d'humanité dont les effets sont si précieux, qui répare une partie des maux qu'enfante l'intérêt personnel dans les grandes sociétés, qui combat contre ce pouvoir de la force que l'homme rencontre partout sur ses pas, et que des siècles de lumières peuvent seuls détruire en l'attaquant dans les vices qui l'ont produit! Au milieu du choc de tant de passions qui oppriment le faible ou repoussent le malheureux, l'humanité plaide en secret pour lui au fond des cœurs, et le venge de l'injustice du sort, en y réveillant le sentiment de l'égalité naturelle.

LETTRE II

La sympathie dont nous sommes susceptibles pour les maux physiques, et qui est une partie de ce que nous comprenons sous le nom d'*humanité*,[13] serait un sentiment trop peu durable pour être souvent utile, mon cher C***, si nous n'étions capables de réflexion autant que de sensibilité; mais comme la réflexion prolonge les idées que nous ont apportées nos sens, elle étend et conserve en nous l'effet de la vue de la douleur, et l'on peut dire que c'est elle qui nous rend véritablement humains. En effet, c'est la réflexion qui fixe dans notre âme la présence d'un mal que nos yeux n'ont vu qu'un moment, et qui nous porte à le soulager pour en effacer l'idée importune et douloureuse; c'est la réflexion qui, venant au secours de notre mobilité naturelle, force notre compassion à être active en lui offrant de nouveau les objets qui n'avaient fait sur elle qu'une impression momentanée; c'est la réflexion qui, à la vue de la douleur, nous rappelant que nous sommes sujets de ce tyran destructeur de la vie, comme l'être que nous en voyons opprimé, nous rapproche de lui par un mouvement d'émotion et d'attendrissement sur nous-mêmes, et nous intéresse à ses maux, même lorsqu'ils pourraient plutôt repousser qu'attirer notre sensibilité; c'est la réflexion enfin, qui, par les habitudes qu'elle donne à notre sensibilité, en prolongeant ses mouvements, fait que l'humanité devient dans nos âmes, un sentiment actif et permanent qui, brûlant de s'exercer, va sans attendre qu'on l'excite, chercher le bonheur des hommes dans les travaux des sciences, dans les méditations de la nature, de l'expérience, et

---

13. Pour Antoine Furetière, 'humanité' a d'abord un sens théologique, qui renvoie à la nature humaine ('Jésus-Christ prit notre humanité pour nous sauver'); le terme a ensuite un sens moral ('Douceur, bonté, honnêteté, tendresse, telle qu'il convient avoir pour son semblable. L'humilité, l'affabilité, la courtoisie et l'urbanité sont les espèces d'*humanité*, *Dictionnaire universel*, n.p.). Le dix-huitième siècle privilégie non seulement cette seconde acception, mais fait encore de l'humanité un sentiment appelé à devenir le ferment de l'action politique et sociale. Rédigé par le théologien Edme-François Mallet (1713-1755), l'article 'Humanité' de l'*Encyclopédie* témoigne de cette évolution; il évoque d'abord le sens moral, auquel il confère de surcroît une dimension citoyenne: 'c'est un sentiment de bienveillance pour tous les hommes, qui ne s'enflamme guère que dans une âme grande et sensible. Ce noble et sublime sentiment [...] voudrait parcourir l'univers pour abolir l'esclavage, la superstition, le vice et le malheur [...] il nous rend [...] meilleur amis, meilleurs citoyens, meilleurs époux; il se plaît à s'épancher par la bienfaisance sur les êtres que la nature a placés près de nous' (*Encyclopédie*, t.8, p.348). C'est dans ce sens que S. de Grouchy entend le terme, à la différence de Smith, qui l'assimile encore à une forme de civilité assez banale et peu digne, de ce fait, d'occuper un rang élevé dans la hiérarchie des sentiments moraux: 'Humanity consists merely in the exquisite fellow-feeling which the spectator entertains with the sentiments of the persons principally concerned [...]. The most humane actions require no self-denial, no self-command, no great exertion of the sense of propriety. They consist only in doing what this exquisite sympathy would of its own accord prompt us to do' (*TMS*, p.190-91).

de la philosophie, ou qui, s'attachant à la douleur et à l'infortune, la suit partout, et en devient le consolateur, le dieu. Le sentiment de l'humanité est donc en quelque sorte, un germe déposé au fond du cœur de l'homme par la nature, et que la faculté de réfléchir va féconder et développer.[14]

Mais quelques animaux, dira-t-on, sont susceptibles de pitié, et ne le sont pas de réflexion?

On peut répondre, d'abord, qu'ils sont sensibles, et que cette qualité, comme on l'a vu, suffit pour les rendre capables de sympathiser avec la douleur: en second lieu, nous ignorons quelle est la nature et l'étendue des idées dont les animaux sont susceptibles; nous ne pouvons, par conséquent, nier ou affirmer que le degré de compassion dont ils sont capables, soit ou ne soit pas l'effet d'un degré quelconque de réflexion, et un des animaux sur lequel la vue de la douleur a le plus de pouvoir, le chien, est aussi un de ceux qui paraît le moins éloigné de l'intelligence humaine.[15]

Mais c'est en observant l'homme même que l'on reconnaît plus aisément encore qu'il doit la plus grande partie de son humanité à la faculté de réfléchir: en effet, il est humain à proportion qu'il est sensible et réfléchi. Les habitants de la campagne, et en général ceux que leurs occupations rapprochent le plus des soins matériels qui ne permettent pas la réflexion, sont moins susceptibles de compassion que les autres

14. S. de Grouchy analyse la sympathie à la lumière des grands principes de la philosophie sensualiste, suivant lesquels les sensations sont à l'origine de toutes nos idées et que Voltaire résume en une formule: 'Je suis corps et je pense' ('Treizième lettre. Sur M. Locke', dans *Lettres philosophiques*, Amsterdam, E. Lucas, 1734, p.131). Dans un esprit proche de celui des idéologues, elle insiste néanmoins davantage sur le destin intellectuel et social des impressions sensibles que pouvait le faire, par exemple, Jean-Jacques Rousseau, qui écrivait: 'méditant sur les premières et plus simples opérations de l'âme humaine, j'y crois apercevoir deux principes antérieurs à la raison, dont l'un nous intéresse [...] à la conservation de nous-mêmes, et l'autre nous inspire une répugnance naturelle à voir périr ou souffrir tout être sensible [...]. De cette manière, on n'est point obligé de faire de l'homme un philosophe avant que d'en faire un homme; ses devoirs envers autrui ne lui sont pas uniquement dictés par les tardives leçons de la sagesse; et tant qu'il ne résistera point à l'impulsion intérieure de la commisération, il ne fera jamais du mal à un autre homme' (*Discours sur l'origine et les fondements de l'inégalité parmi les hommes*, Amsterdam, Marc-Michel Rey, 1755, p.lxiv-lxivi).

15. Le philosophe écossais David Hume affirme de même que les animaux sont capables de sympathie, puisqu'ils sont sujet aux mêmes passions que les êtres humains, mais doute de leurs facultés de réflexion et d'imagination: 'It is evident, that sympathy, or the communication of passions, takes place among animals, no less than among men. Fear, anger, courage and other affections are frequently communicated from one animal to another, without their knowledge of that cause [...]. Envy and malice are passions very remarkable in animals. They are perhaps more common than pity; as requiring less effort of thought and imagination' (*Treatise of human nature*, éd. David F. Norton et Mary Norton, Oxford, 2000, p.255-56). Voir aussi Anthony E. Pitson, 'The souls of beasts: Hume and French philosophy', dans *Scotland and France in the Enlightenment*, éd. Deidre Dawson et Pierre Morère (Lewisburg et Londres, 2004).

hommes.[16] Un des principaux objets de lois devrait donc être de faire naître, et de maintenir entre les citoyens une égalité de fortune, d'où il résultât pour chacun d'eux, sans exception, un degré d'aisance, tel que la préoccupation causée par le sentiment continuel des besoins de la vie et par l'inquiétude d'y pourvoir, ne pût les rendre incapables de ce degré de réflexion, nécessaire à la perfection de tous les sentiments naturels, et particulièrement de celui de l'humanité.

Dans une classe plus libre et plus riche, dans un rang plus élevé, ne voit-on pas aussi les hommes plus ou moins humains, selon qu'ils sont plus ou moins susceptibles de sensibilité, et surtout de réflexion? Ne sont-ils pas toujours sans humanité, comme sans compassion, les êtres préoccupés par ces passions exclusives qui naissent de l'égoïsme ou de la vanité, et qui ne laissent d'attention que pour leur objet, de réflexion que pour combiner les moyens de l'obtenir?

Comme l'impression générale de la douleur sur nos organes se renouvelle à sa vue ou à son seul souvenir, elle se reproduit aussi à l'idée abstraite que nous en avons, et par conséquent, à celle des circonstances qui la suivent, et des situations où elle est inévitable.[17] Quoique cette impression se reproduise ordinairement alors, d'une manière plus vague et plus indéterminée (parce que l'idée abstraite de la douleur ne la rapproche que faiblement de nous), cependant, si cette idée nous offre une combinaison de souffrances nouvelles et extraordinaires, son effet peut être égal à celui d'une douleur présente. Telle est la cause de la sensation pénible que nous éprouvons, lorsque, sans songer précisément à tel ou tel individu, nous tournons nos pensées

---

16. Alors que, dans *The Theory of moral sentiments*, Smith ne reconnaît pas ce lien entre conditions matérielles de vie et exercice de la sensibilité ou de la réflexion, *Wealth of nations* (1775) témoigne d'une évolution de ses idées à cet égard: 'The man whose whole life is spent in performing a few simple operations [...] has no occasion to exert his understanding [...] and generally becomes as stupid and ignorant as it is possible for a human creature to become. The torpor of his mind renders him, not only incapable of relishing or bearing a part in any rational conversation, but of conceiving any generous, noble or tender sentiment, and consequently of forming any just judgment concerning many even of the ordinary duties of private life' (*An Inquiry into the nature and causes of the wealth of nations*, R. H. Campbell, A. S. Skinner et W. B. Todd, éd., 2e éd., 2 vol., Oxford, p.782).

17. Cette réflexion s'inscrit dans une longue tradition, comme le montre l''Avis au lecteur' des *Aventures de ****, premier roman de Marivaux, où il soutient que même des personnages fictifs peuvent inspirer de la sympathie: 'Comme si, pour être émue, l'âme dans le moment avait besoin du rapport de ses yeux! l'idée qu'elle conserve de ces sortes de choses ne suffit-elle pas? Quand nous avons été témoins des accidents que je viens de dire, si dans un roman que nous lisons on nous les représente, les idées ne se réveillent-elles pas sur-le-champ, pourvu que le récit que nous lisons figure un portrait fidèle de ce que nous avons vus?' (*Les Aventures de *** ou les Effets surprenants de la sympathie* [1712-1714], dans *Œuvres de jeunesse*, éd. Frédéric Deloffre, Paris, 1972, p.6). Voir également David Marshall, *The Surprising effects of sympathy*.

sur cette classe d'hommes, voués à la fois aux plus rudes travaux et à la misère, ou du moins au tourment de la redouter; lorsque (sans nous arrêter sur l'idée d'aucune douleur ou d'aucune peine particulière), nous sommes vivement émus, en apprenant qu'un homme vient d'être réduit à l'indigence par un renversement de fortune inopiné, ou seulement qu'il en est menacé.

L'idée la plus abstraite des douleurs physiques, qui est celle de leur possibilité pour un individu qui nous est étranger, renouvelle donc plus ou moins fortement l'impression générale de la douleur sur nos organes: l'idée d'une douleur morale produit aussi le même effet. Mais pour expliquer notre sympathie à l'égard des souffrances morales communes à tous les êtres de notre espèce, il faut remonter à la cause de nos sympathies particulières, qui en sont elles-mêmes les causes.

Voyons, d'abord, comment nous sommes susceptibles de sympathiser avec les peines de certains individus, plutôt qu'avec les peines semblables ou égales que d'autres individus éprouvent.

Indépendamment des convenances morales qui composent la plus grande partie du bonheur et de l'existence de ceux dont l'âme a été développée et exercée, indépendamment de tout ce qui rend heureux l'homme civilisé, chaque individu se trouve pour les nécessités, le bien-être et les commodités de la vie, dans une dépendance particulière de beaucoup d'autres. Cette dépendance, à la vérité, plus étendue et plus sensible dans l'enfance, se continue à un certain degré dans un âge plus avancé, et reste plus ou moins forte à proportion que le développement moral l'écarte ou la laisse subsister. Mais, comme l'extrême inégalité des fortunes réduit la plupart des hommes, dans l'état social, à s'occuper eux-mêmes de pourvoir à leurs besoins physiques, la plus grande partie de l'espèce humaine est vouée à une dépendance étroite de tous les êtres qui peuvent l'aider à satisfaire ses besoins. Il s'ensuit que chaque individu, envisageant bientôt ceux auxquels il doit la plus grande partie de son existence, comme la cause prochaine et permanente de ses peines ou de ses jouissances, leur présence et leur seule idée ne peut lui être indifférente, et lui fait infailliblement éprouver une douleur ou un plaisir.

Cette dépendance particulière de quelques individus commence au berceau; elle est le premier lien qui nous attache à nos semblables; c'est elle qui fait que les premiers sourires, et les sourires les plus habituels d'un enfant, sont pour sa nourrice; qu'il pleure lorsqu'il n'est pas entre ses bras, et qu'il aime longtemps à se jeter sur ce sein, qui a satisfait ses premiers besoins, qui lui a fait éprouver les premières sensations de plaisir, où il a pris enfin les premiers développements et les premières habitudes de la vie.

La force de notre sensibilité, dépendant de l'état où nous nous trouvons, et l'idée des personnes auxquelles nous devons la plus grande partie de notre bien-être, suffisant seule pour nous faire éprouver un sentiment, nous sommes disposés d'avance à l'émotion, pour tout ce qui peut leur arriver: leurs plaisirs ou leurs peines doivent donc nous affecter plus vivement que les peines et les plaisirs des autres hommes.

En effet, leurs souffrances doivent nous émouvoir plus que celles de tout autre, parce que nous regardons ces personnes comme liées à nous, et parce qu'étant plus souvent présentes à nos yeux et à notre pensée, nous devons, lorsqu'elles souffrent, être émus à la fois, et par l'idée de leur douleur actuelle, et par celle des suites de cette douleur, des maux plus ou moins longs, plus ou moins funestes auxquels leur état présent les expose.

Étant accoutumés à sentir les rapports de leur existence à la nôtre, nous devons éprouver encore à la vue de leurs douleurs, ou de leurs plaisirs, le sentiment que nous aurions à l'idée d'un danger ou d'un bien qui nous serait personnel; et cela par le seul effet de l'habitude,[18] et sans aucune attention déterminée et réfléchie sur notre intérêt.

Quand la civilisation est parvenue à un certain degré, ce qu'on vient de dire sur la sympathie à laquelle nous sommes disposés pour les personnes qui contribuent à notre bonheur ou qui nous aident à satisfaire nos besoins, s'étend à deux autres classes d'individus: d'abord à ceux que nous pouvons regarder comme un secours ou un appui dans les accidents qui peuvent nous menacer; rapport vague en apparence, moins direct, moins physique pour ainsi dire, mais qui devient très étroit dans quelques états de la société, où l'on est plus occupé de ses craintes et de ses espérances que de ses besoins, et où l'on vit surtout dans l'avenir. Il s'établit également une sympathie particulière entre ceux qui sont rapprochés par leurs goûts et leurs habitudes, et qui trouvent réciproquement dans leur société, plus de convenance et d'agrément; et cette sympathie est plus ou moins forte, suivant que ces convenances et ces agréments de société sont une partie plus ou moins considérable du bonheur.

On voit maintenant, comment nous sommes susceptibles d'une sympathie particulière, pour les individus auxquels nous tenons par des rapports d'utilité ou de plaisir: on voit que la cause de cette sympathie, comme celle de la sympathie pour les douleurs et pour les plaisirs physiques communs à tous les hommes, dérive de l'impression

---

18. 'La nature à mes yeux n'est rien qu'une habitude', disait déjà Voltaire dans *Le Fanatisme ou Mahomet le prophète* (Amsterdam, Étienne Ledet, 1743), acte IV, scène 1. De fait, le sensualisme des philosophes des Lumières affirme non seulement l'influence qu'exercent sur la réflexion les impressions suscitées par les objets du monde extérieur, mais aussi la force de l'habitude, qui régit les mouvements inspirés par la nature en fonction d'usages répétés susceptibles d'infléchir le destin psychologique et social de la sensation.

générale de la douleur et du plaisir sur nos organes, réveillée elle-même par la seule idée abstraite du plaisir et de la douleur, et modifiée par toutes les circonstances qui peuvent influer sur notre sensibilité.

Vous vous êtes peut-être demandé à vous-même, mon cher C***, pourquoi malgré l'impression pénible que la vue ou l'idée de la douleur répand dans tous nos organes, nous aimons à nous rappeler les peines que nous avons éprouvées, celles dont nous avons été témoins, et que non contents des émotions que peuvent nous donner les maux réels, nous en allons chercher de nouvelles dans le récit des malheurs les plus affreux, des positions les plus déchirantes, enfantés seulement par l'imagination? Pourquoi toutes les âmes vives et tendres, sur lesquelles l'impression de la douleur est plus infaillible et plus forte, se plaisent à la renouveler en cherchant les êtres malheureux, en s'attachant aux moindres détails de leurs infortunes, en se livrant à la lecture des romans, des tragédies; pourquoi elles semblent avoir besoin chaque jour de consumer toutes les forces de leur sensibilité pour en jouir?[19]

Voici plusieurs raisons de ce besoin:

D'abord, nous sommes évidemment portés à nous occuper des maux d'autrui pour les soulager; ce désir agit en nous sans aucune réflexion sur la possibilité d'y contribuer, et avant même que nous ayons eu le temps de discerner si cette possibilité existera jamais. C'est ce désir qui, lorsqu'on voit un homme se débattre au milieu des flots, et prêt à être englouti, fait que les spectateurs placés sur le rivage tendent avec agitation leurs bras vers lui: mouvement de nature sublime, qui dévoile en un instant toute la puissance de l'humanité sur nos cœurs, et tous les effets que le législateur pourrait obtenir de ce sentiment, plus souvent affaibli que fortifié par nos institutions.

L'expérience nous a montré combien une connaissance distincte des objets nous était souvent utile, combien il était important pour nous de ne pas nous tromper sur leur réalité. De là est né en nous un sentiment que l'habitude a rendu naturel et comme machinal; c'est par un effet de ce sentiment, dont l'existence nous échappe souvent, que s'il se présente à notre esprit une combinaison d'idées confuses, ou à notre imagination le tableau vague d'un événement quelconque, nous éprouvons une impression pénible qui nous détermine à éclaircir cette combinaison,

---

19. En soulevant la question des 'plaisirs paradoxaux', S. de Grouchy prolonge un débat qui traverse le siècle et qu'ont repris toutes les esthétiques philosophiques depuis l'abbé Dubos, qui sert de référence commune aux réflexions sur un problème que ce dernier formulait, dès 1719, en ces termes: 'On éprouve tous les jours que les vers et les tableaux causent un plaisir sensible; mais il n'en est pas moins difficile d'expliquer en quoi consiste ce plaisir qui ressemble souvent à l'affliction [...]. L'art de la poésie et l'art de la peinture ne sont jamais plus applaudis que lorsqu'ils ont réussi à nous affliger' (*Réflexions critiques sur la poésie et sur la peinture* [1719] Genève, 1967, première partie, §1, p.1).

et à approfondir cet événement dans tous ses détails. Cette impression est du même genre que celle que nous ressentons à la vue de la douleur; elle part du même principe; elle est produite par l'idée vague d'un mal qui peut résulter de cet état réel des choses que nous ignorons. Il y a donc en nous une secrète impulsion qui nous porte à connaître les maux d'autrui dès que nous soupçonnons leur existence, et en général à approfondir toute combinaison d'idées, tout fait dont nous n'avons qu'une notion incomplète; et ce motif d'intérêt personnel caché, s'il s'agit de nous, ou de comparaison, s'il s'agit des autres, n'est pas une des moindres causes de la curiosité naturelle à l'homme. Dès que nous sommes tranquilles sur les besoins physiques, les besoins moraux nous tourmentent, et nous devenons susceptibles d'ennui.[20] Quelques personnes (et surtout celles dont l'âme est ouverte aux goûts, aux calculs, aux fausses jouissances de la vanité) éprouvent uniquement l'ennui, parce que le désir d'une situation plus avantageuse que celle où [elles] sont, la seule idée de la possibilité de cette situation, les dégoûtent de tout ce qu'[elles] possèdent et ne leur laissent d'attrait que pour ce qu'[elles] n'ont pas; car le cœur humain quoique difficile à contenter, même par les objets de ses véritables jouissances, est encore bien plus avide et plus insatiable de ceux qui ne peuvent que tromper passagèrement ses besoins. D'autres n'ayant point d'idées nouvelles, et ne pouvant s'en donner, parce que la faiblesse de leur esprit ou celle de leur santé s'y oppose, restent livrés au malaise que l'état de leur constitution physique, les maux qu'ils ont à craindre, le souvenir ou l'idée de leurs peines peuvent leur faire éprouver. Plusieurs même sont tourmentés par l'ennui, seulement parce qu'ils n'ont pas assez de raison, de courage pour exercer leur esprit, ou d'expérience et de lumières, pour avoir reconnu que l'esprit est comme ces instruments qui surchargent et fatiguent la main qui les porte sans en faire usage. L'ennui est donc une des maladies les plus cruelles du cœur humain; c'est un état si insupportable que nous ne craignons pas, pour l'éviter, de nous livrer à des sensations pénibles, et que le désir de nous y soustraire est une des causes qui nous déterminent à rapprocher de nous l'idée de la douleur.

Mais, il en est une autre encore plus puissante, plus active et plus continue; c'est le besoin que nous avons d'être émus, quoique les causes

---

20. À la suite de Pascal ou de Leibniz, les philosophes des Lumières ont cherché à dégager une conception dynamique de l'esprit humain, désormais envisagé en termes d'*activité*, avec ses corrélats inévitables d'attrait pour le changement, la nouveauté et le mouvement des passions, mais aussi de crainte envers ce que Locke appelle *uneasiness*, c'est-à-dire un état où se trouve exposée l'âme en proie à l'inquiétude ou à l'ennui. Dans la suite du texte, toute la réflexion de S. de Grouchy s'enracine dans ce nouveau cadre anthropologique en fonction duquel l'abbé Dubos observait déjà que 'l'un des plus grands besoins de l'homme est celui d'avoir l'esprit occupé' (*Réflexions critiques*, première partie, §1, p.2).

de la douleur étant beaucoup plus nombreuses que celles du plaisir, et son intensité plus forte, nous ne puissions pas espérer autant de sensations agréables que de sensations pénibles. Ce besoin d'être ému ne se fait pas seulement reconnaître dans les âmes dont la sensibilité et l'activité naturelle ont acquis le plus grand développement possible par l'éducation, par la pensée, et par l'expérience des passions; il est même facile à observer dans la multitude presque habituellement insensible. N'est-ce pas, en effet, l'espèce d'attrait attaché à toute émotion, même pénible, qui détermine la multitude à entourer constamment les échafauds, et à y observer quelquefois, dans toutes leurs horreurs, des supplices qui, presque toujours, l'attendrissent et lui font verser des larmes?[21] Le cœur humain est, en quelque sorte, porté vers ce qui l'agite et le remue: il sent que ces émotions étrangères le distrairont des impressions habituelles qui lui sont pénibles ou insipides; qu'elles le sauveront de l'ennui; qu'elles étendront ses forces; qu'en le rendant plus flexible, elles lui donneront plus de facilité à recevoir de nouvelles impressions, et augmenteront, par-là, un des moyens les plus féconds de ses jouissances. L'émotion semble donc convenir à l'âme, comme l'exercice convient au corps; et le repos qui la suit paraît le seul qu'elle puisse goûter.

Il faut observer cependant qu'à l'exception d'un petit nombre de circonstances, ces émotions pénibles que nous recherchons sont mêlées de quelques plaisirs, et que l'impression de ces plaisirs surpasse, ou du moins efface celle de l'idée de la douleur. Nous savons, par exemple, lorsque nous allons livrer notre âme aux grands mouvements des douleurs tragiques, que le charme de la poésie, la nouveauté des situations, la grandeur et l'originalité des caractères, l'adresse avec laquelle la pièce est conduite, le plaisir de jouir à la fois et des moyens de l'art, et des effets qu'il produit, celui d'enrichir notre imagination, notre mémoire d'images, d'idées nouvelles, de nous sentir émus d'une manière qui nous était inconnue, et qui, quelquefois, nous agrandit, nous élève à nos propres yeux, balancera dans le moment les sensations douloureuses mêlées à ces jouissances, les effacera et leur survivra ensuite. Cela est tellement vrai que nous cherchons rarement ce genre d'émotions pénibles, lorsque nous ne sommes pas soutenus par l'espoir d'en éprouver ensuite d'agréables; on ne relit guère en effet les romans ou les tragédies qui finissent par une catastrophe sinistre, que lorsque les

---

21. Exemple souvent évoqué au dix-huitième siècle pour illustrer les rapports entre subjectivité sensible et plaisirs paradoxaux, que ce soit chez l'abbé Dubos ou encore chez Marivaux qui, à propos de l'exécution de deux voleurs, observe que le 'peuple courait à ce triste spectacle avec une avidité curieuse, qui se joignait à un sentiment de compassion pour ces malheureux' ('Lettres sur les habitants de Paris', dans *Journaux et œuvres diverses*, éd. Frédéric Déloffre et Michel Gilot, Paris, 1969, p.12).

beautés de l'art et des situations, nous faisant passer continuellement de la crainte à l'espérance, des larmes de la douleur aux larmes de la joie, nous font oublier à chaque instant dans ces révolutions d'un drame, le dénouement tragique et malheureux qui le termine.

Vous voyez, mon cher C***, que si la nature nous a environnés d'une foule de maux, elle les a en quelque sorte compensés en faisant quelquefois de nos douleurs mêmes la source la plus profonde de nos jouissances. Bénissons ce rapport sublime qui se trouve entre les besoins moraux de quelques hommes et les besoins physiques des autres, entre les malheurs auxquels la nature et nos vices nous soumettent, et les penchants de la vertu qui n'est heureuse qu'en les soulageant.

Lettre III

C'est de la sympathie individuelle dont je veux vous parler aujourd'hui, mon cher C***, de celle qui établit entre les hommes ces liens intimes, nécessaires à leur perfection et à leur bonheur; qui rapproche et enchaîne les cœurs par les affections les plus douces; qui étant fondée sur des rapports plus directs que la sympathie générale appartient plus facilement à tous les hommes, et pourrait, si elle était plus cultivée, rendre sensible aux maux et aux besoins de l'humanité entière, cette foule d'hommes devenus presque insensibles à tout ce qui n'est pas lié immédiatement à leur existence et à leur bonheur: en effet, toutes les parties de notre sensibilité se correspondent; dès qu'on en exerce une, les autres deviennent plus délicates et plus susceptibles d'être émues.

Les premiers mouvements de cette sympathie naissent à l'instant même où les objets qui peuvent l'exciter s'offrent à nos regards. Quand nous voyons un homme pour la première fois, nous observons ses traits, nous cherchons son âme sur son visage. Si sa figure offre quelque grâce ou quelque beauté, si seulement quelque singularité la distingue, nous l'étudions avec attention, nous tâchons de saisir les impressions qui y arrivent, de démêler celles qui l'affectent le plus habituellement.[22] Il n'est point d'individu dont la figure, même au premier abord, ne nous donne quelque idée de son caractère, ne nous fasse au moins présumer favorablement ou défavorablement de son esprit. Bientôt l'impression de la physionomie est augmentée, changée ou détruite, par celle des mouvements, des manières, des paroles, par l'accord ou le contraste de ses discours et de ses actions. Lorsque nous croyons trouver dans le regard où l'âme cherche à s'échapper, dans la parole qui en développe les mouvements, dans la physionomie qui en décèle les habitudes, dans les manières qui les trahissent, le caractère et les marques de quelques qualités qui nous intéressent particulièrement ou par leur rapport avec les nôtres, ou parce qu'elles se trouvent au premier rang dans notre estime, ou parce que leur réunion nous paraît extraordinaire et piquante; alors il s'élève en nous un mouvement de bienveillance pour celui qui nous en paraît doué; nous nous sentons portés vers lui, nous prenons plaisir à nous en occuper, nous éprouvons un intérêt qui nous

22. L'intérêt de S. de Grouchy pour l'observation des traits de visage dénote l'œil d'un peintre. Élève de Vigée-Lebrun, elle recourt à ses talents après la confiscation des biens de Condorcet, portraiturant des condamnés, et parfois leurs gardiens; puis, dans l'atelier qu'elle aménage sur la rue Saint-Honoré, elle transforme ces croquis en miniatures ou en camées qu'elle revend ensuite aux familles et amis des proscrits. Voir A. Guillois, *La Marquise de Condorcet*, p.147; H. Valentino, *Mme de Condorcet*, p.118; T. Boissel, *Sophie de Condorcet*, p.172; et Madeleine Arnold-Tétard, *Sophie de Grouchy, marquise de Condorcet: la dame de cœur* (Paris, 2003), p.59.

fait redoubler nos observations, et qui les rend plus clairvoyantes.[23] Quelquefois cependant cette première impression est assez forte pour nous troubler, et elle nous occupe au point de nous enlever la faculté d'observer. Dans les âmes vives, l'effet de cette impression est le premier principe des préventions qui les aveuglent, et qui les rendent incapables d'un discernement sûr, quelquefois même d'un jugement raisonnable.[24]

Cette sympathie individuelle que l'on a crue si longtemps inexplicable, n'est cependant qu'un effet très naturel de notre sensibilité morale. Lorsqu'un homme nous promet des qualités qui nous plaisent, nous nous sentons portés vers lui, parce que, réveillant en nous l'idée de ces qualités, il nous fait espérer tous les avantages que nous attachons tacitement à leur réalité; c'est ainsi que, par une suite nécessaire de l'amour de nous-même le plus simple et le moins réfléchi, nous aimons ceux dont la conformité d'opinion avec nous augmente à nos propres yeux la valeur que nous attachons à nos jugements, nous rassure contre la crainte de nous être trompés; c'est ainsi que les êtres recommandables par leurs vertus, leur humanité, leur bienfaisance nous intéressent, soit parce que leur souvenir nous est une aide et un appui dans nos prévoyances, dans nos projets, soit parce que la seule idée du bien qu'ils ont fait, qu'ils peuvent faire, renouvelle en nous l'impression touchante qu'y produit ordinairement le spectacle ou l'espoir d'un bonheur public, ou le soulagement d'un malheur particulier.[25]

Vous trouverez peut-être, mon cher C***, que l'effet est ici trop grand

---

23. Ces réflexions sur les rapports unissant physionomie et caractère prolongent une longue tradition médicale, morale et esthétique. Depuis Aristote jusqu'aux lettres françaises des dix-septième, dix-huitième et dix-neuvième siècles, celle-ci invite à considérer, comme l'écrit Marin Cureau de La Chambre, qu'il 'n'est point besoin de fenêtre pour voir [l]es mouvements [de l'âme], ses inclinations et ses habitudes, puisqu'elles paraissent sur le visage, et qu'elles y sont écrites en caractères si visibles et si manifestes' (*L'Art de connaître les hommes*, Paris, Jacques D'Allin, 1659, p.2). Sur cette question, voir notamment Lucie Desjardins, *Le Corps parlant: savoir et représentation des passions au XVIIe siècle* (Québec, 2001) et Christopher Rivers, *Face value: physiognomical thought and the legible body in Marivaux, Lavater, Balzac, Gautier and Zola* (Madison, WI, 1995).
24. Cette question forme l'un des principaux objets d'étude du roman du dix-huitième siècle, comme le montre le plus célèbre personnage de l'abbé Prévost, le chevalier des Grieux, qui s'écrie à la seule vue de Manon: 'Elle me parut si charmante que moi, qui n'avais jamais pensé à la différences des sexes, [...] je me trouvai enflammé tout d'un coup jusqu'au transport' (*Histoire du chevalier des Grieux et de Manon Lescaut* [1731], Paris, 1948, p.18-19).
25. La sixième édition de la *Théorie des sentiments moraux* de Smith ajoute une sixième partie, qui comporte de semblables observations sur l'importance de l'estime et de la vertu dans les phénomènes de sympathie: 'But of all attachments to an individual, that which is founded altogether upon the esteem and approbation of his good conduct and behavior [...] is, by far, the most respectable. Such friendships, arising not from a constrained sympathy [...]; but from a natural sympathy, from an involuntary feeling that the persons to whom we attach ourselves are the natural and proper objects of esteem and approbation; can exist only among men of virtue' (*TMS*, p.224).

pour la cause, et vous me demanderez sûrement pourquoi la sympathie individuelle est quelquefois si forte, tandis que ses motifs sont encore si faibles et si vagues. Pourquoi? C'est que l'enthousiasme se mêle aux premières vues de notre esprit, et les étend au-delà du point où nos connaissances réelles pourraient les conduire. Observez ce phénomène moral, et vous verrez combien il a part aux sympathies individuelles vives et subites, et qu'il les explique parfaitement.[26]

L'enthousiasme vient de la faculté qu'a plus ou moins notre âme de se représenter à la fois, et d'une manière en quelque sorte indéterminée, tous les plaisirs ou toutes les peines qui peuvent résulter pour nous d'une certaine situation, ou de l'existence d'une certaine personne, et de nos rapports avec elle. Cette représentation réunit sur un seul instant ce qui, dans la réalité, doit occuper des mois, des années et quelquefois une vie entière. Ainsi, l'enthousiasme envisage son objet avec une sorte d'exagération, et cette représentation offrant à l'esprit une plus grande quantité d'objets qu'il n'en peut considérer distinctement, est toujours vague à quelques égards; d'où il résulte, dans le sentiment, une autre espèce d'exagération qui naît de la multiplication des douleurs ou des jouissances que nous nous figurons; il en résulte même une erreur réelle, puisque alors on est souvent ému par des craintes et des désirs, dont la réalité ou du moins la réunion est impossible, et dont au milieu de l'agitation de l'âme, on ne démêle pas l'impossibilité; l'habitude a, sur cette disposition, une influence singulière: une circonstance ou une personne l'a-t-elle excitée plusieurs fois en nous, elle conserve le pouvoir de l'exciter de nouveau, même indépendamment de toute réflexion, et c'est alors qu'on peut considérer l'enthousiasme comme un sentiment de l'âme. La crainte du déshonneur, par exemple, n'est si active, que parce que l'on se représente vivement, et dans un même instant, tous les maux d'une vie passée dans l'opprobre; mais cette horreur une fois inspirée, l'idée du déshonneur excite en nous le même sentiment, sans réveiller celles qui l'ont fait naître la première fois; de même, l'enthousiasme que

26. Voltaire considère également l'enthousiasme (du grec ἐνθουσιασμός [*enthousiasmos*], fureur divine, inspiration) comme un sentiment de l'âme: 'Qu'entendons nous par enthousiasme? que de nuances dans nos affections! Approbation, sensibilité, émotion, trouble, saisissement, passion, emportement, démence, fureur, rage: voilà tous les états par lesquels peut passer cette pauvre âme humaine' ('Enthousiasme', *Dictionnaire philosophique*, éd. Christiane Mervaud, dans *The Complete works of Voltaire*, dorénavant *OCV*, vol.35-36, Oxford, 1994, vol.36, p.59). Si, avant le milieu du siècle, le terme suppose souvent une forme d'exaltation associée au fanatisme, le sens du mot s'infléchit par la suite en raison de la promotion de l'imagination et de la sensibilité. Chez S. de Grouchy comme chez Voltaire s'affirme ainsi un sens moral qui rapporte le terme à une sorte de fulgurance du sentiment et à une force de conception, comme l'atteste le *Dictionnaire philosophique*, qui écrit: 'L'enthousiasme raisonnable est le partage des grands poètes' (p.60).

nous prenons pour certaines qualités, nous dispose à une sympathie subite et irréfléchie pour les personnes en qui nous croyons les apercevoir.

La facilité à ressentir ces sympathies presque aussi subites que vives, dépend donc comme l'enthousiasme:[27]

1. De la force de l'imagination qui embrasse avec plus ou moins de rapidité, ces vastes tableaux de sensations et d'événements;
2. De la force de la sensibilité qui est plus ou moins affectée par ces tableaux, et qui les garde avec plus ou moins de constance;
3. On pourrait ajouter aussi, des réflexions plus ou moins profondes que nous avons faites sur l'objet de ces sympathies; car si une sorte d'instinct ou quelques circonstances particulières nous ont fait réfléchir sur une situation, une opinion, une qualité, nos idées s'étant étendues sur leurs avantages ou sur leurs inconvénients, ont en quelque sorte préparé dans nos cœurs une affection pour les individus qui se trouvent dans cette situation, qui ont cette opinion ou cette qualité; et le besoin ou le plaisir de trouver un objet à cette affection, d'exhaler un sentiment que nous avons porté longtemps dans notre âme sans en jouir, produit ces sympathies subites qui paraissent souvent n'avoir d'autre cause que le hasard ou le caprice.

De la force de l'imagination, de celle de la sensibilité, et du degré de réflexion que nous avons apporté sur les motifs des sympathies individuelles, dépendent donc leur nature et leur durée.

Ces sympathies naissent plus promptement, elles paraissent plus vives entre les êtres qui voient avec leur imagination, qui sentent d'après ses aperçus, et qui ont plus d'agitation d'idées que de chaleur de sentiment.

Elles se multiplient davantage entre les hommes dont le sens moral est très développé; elles sont d'autant plus douces, que leur objet est plus délicat et plus pur: car la nature a voulu, pour nous lier davantage les uns aux autres, que le rapprochement des affections de la vertu fût presque aussi doux que ses actes.

Elles sont plus durables entre ceux dont la sensibilité est plus profonde qu'elle n'est vive, plus douce et plus délicate qu'elle n'est passionnée;

---

27. L'analyse de ces 'sympathies subites' doit beaucoup à la psychologie sensualiste qui, au moins depuis la *Lettre sur les sourds et muets* (1751) de Diderot, envisage la pensée comme un tableau où se presse simultanément et confusément une multitude de sensations et d'idées que seule la langue permet ensuite de décomposer en mots, puis d'ordonner dans le discours. Dans ce contexte, 'notre âme est un tableau mouvant d'après lequel nous peignons sans cesse [...]. La formation des langues exigeait la décomposition; mais *voir* un objet, le *juger* beau, *éprouver* une sensation agréable, *désirer* la possession, c'est l'état de l'âme dans un même instant' (*Œuvres complètes*, Paris, 1978, t.4, p.161-62).

entre ceux qui aiment avec cette vérité, cette pureté de cœur aussi nécessaire au charme qu'à la durée des affections.

Elles sont plus intimes entre ces âmes mélancoliques et réfléchies, qui se plaisent à se nourrir de leurs sentiments, à les goûter dans le recueillement; qui ne voient, dans la vie, que ce qui les y a attachées, et qui restent concentrées dans leurs affections, sans pouvoir désirer au-delà; car, quelque insatiable que soit le cœur humain, il n'épuise jamais le vrai bonheur quand il veut s'y arrêter.

On a souvent dit que l'estime était la base la plus solide des sympathies individuelles; mais on n'a pas assez parlé de la douceur de ce sentiment en lui-même, on n'y a pas rendu le cœur humain assez délicat. L'estime, cependant, est nécessaire à la confiance et à la liberté, les premiers degrés du bien-être dont notre âme est susceptible. Ce n'est que dans l'estime que l'on peut aimer avec toutes les forces de la sensibilité: elle est en quelque sorte l'élément unique où se développent nos affections, où le cœur s'abandonne, où par conséquent il se développe tout entier. Dans les âmes honnêtes, l'estime accompagne toujours tacitement les sympathies individuelles; elle peut même déterminer seule ces sympathies, lorsqu'elle porte sur quelques qualités extraordinaires, parce que dans ce cas elle est une véritable jouissance.

L'homme estimable est heureux d'estimer; son cœur, facilement ému à la seule idée d'une bonne action, se trouve lié et attaché à celui qu'il croit capable de la faire. Il se plaît avec lui, et cette fraternité de la vertu établit entre eux une liberté, une égalité dont le sentiment est peut-être aussi doux que celui des liens les plus étroits du sang et de la nature.

Si les premiers mouvements de sympathie que la physionomie, les manières, quelques moments de conversation nous font éprouver pour un être encore à peine connu de nous, suffisent pour que sa présence soit un plaisir; si l'estime seule nous établit dans un sentiment de bienveillance et de liberté, qui est le premier des sentiments heureux, et qui nous dispose à les éprouver tous, on voit combien une sympathie plus fondée et mieux sentie a de douceurs, et quel peut être le charme de l'amitié; on peut dire qu'il commence avant même que l'amitié soit formée, et en quelque sorte dès que nous pouvons présager son existence. En effet, dès que nous pouvons concevoir l'idée d'un être qui peut nous aimer, qui seulement est susceptible d'affections profondes et délicates, nous éprouvons un sentiment délicieux, parce que nous réunissons, dans notre âme, l'idée de toute la douceur que l'amitié peut nous faire éprouver. Ce sentiment est déjà une jouissance, et voilà pourquoi, même en nous considérant comme des êtres sensibles à la douleur et au plaisir physique, le seul plaisir d'aimer et d'être aimé, est pour nous un bonheur.

Le plaisir d'aimer naît aussi, en partie, de la jouissance que nous fait éprouver l'idée, le souvenir, ou l'espérance du bonheur que notre affection procure à un être sensible; si cet être nous est souvent présent par l'habitude, si ses rapports avec nous sont fortifiés par la sympathie individuelle, si l'enthousiasme nous représente vivement tout le bonheur que notre amitié peut lui procurer, et celui qu'elle nous permet d'en attendre, alors le plaisir que nous trouvons à l'aimer augmente; et du moment où il a été assez répété pour que notre sensibilité en ait senti l'attrait et contracté le besoin, l'être par lequel nous l'éprouvons nous est plus cher, et le sentiment qu'il nous inspire devient une portion nécessaire de notre existence.

Il est tellement vrai (du moins dans l'amitié) que le plaisir d'aimer a, pour cause, en grande partie, celui que nous trouvons à donner du bonheur par nos affections, qu'il n'y a que les âmes généreuses qui soient capables d'aimer; toutes celles qui manquent d'élévation ou de noblesse, ou que l'égoïsme a corrompues, peuvent bien désirer d'être aimées, et en rechercher à la fois la douceur et l'avantage; mais il n'y a que les cœurs généreux et capables de s'attendrir au bonheur d'autrui, qui sachent aimer. La convenance des opinions, des goûts, des caractères, tous les motifs de la sympathie individuelle peuvent rapprocher les hommes et unir en apparence leurs cœurs; l'heureuse faculté de jouir par le bonheur d'autrui, y fonde seule des affections solides, vraies, durables, indépendantes des lieux, des temps, des intérêts, et propres à charmer la vie ou à l'adoucir. Exercer et cultiver soigneusement dans l'âme des enfants la sensibilité que leur donne la nature pour les jouissances d'autrui, et surtout pour le bonheur d'y contribuer eux-mêmes, n'est pas seulement les disposer aux vertus les plus douces et les plus utiles, c'est s'assurer qu'ils seront capables d'aimer, qu'ils en éprouveront tout le charme, ou qu'au moins ils en seront dignes.

La beauté (quelle que soit la véritable origine du beau, nous entendons seulement ici, par ce mot, ce qu'on a plaisir à voir),[28] la beauté inspire à sa seule vue un sentiment agréable. Une belle personne est, à tous les yeux, un être doué du pouvoir de contribuer au bonheur de tout ce qui a quelque rapport avec elle. On est porté à attacher à ses paroles, à ses manières, à ses sentiments, à ses actions, plus de prix, parce qu'en effet elles ont plus de charme: on l'aime donc naturellement. Ce sentiment,

---

28. Le débat autour de l'origine et la nature de la beauté préoccupe de nombreux philosophes du dix-huitième siècle, dont les thèses hésitent sans cesse entre l'héritage classique, où il importe de définir des critères normatifs, et une attitude sensualiste qui en appelle au seul sentiment de plaisir. Diderot écrit ainsi: 'Fort bien; mais dites-moi, cela est-il *beau* parce qu'il plaît? Ou cela plaît-il parce qu'il est *beau*? *Sans difficulté, cela plaît qu'il est beau.* Je le crois comme vous; mais je vous demande encore pourquoi cela est-il *beau*?' (*Traité du beau* [1751-1772], Verviers, 1973, p.14). Ce traité de Diderot répond notamment aux théories qu'expose Francis Hutcheson, le maître de Smith, dans *An Inquiry into the original of our ideas of beauty and virtue* (1725).

joint à celui que peuvent faire naître en nous la physionomie, et les qualités de l'âme, en produit un particulier qu'on nomme *amour*. Il diffère surtout des autres, en ce qu'il nous offre une sensation agréable, toujours renaissante à la vue ou à la seule idée de l'être qui nous l'inspire. C'est ce pouvoir de nous rendre heureux à chaque instant, d'entraîner, d'occuper, d'attacher, de remplir notre sensibilité tout entière, ne fût-ce qu'en l'excitant, qui exerce un empire plus grand sur tous les hommes que les douceurs de l'amitié, que l'attrait du commerce des hommes vertueux.[29] On ne peut guère douter que la beauté, ou du moins quelque agrément, et quelque intérêt dans la figure ne soit nécessaire à l'amour. Les exceptions en sont assez rares parmi les hommes, et le goût du plaisir en est presque toujours la cause. Si elles le sont moins parmi les femmes, cela vient des idées morales de pudeur et de devoir qui les accoutument dès l'enfance à veiller leurs premières impressions, à ne pas se déterminer par les avantages de la figure, et à leur préférer presque toujours certaines qualités et quelquefois certaines convenances morales.[30] L'amour peut avoir des causes très différentes, et il est d'autant plus grand qu'il en a davantage. Quelquefois c'est un seul charme, une seule qualité qui touche notre sensibilité et qui la soumet; souvent (et trop souvent), c'est à des dons étrangers au cœur qu'elle se prend; plus délicate et plus éclairée, elle ne s'attache qu'à la réunion de ce qui peut la satisfaire, et par un tact aussi sûr que celui de la raison et de la prudence, elle ne cède à l'amour que lorsqu'il est l'empire même de tout ce qui mérite d'être aimé. Alors, l'amour devient une véritable passion, même dans les âmes les plus pures, même dans les êtres qui sont les moins

29. Dans les Lettres III et IV, S. de Grouchy fait l'apologie de l'amour, attitude qui la distingue très nettement de Smith, pour lequel il occupe un rang inférieur dans la hiérarchie des passions, sous prétexte qu'il procède d'un 'particular turn or habit of the imagination' qui singularise: 'love, though it is pardoned in a certain age because we know it is natural, is always laughed at, because we cannot enter into it' (*TMS*, p.31). À l'amour, qui suppose peu de vertu, Smith oppose l'amitié, dont il faudrait préférer les liens plus solides au sentiment exclusif, éphémère et capricieux de l'amour: 'Such friendships [...] may safely embrace all the wise and virtuous, with whom we have been long and intimately acquainted, and upon whose wisdom and virtue we can [...] entirely depend. They who would confine friendship to two persons, seem to confound the wise security of friendship with the jealousy and folly of love. [...] those intimacies which a freak begins, and which a freak puts an end to, how agreeable soever they may appear while they last, can by no means deserve the sacred and venerable name of friendship' (*TMS*, p.225).
30. Ces considérations prennent à revers toute une tradition pédagogique et morale qu'illustre par exemple, dans la littérature destinée aux jeunes filles, un conte comme *La Belle et la bête* de Jeanne-Marie Le Prince de Beaumont (1711-*c*.1780), dont l'héroïne apprend à aimer l'affreuse bête pour sa bonté et ses vertus: 'Her decision to return to him is a rational choice based on the realization of the values of esteem, gratitude, and friendship [...] one can grow accustomed to difference or a lack of physical perfection but never to deformed character' (Penny Brown, *A Critical history of French children's literature*, 2 vol., New York, 2008, t.1, p.111).

esclaves des impressions et des besoins des sens; alors d'innocentes caresses peuvent longtemps lui suffire, et ne perdent rien de leur charme et de leur prix quand on les a passées; alors le bonheur d'être aimé est la jouissance la plus nécessaire, la plus désirée; alors toutes les idées du bonheur et de la volupté ne naissent que d'un seul objet, en dépendent toujours, et sont anéanties à l'égard de tout autre.

Mais, pour que l'amour soit tel, il faut qu'une connaissance mutuelle et parfaite des âmes leur permette de s'unir sans réserve, d'aimer avec une confiance sans bornes, d'estimer tout ce qu'elles aiment. Il faut que l'ami de notre personne soit celui de toute notre existence, de ses imperfections comme de ses qualités et de ses agréments; que dans nos revers comme dans nos succès, dans l'âge où l'on a besoin d'être consolé de l'épreuve et de la connaissance des hommes, comme dans celui où l'on suffit à peine à goûter la vie, nous trouvions dans l'objet qui l'a charmée, le réparateur et le guide de notre bonheur: il faut surtout que l'heureux rapport du caractère, de l'esprit et du cœur dans les deux individus, permette d'arrêter, au bonheur de cette union, l'inconstance naturelle et les téméraires espérances du cœur humain.[31]

La sympathie individuelle est plus ou moins réciproque, suivant les diverses causes qui la font naître: elle ne peut manquer de l'être, lorsqu'elle est fondée sur la conformité des goûts, des opinions, et surtout de la manière de sentir. Mais indépendamment de cette conformité, la sympathie est souvent réciproque: elle dérive alors de l'attrait qui nous porte naturellement vers ceux qui nous aiment; et elle n'est pas moins forte, quoique, dans les deux individus qu'elle rapproche ainsi, son origine soit différente. Aimer est donc une raison pour être aimé, à moins que des circonstances extraordinaires ayant disposé d'avance et exclusivement de notre sensibilité, la sympathie ne puisse pas être réciproque; aussi, dans le langage ordinaire, le mot sympathie renferme l'idée de réciprocité.

Cette réciprocité est plus rare dans la passion de l'amour, parce que le premier principe de l'amour, même le plus pur, est un attrait indépendant en grande partie des qualités morales qui déterminent la sympathie dans les autres sentiments. Une physionomie tendre plaît, touche et inspire de l'amour; mais ce qui distingue cet amour de l'amitié,

---

31. Dans un contexte où le bonheur ne saurait plus se concevoir sans l'amour, la question de la constance, des affinités et des rapports de concordance entre les cœurs devient un problème central, comme le suggérait déjà Émilie du Châtelet: 'Je ne sais cependant si l'amour a jamais rassemblé deux personnes faites à tel point l'une pour l'autre qu'elles ne connussent jamais la satiété de la jouissance, ni le refroidissement qu'entraîne la sécurité, ni l'indolence et la tiédeur qui naissent de la facilité et de la continuité d'un commerce dont l'illusion ne se détruit jamais (car où en entre-il plus que dans l'amour?) et dont l'ardeur, enfin, fût égale dans la privation et pût supporter également les malheurs et les plaisirs' (*Discours sur le bonheur* [c.1748], préface Élisabeth Badinter, Paris, 1997, p.62).

est précisément le plaisir toujours renaissant que la vue ou le souvenir de cette physionomie nous fait éprouver. Il faut donc que ce qui détermine en nous l'attrait de l'amour, soit réciproque, au moins à quelques égards, pour que ce sentiment le soit lui-même; les causes de cette réciprocité sont peut-être communes dans la nature: mais elles sont éparses, et l'on sent combien leur rencontre doit être rare; combien il est difficile du moins que ces causes soient absolument semblables, ou également fortes, dans les deux êtres qu'elles rapprochent l'un de l'autre.

Cherchons maintenant quel est le degré de sympathie qu'il est nécessaire d'avoir avec les personnes que l'on voit souvent, pour trouver de l'attrait et de la douceur dans leur société.

Il me semble, mon cher C***, que la sympathie qui naît de l'estime ne suffit pas pour cela, parce qu'on ne comprend ordinairement, sous le nom d'*estime*, que ce tranquille intérêt que nous accordons à une bonté commune, ou celui que nous inspirent des vertus austères, et quelques qualités brillantes de l'esprit; or, un intérêt de ce genre, lorsqu'il ne se joint à aucun autre, n'a qu'un charme bien faible (à moins qu'il ne soit porté au plus haut degré, ce qui est très rare). D'ailleurs, il faut que toute qualité, toute perfection, soit accompagnée d'indulgence, de douceur, de bonté, pour qu'elle ne gêne pas notre indépendance, pour qu'elle ne pèse pas sur notre faiblesse. Le premier besoin du cœur humain est la liberté: il faut qu'il puisse s'attacher à ce qu'il admire, pour être juste avec bonheur: et c'est un malheur, sans doute, que les vertus qui nous commandent le plus d'admiration, soient souvent celles qui nous fassent espérer le moins d'indulgence. L'homme sensible ne peut donc aimer que les qualités de l'esprit qui sont accompagnées de vertus; il ne peut aimer que ces vertus qui sont plutôt des sentiments que des opinions, que l'indulgence rend aimables et touchantes, qui ne cherchent à se faire imiter qu'en se faisant sentir, et qu'on ne peut voir dans les autres sans en éprouver les mouvements, même avant d'en avoir pratiqué les actes.

La sympathie nécessaire à l'amitié n'exige pas toujours les qualités aimables, les vertus douces sans lesquelles une relation moins intime ne peut avoir de charme; souvent la connaissance particulière de quelque mérite très rare en lui-même, ou capable d'émouvoir notre sensibilité, nous attire, nous attache peu à peu, et nous fait oublier les imperfections qui l'accompagnent; c'est cette raison qui souvent unit des personnes dont les caractères et les goûts sont très différents. Cette bizarrerie apparente a souvent lieu entre les âmes qui, se livrant moins aisément, ne laissent goûter tous les charmes de leur sensibilité qu'aux objets mêmes qui la captivent: ces âmes se gardant tout entières pour leurs affections, leurs affections en sont d'autant plus douces, en ont d'autant plus de prix, et elles n'ont pas besoin d'un autre attrait pour être réciproques. Quoique ces âmes soient les plus susceptibles de constance et de passion, une sympathie très étendue et très intime est cependant nécessaire à la durée de leurs sentiments; l'amour porté à ce degré de force, où il prend le nom de *passion*, est une suite de désirs, de besoins, d'espérances, qui veulent sans cesse être satisfaits; qui sont encore des plaisirs pour l'âme qu'ils remplissent de trouble, parce que ce trouble même devient un état habituel d'émotions toujours mêlées de quelque bonheur. Le rapport des esprits comme des cœurs, des goûts comme des opinions, enfin, la douceur de tout sentir ensemble, comme de tout sentir l'un pour l'autre, peut seule, au sein du bonheur, satisfaire l'activité de l'amour, et soutenir ses enchantements, qui si souvent en abrègent la durée. Les plaisirs de l'esprit, des arts, de la vertu, goûtés au sein des plaisirs du cœur, les rendent plus profonds et plus vifs; ils sont même nécessaires à leur durée dans l'état de civilisation auquel nous sommes arrivés, ils y ajoutent mille charmes divers; ils les épurent, les fécondent, les renouvellent; ils les étendent sur tous les âges de la vie.

Jusqu'ici, mon cher C***, je vous ai montré comment de la seule sympathie physique devenue individuelle, fortifiée par diverses circonstances, rendue plus active, plus énergique par l'enthousiasme, naissent en nous des peines et des plaisirs moraux; mais cette sympathie avec un autre être a une origine indépendante de la nature de ses peines ou de ses plaisirs: nous souffrons en le voyant souffrir; et l'idée de ses peines en est une pour nous, parce qu'une pareille peine nous ferait souffrir nous-mêmes. Il est donc évident que ce que nous avons dit des peines physiques, est vrai aussi des peines morales, du moment que nous en sommes susceptibles. La vue, le souvenir des peines morales d'un autre, nous affectent comme la vue et le souvenir de ses peines physiques.

Voilà donc de nouveaux liens de sympathie qui nous unissent aux hommes, et nos rapports avec eux qui acquièrent une nouvelle étendue.

Non seulement le spectacle et le souvenir des peines et des plaisirs moraux ou physiques des autres, sont accompagnés en nous de peine ou de plaisir; mais, comme nous l'avons déjà expliqué, cette sensibilité une fois éveillée et excitée dans notre âme, se renouvelle à la seule idée abstraite du bien ou du mal. Il en résulte pour nous un motif intérieur et personnel de faire du bien et d'éviter de faire du mal, motif qui est une suite de notre qualité d'*êtres sensibles* et *capables de raisonnement*, et qui peut, dans les âmes délicates, servir à la fois de moniteur à la conscience, et de moteur à la vertu.

LETTRE IV

Vous avez vu, mon cher C***, que nous sympathisons avec les peines et les plaisirs physiques, à proportion de la connaissance que nous avons, par notre propre expérience, de leur force et de leurs effets: de même nous sympathisons en général avec les peines et les plaisirs moraux, suivant que nous en sommes nous-mêmes susceptibles: je dis en général, parce qu'il y a sans doute des cœurs assez sensibles pour être touchés des peines qu'ils n'éprouveraient pas dans les mêmes circonstances qui les font éprouver à d'autres, c'est-à-dire des peines que l'imagination seule peut apprécier: et alors, comme pour les peines physiques qu'on n'a pas éprouvées, la sympathie est excitée par l'idée vague de la douleur.

Cette opinion est contraire à celle de l'illustre Smith, dont je vais combattre encore ici quelques assertions. Vous me trouverez peut-être téméraire: mais en convenant que Smith est regardé à juste titre comme un des premiers philosophes de l'Europe, il me semble que sur des objets qui tiennent moins à des connaissances profondes, qu'à des observations sur soi-même, tous ceux qui réfléchissent peuvent prétendre au droit de discuter.

Je ne crois pas que Smith ait indiqué la véritable raison qui nous fait plaindre les rois détrônés: si nous compatissons plus vivement à leurs malheurs qu'à ceux des autres hommes, c'est uniquement parce que les rois nous paraissant préservés de ces malheurs par leur élévation, nous jugeons qu'ils doivent y être plus sensibles, et non (comme Smith le pense) parce que l'idée de la grandeur, qui se joint dans presque tous les esprits à celle de la félicité, nous dispose, par une sorte d'affection et de complaisance pour leur bonheur, à sympathiser plus particulièrement avec eux; il me semble que cette affection est peu connue dans l'empire britannique, qu'elle est ignorée dans le reste de l'Europe, et il est au moins bien certain qu'elle est absolument opposée au sentiment de l'égalité naturelle, qui nous porte à regarder avec jalousie, ou au moins avec sévérité, tout ce qui est au-dessus de nous.[32]

Notre sympathie pour les peines physiques est plus forte, plus

---

32. Au contraire, Smith affirmait que rien n'est plus naturel que les sentiments de déférence et d'admiration que l'on éprouve pour les rois: 'That kings are the servants of the people, to be obeyed, resisted, deposed, or punished, as the public conveniency may require, is the doctrine of reason and philosophy; but it is not the doctrine of Nature. Nature would teach us to submit to them for their own sake, to tremble and bow down before their exalted station, to regard their smile as a reward sufficient to compensate any services, and to dread their displeasure' (*TMS*, p.53). Alors que, pour Smith, la société civile et les lois servent à corriger l'inégalité naturelle, S. de Grouchy considère, en revanche, que les lois doivent restaurer l'égalité naturelle, sa conception de la sympathie et ses convictions républicaines l'invitant à inscrire l'action de la puissance publique dans le prolongement des mouvements primitifs du cœur.

générale, et plus douloureuse que pour les peines morales; le spectacle en est même déchirant et importun pour ceux que leur éducation, ou plutôt les erreurs de leur éducation, ont éloignés de l'image de la douleur; la raison en est évidemment dans la nature même des maux physiques, qui mènent plus souvent à la mort, qui sont plus frappants, dont les signes sont plus certains, dont enfin l'image est plus douloureuse, et affecte plus sympathiquement nos organes.[33]

Smith établit la proposition contraire, et croit la justifier en disant que l'imitation des douleurs corporelles n'émeut point; qu'elle est un objet de ridicule plutôt que de compassion, tandis que l'imitation des peines morales porte à l'âme les impressions les plus vives. Est-ce donc parce que la sympathie pour un homme à qui on coupe la jambe est moins forte que la sympathie pour un homme qui perd sa maîtresse, que l'un de ces faits ne peut pas être, comme l'autre, le sujet d'une tragédie? Non sans doute: c'est uniquement parce que l'imitation des douleurs physiques ferait difficilement l'espèce d'illusion nécessaire au succès théâtral; parce que cette imitation a besoin d'être accompagnée de celle des douleurs morales, pour produire un intérêt susceptible de quelque variété et de quelque durée; c'est enfin parce que l'intérêt de la tragédie tient en grande partie au talent de nous rendre agréable notre sympathie pour les malheurs d'autrui, en excitant progressivement notre sensibilité, et non en nous offrant l'image subite et déchirante d'un mal physique: image dont nous ne pouvons éloigner notre pensée si elle nous attache, et qui devient ridicule si elle ne nous attache pas. D'ailleurs, on sait que le spectacle des douleurs physiques est pour le peuple une véritable tragédie; spectacle qu'il ne recherche souvent que par une curiosité stupide, mais dont la vue éveille quelquefois sa sympathie jusqu'au point d'en faire une passion redoutable.

Il est absolument faux que le principe de la fermeté et du courage dans les douleurs corporelles, soit le peu de sympathie qu'elles inspirent aux autres (comme Smith le remarque); la nécessité de souffrir, l'utilité même de certaines souffrances, l'inutilité des murmures, sont les causes de la résignation dans les maux ordinaires; dans les douleurs qui consomment toutes les forces de notre nature, la fermeté vient ou du désir d'être admiré, ou de l'espèce de contentement que donne le sentiment d'un

---

33. L'idée suivant laquelle les organes du corps sont affectés 'sympathiquement' annoncent les conceptions de Cabanis, qui définit précisément la sympathie comme 'une loi générale' en vertu de laquelle 'les parties de la matière tendent les unes vers les autres' (*Rapports du physique et du moral de l'homme*, p.467). Sur l'opposition, concernant ce point, entre S. de Grouchy et Cabanis, d'une part, et Smith, d'autre part, voir, ci-dessus, M. A. Bernier, 'Présentation', p.14.

grand courage, contentement qui le perpétue souvent, et qui peut être une jouissance vive pour les âmes fortes et élevées.[34]

Smith prétend que nous sympathisons très peu avec les jouissances de l'amour.[35] S'il veut dire par là que nous voyons sans intérêt les délices qu'un sentiment pur et profond prépare à deux jeunes amants, et l'asile mystérieux où il les attire; que nous entendions sans intérêt les détails d'un bonheur, qui est si souvent l'objet de nos vœux secrets, son opinion sera contredite par l'opinion de tous les hommes dont l'imagination est sensible, et dont la vie a été livrée à cette passion. Toutes les fois que le spectacle de l'amour heureux, offert à nos yeux ou à notre imagination, n'excitera ni l'envie, ni la jalousie, toutes les fois qu'il ne blessera ni la pudeur, ni nos principes d'honnêteté, il nous plaira et réveillera en nous des impressions de plaisir; il pourra même nous plaire encore lorsqu'il excitera nos regrets; car pour ceux qui ont pu ressentir cette passion et l'inspirer, des regrets tendres et même douloureux sont longtemps des jouissances. Comme la sympathie pour les plaisirs des autres est un sentiment antérieur à la jalousie et aux idées d'honnêteté et de pudeur, si ces idées ou un mouvement d'envie nous empêchent de sympathiser avec les jouissances de l'amour, on ne doit pas en conclure que cette sympathie ne soit pas naturelle; mais, observer seulement que nous sympathisons plus ou moins avec ces jouissances, suivant que nos principes, à cet égard, sont plus ou moins sévères, plus ou moins compliqués; suivant que nous partageons plus ou moins aisément les plaisirs qui nous sont étrangers, ou dont nous sommes actuellement privés.

Il est étonnant que la passion de l'amour paraisse avoir toujours quelque chose de ridicule à un philosophe, dont l'ouvrage prouve qu'il a observé sans préjugé, l'homme de la nature et celui de la société; on croirait que cette opinion ne peut être le partage que de cette jeunesse frivole qui juge l'amour avant d'avoir aimé, et qui pense suivre la route du vrai bonheur, parce qu'elle ne veut acheter les plaisirs par aucune peine.

34. Smith considérait comme efféminé le manque de fermeté dans les douleurs corporelles: 'We esteem the man who supports pain and even torture with manhood and firmness; and we can have little regard for him who sinks under them, and abandons himself to useless outcries and womanish lamentations' (*TMS*, p.244). Il n'est pas étonnant que S. de Grouchy s'oppose si vivement à Smith sur ce point, celle-ci se refusant à associer le manque de fermeté morale à la féminité et remplaçant même, dans sa traduction de ce passage du philosophe écossais, l'épithète 'womanish' par l'adjectif 'lâches': 'Nous estimons l'homme qui supporte la douleur et même les tortures avec fermeté: et nous méprisons celui dont le courage paraît alors vaincu, et qui s'abandonne à de lâches et inutiles gémissements' (*Théorie des sentiments moraux*, trad. S. Grouchy, ii.75).
35. Voir A. Smith, qui écrivait: 'Our imagination not having run in the same channel with that of the lover, we cannot enter into the eagerness of his emotions' (*TMS*, p.31).

Notre sympathie pour les passions qui tiennent à la haine, comme l'envie, la vengeance, etc., n'est pas générale: elle est ordinairement modifiée par nos liaisons personnelles avec celui qui éprouve ces passions; par la sympathie particulière que nous avons avec lui, et qui peut corrompre notre jugement; par la justice de ses sentiments qui nous frappe plus ou moins, nous est plus ou moins connue; par le rapport de la cause qui les excite avec nos propres intérêts, avec nos opinions et la nature de notre sensibilité. Quand la sympathie n'est excitée par aucun de ces motifs particuliers, elle cède à l'affection plus douce de la pitié, et loin de sympathiser avec les passions haineuses, nous sommes portés au contraire à nous intéresser pour celui qui en est l'objet; la raison en est heureusement dans la nature: nous sympathisons avec le désir de faire du bien à un autre, parce qu'il y a en nous un sentiment qui nous porte à faire du bien à tous, qui nous y fait trouver une jouissance personnelle; et nous ne sympathisons pas avec la haine, parce que n'ayant pas en nous un sentiment qui nous porte à faire du mal à tous, il faut un motif particulier à la sympathie pour la haine, comme à la haine même. Si cette observation est vraie, me direz-vous, mon cher C***, pourquoi existe-t-il des êtres qui voient avec plaisir tourmenter leurs semblables, qui ont en quelque sorte besoin de se venger du bonheur des autres, et qui n'apprennent point ce qui le trouble, sans une joie secrète? Pourquoi? C'est que, dans la société, un système vicieux de législation, au lieu de réunir les intérêts des individus, n'a fait trop longtemps que les séparer, et les opposer entre eux. L'avidité de jouir, ayant conduit les hommes au point que tous ne peuvent satisfaire à la fois ces fantaisies sociales qui, changées en habitudes, ont usurpé le nom de *besoins*, ils prennent tacitement, dès l'enfance, l'habitude de regarder les maux et les biens des autres comme une donnée de plus ou de moins que leur laisse la fortune pour leurs propres jouissances. L'homme civilisé, s'il est gouverné par les préjugés et par de mauvaises lois, est donc naturellement envieux et jaloux, et il l'est davantage à proportion que les vices des institutions sociales l'éloignent de la nature, corrompent sa raison et font dépendre son bonheur, de la satisfaction d'un plus grand nombre de besoins.[36]

36. En quelques phrases, ce passage résume les thèmes principaux des deux célèbres discours de Jean-Jacques Rousseau, le *Discours sur les sciences et les arts* (1750) et le *Discours sur l'origine et les fondements de l'inégalité parmi les hommes* (1755). La conclusion du second s'achève sur ce portrait de l'homme civilisé: 'Il fait sa cour aux grands qu'il hait et aux riches qu'il méprise; [...] il se vante orgueilleusement de sa bassesse et de leur protection, et fier de son esclavage, il parle avec dédain de ceux qui n'ont pas l'honneur de le partager. [...] Il n'est pas de mon sujet de montrer comment d'une telle disposition naît tant d'indifférence pour le bien et pour le mal [...]; comment, en un mot, [...] nous n'avons qu'un extérieur trompeur et frivole, de l'honneur sans vertu, de la raison sans sagesse, et du plaisir sans bonheur' (p.180-82).

Cette opinion est si vraie, que les hommes qu'on peut accuser de jouir du mal des autres et de s'affliger de leur bonheur, ne portent guère ce sentiment que sur des malheurs de vanité, de fortune; sur les peines d'une sensibilité qu'ils croient factice ou exagérée; et qu'ils cessent d'éprouver ce sentiment, lorsqu'il n'est pas en eux l'effet d'une haine personnelle, ou lorsqu'il s'agit de douleurs physiques et de véritables malheurs. Les exceptions à cette observation sont fort rares, et ne tombent que sur un très petit nombre d'individus: ce sont des monstres, dont on pourrait expliquer l'existence par les circonstances particulières de leur éducation et de leur situation dans la société. La civilisation, telle qu'elle existe encore chez la moitié des nations européennes, est donc ennemie de la bonté de l'homme, comme de sa félicité. Quel travail immense ne reste-t-il pas alors à faire à l'éducation, non pour développer ou diriger la nature, mais seulement pour en conserver les inclinations bienfaisantes, pour empêcher qu'elles ne soient étouffées par ces préjugés si accrédités et si communs, qui corrompent dans leur source les sentiments de l'humanité et de l'égalité, sentiments aussi nécessaires au bonheur moral de chaque individu, qu'au maintien de l'équité et de la sécurité dans tous les rapports de l'ordre social![37]

Le penchant que nous avons à imiter ceux qui s'amusent des défauts et des ridicules des autres, naît sans doute de la sympathie. Mais quelle est la cause du rire qu'excite en nous la vue même du ridicule? Est-ce le plaisir que trouve notre orgueil dans l'idée de supériorité que cette vue nous inspire? La jouissance d'orgueil que nous éprouvons alors peut, en effet, être une des causes de ce rire: mais ce n'est pas la principale. On a pu souvent le remarquer; un sourire tranquille est le signe ordinaire de l'orgueil satisfait: nous craindrions, ce semble, de déroger à l'espèce de dignité où ce sentiment nous établit lorsqu'il est heureux, si nous en laissions aller les mouvements jusqu'aux éclats bruyants de ce rire que la vue du ridicule excite en nous. D'ailleurs, l'idée de notre supériorité nous donne un plaisir absolument différent de celui que produit la vue du ridicule; et cette idée nous donne un ridicule, plus souvent qu'elle n'attend celui des autres pour naître.

On peut dire que les mouvements organiques qui constituent le rire, sont agréables de leur nature, quoiqu'ils fatiguent quelquefois; et que ceux qui amènent les larmes sont pénibles, quoique, dans certaines

---

37. Les thèses républicaines en faveur de l'égalité juridique et sociale, conçue comme condition nécessaire au bonheur individuel et collectif, se font très souvent l'écho des idées de l'abbé de Mably (1709-1785). Frère du philosophe sensualiste Condillac, Mably écrit par exemple, dans *De la législation, ou Principe des lois* (1776): 'l'égalité doit produire tous les biens, parce qu'elle unit les hommes, leur élève l'âme, et les prépare à des sentiments mutuels de bienveillance et d'amitié' (*Œuvres complètes*, 12 vol., Lyon, J. B. Delamollière, 1792, t.9, p.38).

circonstances, les larmes soulagent. Cette observation montre bien en partie la cause de la sympathie pour le rire qu'excite le ridicule; mais elle n'explique pas pourquoi les objets ridicules font naître les mouvements qui produisent le rire et le plaisir qui le précède.

Les enfants rient de très bonne heure: ils rient dès qu'ils ont une connaissance distincte et assez étendue des objets pour les comparer; ils rient des mêmes choses que nous, puisqu'ils rient, dans leurs jeux, de ceux dont ils font leurs dupes. Il faut donc que la cause de ce phénomène ne soit pas fort compliquée, qu'elle ne tienne pas à des idées fort étendues; en effet, les imbéciles rient aussi, et rient de ce qui les étonne, comme les gens raisonnables de ce qui leur paraît plaisant.

C'est donc dans les enfants qu'il faut chercher la cause du rire, puisque ayant moins d'idées, et des idées plus bornées, on a, et moins de causes possibles à examiner, et plus d'espérance de rencontrer la véritable. Cette manière d'observer les faits à leur origine (dont Locke nous a donné l'exemple)[38] est la plus sûre pour découvrir les lois générales auxquelles ils sont soumis.

Il paraît que la cause la plus ordinaire du rire dans les enfants, est la vue d'un événement inattendu qui les frappe, en leur offrant des images et des idées nouvelles, et en exerçant vivement leurs facultés naissantes. Tout ce qui, joint à cette circonstance, excite en eux un sentiment de plaisir ou d'espérance, produit également le rire, parce qu'il est l'expression naturelle de tout ce qui les affecte d'une manière agréable. Mais, plus on avance en âge, plus on réfléchit, et plus le rire se restreint aux choses inattendues, qui occupent sans inspirer un grand intérêt. La raison en est simple: c'est que la légère convulsion du rire, et l'espèce de plaisir qui accompagne cette convulsion, cesse par la plus légère contention d'esprit; et que les événements inattendus qui nous font plaisir et qui ne sont suivis d'aucune réflexion, deviennent extrêmement rares après l'enfance.

C'est par cette raison que le rire est, dans la suite de la vie (excepté pour les imbéciles), réservé presque exclusivement aux choses bizarres, inattendues, contrastantes; et le ridicule est de ce nombre.

La cause première du rire est donc dans le plaisir d'un exercice facile et inattendu de nos facultés; dans l'espèce de contentement, de joie intérieure qui l'accompagne: et il est tout simple, alors, que dans la suite

---

38. Philosophe anglais, John Locke (1632-1704) est l'auteur d'un célèbre *Essay concerning human understanding* (1689), dont les principes servent de socle à l'empirisme, c'est-à-dire à un courant de pensée très largement dominant au sein des Lumières anglaises et françaises. À partir de la critique de Descartes, Locke entreprend de montrer en quoi toutes les idées dérivent des sensations, ce privilège accordé à l'expérience sensible invitant à renoncer à la spéculation abstraite au profit d'une démarche qui induit concepts et lois générales du seul témoignage des faits.

de notre existence, le rire et la moquerie se tiennent d'assez près, parce que le plaisir de sentir nos avantages et notre force nous porte au plaisir malin de faire sentir notre supériorité; plaisir très analogue à celui qui résulte de l'exercice de nos facultés.[39]

Vous me pardonnerez, mon cher C***, de remonter de cause en cause pour trouver la première; et après avoir observé que la cause du rire, en général, tient beaucoup au plaisir attaché à l'exercice de nos facultés, vous aimerez comme moi à rechercher l'origine même de ce plaisir.

Il suffirait peut-être, pour la trouver, d'observer que l'exercice de nos facultés les perfectionne, que cette perfection est un moyen d'avoir du plaisir, d'éviter la douleur, et que cette observation n'est pas hors de la portée des enfants: elle est d'autant plus facile pour eux que la perfection de leurs facultés est très rapide, très importante à leur bien-être. Un sentiment de plaisir s'unit donc machinalement à tout exercice de nos facultés, qui tend à les développer.

Ce plaisir, qui est le même que celui du sentiment de notre force, en prenant ce mot pour celui de *pouvoir*, de *capacité*, paraît faible au premier coup d'œil, parce que l'habitude nous le dérobe souvent; mais il est cependant très vif: les enfants en sont la preuve. Le seul exercice de leurs facultés, indépendamment de toutes les jouissances qu'ils peuvent y trouver, est accompagné en eux de tous les signes de la joie. Ce sentiment de leur force suffit longtemps à leur bonheur. Plus ils le cultivent, plus ils sont aisément heureux dans la suite de leur vie. Ce qui importe le plus d'abord, c'est de borner leur existence à ce sentiment aussi longtemps qu'il sera possible; ce qui est très essentiel ensuite, c'est de ne pas leur laisser prendre d'opinion exagérée de leur force. Si celle qu'ils en prennent, en se comparant aux autres, n'est pas très juste, très circonscrite dans ses vraies mesures, cet amour-propre de leur enfance, caressé par tous les soins aveugles qu'on leur donne, deviendra pour eux la source de tous les défauts de l'esprit, de tous les vices du cœur. Mais le plaisir attaché à l'exercice de nos facultés a d'autres causes encore.

L'exercice de nos facultés corporelles est non seulement salutaire,

---

39. En associant le rire à une forme de 'plaisir malin', S. de Grouchy fait siennes les analyses des moralistes classiques. Par exemple, lorsque Vauvenargues trace le portait du 'rieur', il rappelle non seulement qu'un 'homme qui veut rire [...] n'attend pas de trouver du ridicule pour le relever; il le cherche où il n'est pas, il en invente'; mais il cite encore Fénelon qui, dans ses *Dialogues des morts*, s'exclamait: 'Ô Démocrite, vous dites quelquefois des vérités; mais vous n'aimez rien, et le mal d'autrui vous réjouit' (*Essai sur quelques caractères*, dans *Œuvres de Vauvenargues*, éd. Daniel-L. Gilbert, Paris, 1857, Livre 3, §22, p.314). Toutefois, l'insistance à souligner les rapports entre le rire et 'l'exercice de nos facultés' ouvre aussi la réflexion sur une perspective psychophysiologique, esquissée par Louis de Jaucourt dans l'article que consacrait au rire l'*Encyclopédie* de Diderot et D'Alembert, puis approfondie au dix-neuvième siècle. Sur ces questions, voir notamment Anne Richardot, *Le Rire des Lumières* (Paris, 2002).

mais il produit presque toujours le sentiment du bien-être, c'est-à-dire cette sensation qui accompagne l'*existence* dans l'état de santé, et qui est, sinon un plaisir positif, du moins la cessation récente et agréable de tout sentiment pénible. Non seulement cette sensation existe pour l'ensemble de nos organes; mais avec quelque réflexion, on peut reconnaître que dans chaque organe elle est sentie et distincte. On a du plaisir à marcher après un long repos, et en se rendant compte de ce plaisir, on croit sentir dans les jambes, d'une manière plus particulière, la sensation agréable répandue dans tout le corps.

Or, cette observation, qui est vraie pour nos facultés corporelles, peut l'être encore pour les organes qui sont affectés lorsque nous pensons, et lorsque nous éprouvons un sentiment.

Si une trop forte application nous fatigue, il est possible que de rester trop longtemps sans recevoir d'idées nouvelles, soit une fatigue plus désagréable encore; si des émotions trop vives, même de joie, font éprouver une sensation douloureuse au *diaphragme*, pourquoi l'exemption ou l'interruption absolue de tout sentiment ne serait-elle pas suivie, à la longue, d'un engourdissement pénible?

Il paraît donc que le mouvement et l'action contribuent essentiellement au bien-être, et même à la conservation des êtres animés; et ce qui achève de le prouver, c'est que le mouvement et l'action sont nécessaires dans l'enfance au développement des organes, et dans la vieillesse, à la conservation de leur force.

Puisque le mouvement et l'action sont donc nécessaires à notre bien-être, et à notre conservation, il en résulte que l'exercice de nos facultés doit être accompagné de plaisir, et qu'il doit l'être avant même que la réflexion ait pu nous apprendre combien le développement de ces facultés nous procure de jouissances: et le perfectionnement nécessaire pour parvenir à ce degré de réflexion, a pour mobile le plaisir en quelque sorte attaché à l'action, au mouvement et à l'exercice de nos facultés.

Revenons à la sympathie.

Je ne peux penser, comme Smith, que nous ne sympathisons ni avec les grandes joies ni avec les faibles chagrins:[40] il me semble, au contraire, que nous sympathisons avec les peines et les plaisirs moraux, quels que soient leur force et leur degré. C'est une suite de ce que nous avons observé jusqu'ici sur notre sensibilité morale. Notre sensibilité pour les grandes joies des autres, comme pour leurs petites peines, est très vive quand il s'agit des personnes avec lesquelles nous avons une sympathie particulière très forte; alors nous obéissons à la nature: au contraire, nous sommes quelquefois affligés de voir un homme qui nous est

---

40. Voir A. Smith, pour lequel 'we are generally most disposed to sympathize with small joys and great sorrows' (*TMS*, p.40).

indifférent faire une fortune extraordinaire, ou parce que cette fortune rompt l'égalité qui était entre nous et lui, ou parce qu'elle détruit notre supériorité à son égard, ou parce que nous avions aspiré au même avantage. Qu'un homme très inférieur à nous entre dans une classe plus relevée, et soit cependant encore loin de la nôtre, alors la sympathie l'emportera sur l'orgueil, ce qui prouve qu'elle existe même lorsqu'elle est étouffée par l'intérêt personnel; cela est tellement vrai, qu'anéantie par ce dernier sentiment, et ne pouvant plus être que simulée, nous la montrons encore comme une affection naturelle et convenable.

La sympathie pour les peines est plus vive que pour les jouissances morales, par la même raison qu'elle est plus forte pour les maux que pour les jouissances physiques. On peut cependant observer que, quoique les peines de ce genre soient beaucoup plus vives que les plaisirs, la différence est beaucoup moins considérable qu'entre les maux et les plaisirs physiques, et que les plaisirs moraux ont une bien plus grande influence sur notre bonheur.

On peut compter, parmi les effets de la sympathie, le pouvoir d'une assemblée nombreuse pour exciter nos émotions, et celui qu'ont quelques hommes de nous inspirer leurs opinions.[41] Voici, ce me semble, quelques causes de ces phénomènes.

D'abord, la présence seule d'une multitude d'hommes agit sur nous par les impressions que réveillent leur figure, leurs discours, le souvenir de leurs actions; leur attention, en outre, appelle la nôtre, et leur empressement qui avertit notre sensibilité des émotions qu'elle va recevoir, les commence déjà.

C'est aussi le plaisir d'entendre exprimer ce qu'on n'osait dire, ce qu'on avait peut-être cherché en vain, ou ce qu'on n'entrevoyait que confusément.

C'est encore celui d'acquérir sur-le-champ une idée ou un sentiment, plaisir qui, lorsqu'il est très vif, fait, qu'admettant sans réflexion cette idée ou ce sentiment, nous prenons subitement de l'admiration pour celui qui les excite en nous. L'être qui vous donne une idée nouvelle, mon cher C***, ne vous semble-t-il pas revêtu d'un pouvoir surnaturel?

Les deux dernières causes dont je viens de vous parler, agissent aussi dans une lecture solitaire, quoique plus faiblement.

L'incertitude de nos idées et de nos sentiments fait aussi quelquefois que nous avons besoin, pour nous y livrer, de les voir partager par d'autres. Une idée nous a frappés, nous a paru vraie, belle, touchante; mais nous craignons de l'adopter légèrement: les applaudissements nous

---

41. Sur le développement qui suit, sur lequel se conclut la Lettre IV et qui est consacré à l'éloquence, aux dangers de l'art oratoire et, plus généralement, aux questions relatives à la persuasion, voir ci-dessous M. A. Bernier, 'Rhétorique et politique des émotions physiques de l'âme chez Sophie de Grouchy', p.167-78.

rassurent, nous décident, et nous nous abandonnons avec confiance à notre première impression. D'autres fois, ces mêmes applaudissements nous avertissent de quelque pensée qui nous échappait: les nôtres ont, à leur tour, le même effet, et chacun jouit de tous les plaisirs qui auraient été partagés entre plusieurs.

Un homme seul peut encore, par la crainte du ridicule, par celle de se compromettre, par simple timidité, n'oser se livrer à un sentiment violent: il l'ose, dès que ce sentiment est partagé.

Enfin, comme nous sympathisons avec les passions des autres, les signes de ces passions nous émeuvent, et suffisent pour nous les faire éprouver. Lors donc que nous les éprouvons déjà avec un certain degré de force, la vue de ces passions doit les augmenter encore, et comme nous agissons également sur autrui, il doit en résulter une exaltation toujours croissante de passion, jusqu'à ce qu'elle atteigne le plus haut degré auquel la nature de chacun peut la porter. Telle est la cause de l'énergie des crimes et des vertus dans les tumultes populaires.

L'empire que certains hommes exercent sur ceux qui les écoutent ou qui les lisent en profitant des dispositions de leur âme, tient aussi à la sympathie: il est le résultat d'un art moins difficile que dangereux, mais qui cesse de l'être lorsqu'il est dévoilé.

Ils savent qu'il est des esprits que le doute fatigue: que les uns, pour quelques objets, les autres pour tous, ne trouvent le repos que dans le sein d'une croyance tranquille; qu'enfin, le besoin de croire l'emporte, chez presque tous les hommes, sur la raison qui prescrit de ne croire que ce qui est prouvé. Alors, il ne faut que leur proposer une opinion avec force, et avec persuasion, cacher avec art ce qui peut la rendre incertaine; et satisfaits d'être délivrés du doute, ils embrassent cette opinion avec plus d'ardeur, et elle les frappe davantage à proportion qu'elle leur rend plus de tranquillité.

On parvient aussi à se faire croire, à inspirer de la confiance pour sa personne et sa manière de penser, en choisissant certaines opinions qui sont reçues avec plus d'avidité, parce qu'elles inspirent un désir secret de s'y rendre. Telle est la cause du succès des écrivains qui établissent des paradoxes:[42] la vanité qu'on attache à n'être pas d'une opinion vulgaire, à avoir vu, même par les yeux d'autrui, ce qui échappe au commun des hommes, est un attrait caché qu'ils se ménagent dans l'âme de leurs

---

42. Cette association entre le succès d'un écrivain et sa maîtrise de l'art du paradoxe est alors un lieu commun de la critique littéraire, pour laquelle le dix-huitième siècle a vu, comme l'écrit André Morellet, 'se multiplier les ouvrages où le paradoxe se montre dans tout son éclat' (*Théorie du paradoxe*, Amsterdam, 1775, p.9). Opinion contraire au sentiment général, le paradoxe permet de déjouer les certitudes prétendues et, à ce titre, séduit par sa virtuosité; mais il peut également, comme le redoute S. de Grouchy, 's'armer de cette force d'esprit qui ne s'effraie point de soutenir une opinion révoltante' (p.15).

lecteurs. On réussit, par la même raison, en rajeunissant les opinions anciennes: on a pour soi tous les gens qui étaient forcés malgré eux à les abandonner, et qui n'osaient les soutenir. Ils trouvent du plaisir à rabaisser la gloire de ceux qui cherchent à détruire les préjugés, à établir des vérités nouvelles; projet que l'amour-propre des hommes médiocres accuse toujours de témérité, qu'il cherche à rendre suspect, et qu'il ne doit jamais pardonner, parce qu'un tel projet annonce une supériorité qui les humilie.

Un autre moyen de gagner les esprits (et peut-être le plus efficace de tous), c'est d'attacher à des principes généralement reconnus, surtout à des opinions adoptées avec enthousiasme, d'autres opinions qui n'en sont nullement les conséquences. Ces dernières se présentent alors avec une escorte qui les fait respecter. On est porté à croire sur le reste un écrivain qui, sur des objets importants, s'accorde avec nous, qui professe des opinions qui nous sont chères. Cela est tellement vrai que l'on persuade quelquefois seulement par l'emploi de certains mots consacrés, qui inspirent une sorte de vénération et d'enthousiasme par les grandes idées qu'ils réveillent. L'art de placer ces mots de manière à tenir lieu de raisons et de pensées, à produire sur les âmes des lecteurs et des auditeurs un effet qui leur ôte le pouvoir d'examiner, est un des secrets les plus sûrs de la fausse éloquence, et a fait de nos jours la réputation éphémère de plus d'un orateur politique.

Les succès du véritable talent, étant presque entièrement l'ouvrage de la nature, sont encore plus faciles à expliquer. Si un écrivain ou un orateur s'exprime d'une manière passionnée, nous éprouvons nécessairement cette émotion, qu'excite en nous la vue d'un homme agité d'un sentiment vif et profond; et cette émotion, qui répond machinalement à la sienne, nous dispose à la partager, pourvu que la cause nous en paraisse suffisante. L'empire que ces hommes exercent sur nous, ne se borne pas à nous faire sentir avec force ce que nous n'aurions vu que froidement: il s'exerce aussi sur nos opinions. Si on analyse avec exactitude nos motifs de croire, on verra qu'un des plus forts et des plus habituels est le penchant naturel et involontaire que nous avons à regarder comme constant ce que nous avons vu répéter plusieurs fois; et ce penchant est une suite de notre constitution. Nous regardons comme général, comme devant exister toujours, ce que nous avons senti nous-mêmes, d'une manière constante: et lorsque nous ne réfléchissons pas, il nous arrive de confondre avec le sentiment qui accompagne toujours l'idée d'une chose habituellement répétée, celui qui naît de l'impression d'une chose qui nous frappe vivement; et de là naît une plus grande facilité à croire ce qui nous émeut, et celle d'adopter les opinions des écrivains passionnés.

Tel est l'art de Rousseau, leur modèle. Il vous pénètre de sa propre persuasion, et excite en un moment, au fond de votre cœur, une émotion aussi entraînante vers l'opinion qu'il veut établir, que pourrait l'être le sentiment habituel de tout ce qui est capable de justifier cette opinion. Un de ses contemporains a peut-être eu sur ce siècle une influence encore plus frappante et plus générale, du moins si on ne se borne pas à la France: mais leurs moyens également couronnés par le succès n'ont pas été les mêmes.[43] Rousseau a parlé davantage à la conscience; Voltaire à la raison: Rousseau a établi ses opinions par la force de sa sensibilité et de sa logique; Voltaire par les charmes piquants de son esprit. L'un a instruit les hommes en les touchant; l'autre, en les éclairant et les amusant à la fois. Le premier en portant trop loin quelques-uns de ses principes, a donné le goût de l'exagération et de la singularité; le second, se contentant trop souvent de combattre les plus funestes abus avec l'arme du ridicule, n'a pas assez généralement excité contre eux cette indignation salutaire, qui, moins efficace que le mépris pour châtier le vice, est cependant plus active à le combattre. La morale de Rousseau est attachante quoique sévère, et entraîne le cœur, même en le réprimant: celle de Voltaire, plus indulgente, touche plus faiblement peut-être, parce qu'imposant moins de sacrifices, elle nous donne une moins haute idée de nos forces et de la perfection à laquelle nous pouvons atteindre. Rousseau a parlé de la vertu avec autant de charme que Fénelon,[44] et avec l'empire de la vertu même; Voltaire a combattu les préjugés religieux avec autant de zèle que s'ils eussent été les seuls ennemis de notre félicité. Le premier renouvellera d'âge en âge l'enthousiasme de la liberté et de la vertu; le second éveillera tous les siècles sur les funestes effets du fanatisme et de la crédulité. Cependant, comme les passions dureront autant que les hommes, l'empire de Rousseau sur les âmes servira encore longtemps les mœurs, quand celui de Voltaire sur les esprits aura détruit les préjugés qui s'opposaient au bonheur des sociétés.

43. Ce parallèle entre Voltaire et Rousseau offre un nouvel exemple d'une forme qu'à la suite des *Vies parallèles* de Plutarque, la critique de l'âge classique a sans cesse privilégiée, depuis le *Parallèle des principes de la physique d'Aristote et de celle de René Descartes* (1679) de René Le Bossu jusqu'au *Parallèle entre Descartes et Newton* (1766) de Delisle de Sales.

44. Écrivain, théologien et pédagogue, François de Salignac de Lamothe-Fénelon (1651-1715) a été archevêque de Cambrai (1695) et précepteur des Enfants de France, avant d'être disgracié par Louis XIV à la suite de la querelle du quiétisme. Le dix-huitième siècle considère ses *Aventures de Télémaque* (1700) et sa *Lettre à l'Académie* (1714) comme autant de modèles de grâce et d'éloquence.

LETTRE V

Sur l'origine des idées morales

Il me semble, mon cher C***, que les prédicateurs de la vertu (excepté Rousseau) n'ont pas assez souvent remonté à l'origine des idées morales; cette recherche est cependant la seule qui puisse nous faire connaître jusqu'où s'étend la relation intime qui se trouve entre ces idées et notre conscience, entre les sentiments que nous éprouvons en les suivant, et notre bonheur. Aussi, quoique souvent on ait fait valoir avec éloquence l'influence immédiate du vice et de la vertu sur notre félicité, on ne s'est pas assez attaché à démontrer que les principes de la vertu et les jouissances intérieures qu'elle procure, étaient une suite nécessaire de notre constitution morale, et que le besoin d'être bons serait un penchant presque irrésistible pour des hommes soumis à des lois sages, et élevés sans préjugés.[45]

Il résulte nécessairement de la satisfaction que nous fait naturellement éprouver le spectacle ou la seule idée du plaisir, ou du bien-être d'autrui, un plaisir pour nous-mêmes lorsque nous leur en procurons: cette dernière jouissance est même plus vive que l'autre, parce qu'elle est goûtée avec plus de réflexion, parce que notre intention la cherchait, parce qu'elle est précédée de l'espérance qui augmente toujours l'activité de l'âme. Si le plaisir de contribuer au bonheur des autres est plus vif que le plaisir d'en être témoin, celui que nous éprouvons en les soulageant d'un mal, doit l'être davantage, puisqu'il est goûté avec plus de réflexion encore, puisqu'il est toujours accompagné de cette sensation agréable qu'on éprouve lorsqu'on est délivré de l'idée de la douleur; un autre motif augmente encore le plaisir qu'on trouve à faire le bien: c'est de penser qu'on doit ce plaisir à soi-même, et que par conséquent on a entre les mains le pouvoir de se le procurer, de le reproduire à son gré; car si par d'autres raisons la possession d'un objet agréable nous en dégoûte quelquefois, il est plus vrai encore que, dans une vie simple et naturelle,

---

45. La manière dont, au début de cette lettre, s'articulent entre elles la question du fondement naturel de la morale et celle de l'ordre social exprime une attitude intellectuelle caractéristique des idéologues. Cabanis posera d'ailleurs le problème dans les mêmes termes: 'Mais c'est surtout en remontant à la nature de l'homme; c'est en étudiant les lois de son organisation et les phénomènes directs de sa sensibilité, qu'on voit clairement combien la morale est une partie essentielle de ses besoins. [...] C'est en considérant à leur source les passions [...] qu'on se convainc [...] que pour le rendre meilleur il suffit d'éclairer sa raison [...]. Mais il ne suffit pas que les lumières de la sagesse éclairent l'homme; c'est par les habitudes qu'il est gouverné: il importe donc surtout de lui faire prendre de bonnes habitudes' (*Rapports du physique*, p.51-52). En remontant de la sensation jusqu'aux bonnes habitudes à inculquer, le débat sur l'origine des idées morales s'ouvre ainsi, chez Cabanis comme chez S. de Grouchy, sur une réflexion politique animée par le souci de mettre en évidence l'action positive et émancipatrice de l'éducation et des lois, sur laquelle insisteront désormais les *Lettres sur la sympathie*.

elle en augmente le prix; parce qu'elle réunit à la fois le présent et l'avenir, des jouissances actuelles, et toutes celles que peut procurer une espérance qui ne sera point trompée.

Nous avons donc un plaisir naturel à faire le bien: mais il naît encore de ce plaisir un autre sentiment; la satisfaction de l'avoir fait, comme il naît de la douleur physique, outre une impression actuelle et locale, une sensation pénible dans tous nos organes. Nous trouvons donc un plaisir personnel dans le souvenir d'un bonheur qui ne l'était pas; mais pour que ce souvenir se retrace souvent à notre mémoire, il faut qu'il soit lié à notre existence, à la suite de nos idées, et c'est ce qui arrive lorsque nous en sommes la cause. Alors, ce souvenir s'unit au sentiment intime que nous avons de nous-mêmes, il en fait partie, il devient habituel comme lui, il produit en nous une sensation agréable, qui se prolonge beaucoup au-delà du sentiment distinct de l'espèce de plaisir qui en est la première origine. Lors donc que le bien qu'on a fait aux autres est positif, le plaisir qui en résulte pour nous est indépendant de la nature du plaisir qui en résulte pour eux; mais lorsque nous les avons délivrés d'un mal, notre plaisir étant alors, comme le leur, celui qui naît de la cessation de la douleur, il est encore plus naturel que la satisfaction de l'avoir fait cesser [en] laisse en nous, sans un souvenir détaillé, même sans une attention actuelle à la nature du mal que nous avons soulagé.

Ainsi, au plaisir de faire le bien, se joint la longue durée de la satisfaction de l'avoir fait, sentiment qui devient, en quelque sorte, général et abstrait, puisqu'on l'éprouve de nouveau au seul souvenir des bonnes actions, sans se rappeler leurs circonstances particulières. Nous avons déjà parlé, dans la première lettre, de ce sentiment, le principe le plus général de la métaphysique de l'âme, comme la théorie des idées abstraites est le principe le plus général de la métaphysique de l'esprit.[46] Il est encore la plus douce de nos sensations, la plus analogue à toutes nos affections morales; celle qui attache l'âme et la charme sans lui imprimer l'insatiable et dévorante activité des passions; la seule capable de dédommager l'homme de tous les maux dont il peut être atteint; la seule qui soit sans cesse en son pouvoir, qui ne trompe jamais ses désirs, qui y réponde toujours, qui repose et remplisse son cœur, qui soit enfin un lien indissoluble entre lui et ses semblables. Heureux, mon cher C***,

---

46. Par 'métaphysique de l'esprit', il faut entendre, avec D'Alembert et toute la tradition empiriste depuis Locke, cette 'physique expérimentale de l'âme' qui s'attache à retracer l'origine des idées abstraites en montrant que celles-ci, bien loin d'être innées comme le supposait Descartes, résultent de la combinaison d'idées simples directement dérivées des sensations physiques. Voir Jean Le Rond D'Alembert, 'Discours préliminaire', *Encyclopédie, ou Dictionnaire raisonné des sciences, des arts et des métiers*, éd. Denis Diderot et J. Le Rond D'Alembert, Paris, Briasson, David, Le Breton et Durand, 1751, t.1, p.xxvii.

celui qui porte sans cesse ce sentiment au fond de son âme, et qui meurt en l'éprouvant! Lui seul a vécu!

Puisque la vue ou l'idée du malheur d'autrui nous fait éprouver un sentiment douloureux, ce sentiment est plus vif lorsque nous sommes la cause volontaire ou même involontaire de ce malheur. Si c'est d'une manière absolument involontaire, c'est-à-dire, sans que nous puissions l'attribuer à notre intention, à notre étourderie ou à notre légèreté, alors ce sentiment n'est vif que parce qu'étant lié davantage à nos souvenirs, il nous est plus présent, et que nous avons plus de peine à nous en défaire. Si c'est de notre étourderie, ou de notre légèreté que vient le mal d'autrui, la peine que nous en ressentirons sera encore plus grande, puisqu'il s'y joindra l'idée que nous pouvions le lui éviter. Cette idée produit en nous un sentiment très pénible, par le contraste entre l'état où notre faute nous a placés, et celui où nous aurions pu être. La pensée que nous pouvions être mieux, rend le mal-être plus sensible; par la même raison qu'on sent plus vivement le mal à la suite du bien, et que fortement représenté par l'imagination, un bien possible est regretté comme s'il avait été réel. Il s'y joint aussi la crainte de reproduire le même mal, sensation pénible qui amène la résolution d'en éviter les occasions, et qui est le motif de la prudence. Lorsque nous avons fait volontairement un mal, toutes ces causes agissent et doivent agir encore plus fortement, et il s'y mêle une peine particulière; celle de sentir pour nous-mêmes le sentiment désagréable qu'excite la vue ou l'idée de celui qui a fait du mal aux autres.

Comme la satisfaction d'avoir fait du bien s'unit à notre existence pour nous en rendre le sentiment délicieux, de même la conscience d'avoir fait du mal s'y attache pour la troubler; elle produit un sentiment de regret et de remords qui nous importune, nous afflige, nous inquiète, nous fait souffrir, lors même que nous ne conservons pas un souvenir distinct de cette première impression de peine que le mal dont nous sommes la cause nous a fait éprouver.

La crainte du remords suffit pour éloigner du mal tous les hommes, soit qu'il n'y en ait aucun qui n'ait connu un peu le remords, au moins pour des fautes légères; soit que l'imagination suffise pour donner une idée des tourments du remords à celui même qui n'aurait jamais fait que du bien, s'il peut exister sur la terre un tel homme! La satisfaction attachée aux bonnes actions, et la terreur du souvenir des mauvaises, sont deux motifs efficaces pour déterminer toutes nos actions. Ces deux sentiments sont universels; ils composent les principes et le fondement de la morale du genre humain.

Après vous avoir exposé ici, mon cher C***, l'origine et la nature de ces sentiments, en y appliquant ce que vous avez lu dans les lettres précédentes sur la sympathie particulière, sur les effets de l'enthousiasme, sur le pouvoir de l'habitude, vous comprendrez aisément qu'ils peuvent devenir actifs, permanents, et acquérir, suivant les circonstances, une force déterminante, et même une puissance irrésistible. Ainsi, par exemple, le remords d'une mauvaise action, ou la crainte seule de ce remords, s'augmenteront par l'idée de sa durée, lorsque l'imagination offrira le tableau des malheurs qu'elle répandrait sur la vie entière. Si cette faculté est une des plus mortelles ennemies du repos de l'homme, quand, plus insatiable que son cœur, elle le rend incapable de jouir, en portant sans cesse ses pensées et ses désirs au-delà de ce qu'il possède ou de ce qu'il peut atteindre; elle est aussi une des causes les plus efficaces de sa félicité, lorsqu'elle rapproche de lui les effets du vice et de la vertu, lorsqu'elle lui rappelle qu'il possède, avec le pouvoir de faire du bien aux autres, celui de porter toujours en lui-même un sentiment heureux, pouvoir qui rend une grande partie de son bonheur indépendante du sort, et avec lequel il peut, et braver la mort, et supporter tous les maux de la vie.[47]

Voilà donc, mon cher C***, une distinction déjà établie entre nos actions, par le sentiment seul; puisque les unes sont accompagnées de plaisir, et suivies d'une satisfaction intérieure, les autres accompagnées de peine, et suivies d'un sentiment toujours désagréable et souvent douloureux.

Mais ce sentiment plus durable de satisfaction ou de peine, qui s'attache au souvenir du bien ou du mal que nous avons fait aux autres, est nécessairement modifié par la réflexion; et ce sont les modifications qu'elle y apporte, qui nous conduisent à l'idée du bien ou du mal moral, de cette règle éternelle et première qui juge les hommes avant les lois; que si peu de lois ont consacrée ou développée, que tant d'autres ont violée, et que les préjugés ont si souvent étouffée, et avec tant d'absurdité! Quand nous procurons, par exemple, à un homme un plaisir qui ne sera que momentané, qui n'aura point d'influence sur sa vie entière, si ce n'est pas une sympathie particulière qui nous détermine, nous aurons moins de satisfaction que si nous avions fait à quelqu'un un plaisir qui serait encore un bien d'une longue durée. Peut-être même, nous repentirons-nous d'avoir laissé exposé à des maux réels, celui à qui nous n'avons rendu qu'un service passager, et aurons-nous des remords, au lieu d'avoir

---

47. Si la question de la constance de l'âme renvoie à l'imaginaire néo-stoïcien qui domine le dix-huitième siècle finissant, ce thème hérité de la sagesse antique se redéploie ici dans un contexte moderne, marqué par la valeur nouvelle qu'acquièrent la subjectivité sensible et l'imagination. En cessant d'être exclusivement une faculté qui menace la tranquillité de l'esprit en y portant le trouble de représentations sensibles, l'imagination devient alors un principe actif et créateur, combinant entre eux objets et impressions de manière à s'affirmer comme 'le seul instrument avec lequel nous composons des idées, et même les plus métaphysiques', comme en témoigne l'article 'Imagination' du *Dictionnaire philosophique* de Voltaire. Ainsi conçue, l'imagination permet de conférer au sentiment une dimension morale.

de la satisfaction: ici donc, commencent à se distinguer le bien que l'on fait par hasard, et celui que l'on fait par réflexion; le bien auquel on est entraîné par une sympathie particulière, et celui vers lequel nous nous dirigeons par une sympathie générale. Si nous suivons une sympathie particulière, nous obéissons, comme par instinct, au penchant de notre cœur; si nous suivons une sympathie générale, souvent indifférents entre plusieurs biens à faire, ou incertains entre celui que nous inspire notre inclination, et un plus grand auquel elle ne nous porte pas, nous balançons en nous-mêmes, laquelle de ces deux actions doit faire le plus de bien aux autres, et nous nous déterminons pour celle qui nous donnera, non peut-être le plus grand plaisir actuel, mais la satisfaction de la plus grande durée.

Dès lors, nos actions qui n'étaient que bienfaisantes et humaines, acquièrent une bonté et une beauté morales: de là naît l'idée de la vertu, c'est-à-dire, *des actions qui font aux autres un plaisir approuvé par la raison.*[48]

L'idée de la distinction du mal moral et du mal physique fait à un autre, se forme plus difficilement, mais cependant n'est pas moins précise. Lorsqu'il se présente des occasions où un mal léger fait à un individu empêche qu'un plus grand mal n'arrive à un autre, ou qu'un mal égal n'arrive à plusieurs autres, alors, si nous ne faisons pas ce petit mal, nous pouvons souffrir par le remords de n'avoir pas empêché le mal plus grand beaucoup plus que par celui d'avoir commis le mal plus petit. Au contraire, le regret d'avoir fait ce moindre mal, sera adouci par la satisfaction plus vive d'avoir empêché un mal qui eut été plus grave. Il en est de même, si ce mal fait à un autre nous procure quelque plaisir: ce plaisir serait faible, et ne nous donnerait pas même un dédommagement actuel du remords attaché au mal qui nous l'aurait procuré. Dans ces différentes circonstances, nous prenons l'habitude de consulter notre raison sur le parti que nous devons prendre, de nous déterminer pour celui qui nous laissera après lui une satisfaction plus grande, et nous acquérons l'idée du mal moral, c'est-à-dire, *d'une action nuisible à autrui et que notre raison désavoue.*[49]

---

48. Le mouvement par lequel on s'élève de la 'sympathie particulière' à la 'sympathie générale' s'inscrit dans celui, beaucoup plus global, qui conduit de la sensation et du sentiment à la réflexion et à la raison. Ce passage détermine précisément l'objet de l'analyse 'idéologique', définie par Destutt de Tracy comme ce qui permet de 'tracer historiquement la filiation des idées d'un homme qui part de l'impression la plus simple et la plus particulière pour arriver à l'idée la plus composée et la plus générale' (*Éléments d'idéologie. Première partie. Idéologie proprement dite*, Paris, 1817, p.79).

49. Ces définitions du bien et du mal résultent d'une sorte de calcul qui vise à fixer la quantité de plaisir ou de peine que comportent les diverses actions humaines et, à ce titre, elles s'inspirent des méthodes de l'empirisme moral qu'avait illustrées, entre autres, Helvétius, dont l'ambition consistait justement à 'faire une morale comme une physique expérimentale' (*De l'esprit*, Paris, Durand, 1758, p.ii).

Cette définition me paraît plus juste que celle de Vauvenargues, qui dit que le bien ou le mal moral sont ce qui est utile ou nuisible à l'humanité prise en général.[50] Ces deux définitions ne sont au fond qu'une même définition, puisque le bien ou le mal que la raison approuve ou condamne, est le même que celui qui est utile ou nuisible à l'humanité; mais celle de Vauvenargues est moins précise et plus difficile à entendre, parce qu'elle ne répond point à l'idée que le commun des hommes peut avoir du bien ou du mal moral; en effet, avoir une raison et une conscience ordinaire ne suffit pas, pour savoir ce qui est bien ou ce qui est mal par rapport à l'univers. Il importe plus qu'on ne croit dans les définitions des choses morales, de préférer celles que les hommes les moins éclairés peuvent comprendre. Lorsqu'il s'agit de découvrir les lois générales auxquelles le cœur humain est soumis, la raison la plus commune est la raison la plus certaine et la plus éclairée.[51]

L'idée du bien et du mal moral une fois acquise, l'habitude de distinguer l'un de l'autre devenue familière, nous discernons le plaisir et la peine, la satisfaction et le remords qui résultent de faire une telle action ou de s'en abstenir, sans peser ou calculer les effets qui pourront la suivre. L'idée qu'elle est *bonne* fait présumer une satisfaction secrète; l'idée qu'elle est *mauvaise* annonce le remords, précisément, comme la seule idée du plaisir ou de la douleur physique produit, pour le moment, et pour l'avenir, un sentiment pénible ou agréable. Il arrive ici, à quelques égards, ce qui arrive dans les sciences où l'on se sert de certaines méthodes, de certains principes en comptant sur leur exactitude et sur leur vérité, sans avoir le souvenir des preuves qu'on en a eues autrefois. De même, on obéit à des sentiments généraux, sans penser à la manière dont ils se sont formés et à tout ce qui les justifie.

Aussi le remords du mal et la satisfaction du bien qu'on a fait, peuvent exister sans que l'imagination nous retrace les effets de ces actions; nous n'avons même plus le souvenir général d'avoir fait du bien ou du mal, mais le sentiment plus abstrait et plus général encore d'avoir bien ou mal fait: d'autres sentiments peuvent se joindre à celui-là, suivant les circonstances, mais il n'est pas nécessaire qu'ils s'y unissent pour que la conscience agisse sur notre âme, détermine, juge ou récompense nos

---

50. Écrivain moraliste, Luc de Clapiers, marquis de Vauvenargues (1715-1747), est l'auteur de *Maximes* (1746) et de réflexions morales où il observait: 'Afin qu'une chose soit regardée comme un bien par toute la société, il faut qu'elle tende à l'avantage de toute la société; et afin qu'on la regarde comme un mal, il faut qu'elle tende à sa ruine: voilà le grand caractère du bien et du mal moral' (*Du bien et du mal moral*, dans *Œuvres de Vauvenargues*, Livre 3, §43, p.50).

51. Il s'agit d'une idée sur laquelle Rousseau avait déjà beaucoup insisté, notamment dans l'*Émile*, où il écrivait: 'bornons-nous aux premiers sentiments que nous trouvons en nous-mêmes', afin de nous délivrer 'de tout cet effrayant appareil de philosophie' et de pouvoir ainsi 'être hommes sans être savants' (Paris, 1866, Livre 4, p.327).

actions: ils servent cependant plus souvent à étendre qu'à affaiblir son empire: le remords du mal et la satisfaction du bien que nous avons fait, s'augmente, par exemple, suivant que les signes de la douleur ou du plaisir qu'ils ont produits sont plus expressifs, plus touchants, plus capables de s'imprimer dans notre imagination, et de parler par elle à la conscience. Les âmes faciles à émouvoir suivent plus souvent ces motifs particuliers; celles dont la sensibilité est plus profonde et plus réfléchie, obéissent ordinairement aux sentiments plus abstraits et plus généraux qui accompagnent le bien ou le mal; les unes en faisant le bien, agissent avec plus d'abandon, les autres avec plus d'ordre et avec une justice plus exacte; celles-là, en retirent un plaisir plus vif, les autres un plaisir plus motivé par la raison, mais plus souvent aussi mêlé d'amour-propre. Les premières sont sujettes à se prévenir et à s'aveugler; les secondes à manquer le bien en s'obstinant à chercher le mieux: il serait à souhaiter que celles-là fussent communes dans ce grand nombre d'hommes qui n'a que des supérieurs et des égaux, et les autres dans cette classe trop étendue qui, soit par un droit reconnu, soit par une force cachée, commande et gouverne.

La plus ou moins grande facilité d'éprouver un sentiment abstrait et général, c'est-à-dire un sentiment qui est seulement la conscience de ce que plusieurs sentiments individuels ont de commun, comme la plus ou moins grande facilité d'avoir des idées abstraites et générales, est ce qui distingue davantage les cœurs et les esprits. Les cœurs susceptibles de ces sentiments sont les seuls vraiment droits, parce que, seuls, ils peuvent être guidés par des principes invariables; ce sont les seuls sur la sensibilité desquels on puisse compter, parce qu'il est des motifs généraux toujours efficaces pour l'exciter; la conscience s'éteint aussi très difficilement en eux, et y parle toujours. Le remords y est donc plus infaillible et plus efficace, toutes les idées des obligations plus complètes: ce sont eux surtout qui savent remplir ces devoirs de délicatesse et d'honnêteté que la morale seule impose et reconnaît, dont l'oubli n'amène que des regrets et ne fait perdre que des sentiments heureux, et dans lesquels on trouve ces vertus désintéressées que peut seul produire le besoin sublime d'avoir toujours de soi-même l'idée la plus grande et la plus satisfaisante qu'il soit possible.[52]

L'égoïsme qui est produit, sans doute, par l'oubli de ces sentiments abstraits et généraux, ou par l'impuissance de les éprouver, achève à son tour de les éteindre. En effet, la coupable et basse habitude de considérer

52. En cette fin du dix-huitième siècle, les 'vertus désintéressées', dont la promotion accompagne celle du sublime et, de manière plus générale, celle de toutes les valeurs associées à l'élévation morale, deviennent les emblèmes d'une régénération politique, fondée sur le double refus de la brillante fatuité du salon aristocratique et des passions égoïstes présidant aux intrigues courtisanes de la société d'Ancien Régime.

avant tout les objets par rapport à soi, et de les juger essentiellement sous ce point de vue, affaiblit peu à peu les sentiments attachés au bien et au mal. L'égoïsme est donc trop faiblement puni quand on se borne à le croire moins dangereux et moins condamnable que des passions plus nuisibles en apparence, telles que la haine, la vengeance, et même l'envie; ces passions sont presque toujours passagères: elles sont rares, et funestes seulement à un très petit nombre d'hommes, et l'égoïsme infecte et tourmente des classes entières; leurs excès sont presque toujours réprimés par les lois, et l'égoïsme n'est jusqu'ici que faiblement condamné, faiblement puni par la morale et par l'opinion. Enfin, ces passions amènent quelquefois, il est vrai, des actions violentes; mais si l'égoïsme n'en amène pas, c'est presque toujours pour n'avoir pas à les redouter lui-même, et il n'est point d'injustice et d'oppression cachée auxquelles il ne porte. Si d'autres passions peuvent rendre l'homme plus redoutable, celle-là le rend donc plus corrompu, puisqu'elle ne lui laisse d'autre motif de vertu que l'amour-propre, et d'autre frein que le respect humain, barrière impuissante et que l'adresse rend nulle à son gré.

Les esprits qui n'ont ni assez de force ni assez d'étendue pour arriver aux idées abstraites et générales, pour recevoir et combiner tout ce qui les compose, ne peuvent jamais atteindre à de grands résultats, ni par conséquent étendre dans aucun genre la sphère des vérités importantes, ni quelquefois même se rendre propres celles qui sont le fruit du calcul, et de comparaisons très étendues. Aussi chercheriez-vous en vain à faire adopter les opinions qui sont le fruit de ces idées, à celui qui ne peut saisir ces idées mêmes; uniquement occupé de considérations routinières et isolées, de vues particulières et locales, il qualifiera de système dangereux, tout système qu'il ne pourra comprendre, et enorgueilli de sa fausse prudence, il se renfermera dédaigneusement dans ses erreurs.

La plus ou moins grande facilité d'avoir des idées abstraites et générales, est une espèce d'échelle, à laquelle on peut rapporter tous les esprits pour connaître leur élévation et leurs rapports; ceux qui ont acquis par la réflexion ou par une sorte d'instinct, l'habitude d'augmenter et de généraliser leurs idées, ne s'arrêtent jamais; ceux en qui le besoin d'en accroître le nombre et l'étendue a été prévenu ou étouffé par d'autres passions (et c'est la multitude), restent ordinairement à un certain degré, et ne changent, pour ainsi dire, plus de pensées: c'est par cette raison qu'il est si difficile d'éclairer les hommes, même sur leurs véritables intérêts; il faut d'abord aller, en quelque sorte, chercher dans leurs passions, des forces pour étendre et renouveler leur intelligence affaiblie par l'inaction, ou dégradée par l'erreur; et ensuite leur faire adopter la vérité, soit en la leur présentant sous ces formes ingénieuses ou brillantes qui séduisent en sa faveur, soit en captivant doucement la raison par une logique si continue que le dernier pas, pour arriver au résultat, ne soit pas plus difficile à franchir que le premier.

Il est donc à désirer qu'un des principaux objets de l'éducation soit de donner la facilité d'acquérir des idées générales, d'éprouver ces sentiments abstraits et généraux dont je vous ai parlé; et l'éducation commune s'éloigne ordinairement de ce but. L'étude de la grammaire, qui précède les autres, commence (si les enfants la comprennent) par leur donner, il est vrai, quelques idées métaphysiques, mais les idées les plus fausses, ou au moins les plus incohérentes entre elles; ils apprennent ensuite les langues par l'habitude machinale de traduire des auteurs dont ils ne peuvent souvent entendre les pensées; on leur présente presque toujours l'histoire, isolée de ces grands résultats qui seuls la rendent utile, parce qu'autrement il leur serait trop facile d'apprécier des abus qu'on veut leur faire respecter; ils sont élevés au milieu de tous les préjugés de l'orgueil et de la vanité, qui leur ôtent le sentiment des droits imprescriptibles communs à tous les hommes, celui de leur véritable bonheur, de leur véritable mérite, pour leur donner l'idée de jouissances, et de prééminences factices, dont le respect et le désir rapetissent l'esprit, corrompent la raison et éteignent la conscience. La morale dont on les entretient, consiste presque toujours en préceptes isolés et sans ordre, où les devoirs les plus indifférents sont mêlés aux devoirs les plus sacrés, annoncés sous la même forme et avec la même importance; rarement les porte-t-elle à rentrer dans leur propre cœur pour y chercher les lois éternelles et générales qui décident du bien ou du mal, pour y écouter les sentiments qui récompensent l'un et punissent l'autre; l'étude des sciences est presque toujours rejetée au moment où l'esprit, déjà accoutumé à se contenter d'idées vagues, à s'occuper de mots plutôt que de choses, suit difficilement leur marche méthodique et raisonnée, se fatigue même lorsqu'elles ne sont que la route de l'évidence, saisit enfin avec peine leurs principes généraux, ou est sans force pour en tirer de nouvelles combinaisons.[53]

Cessons donc, mon cher C***, de reprocher à la nature d'être avare de grands hommes; cessons de nous étonner, de ce que les lois générales de la nature même, soient encore si peu connues: combien de fois, dans un

53. Tout ce passage reprend et résume les thèmes essentiels de la critique des maisons d'enseignement de l'Ancien Régime, qui traverse tout le second dix-huitième siècle, depuis l'article 'Collège' qu'avait rédigé D'Alembert dans l'*Encyclopédie* jusqu'au *Rapport et projet de décret sur l'organisation générale de l'instruction publique* (1792) de Condorcet, lequel écrivait déjà: 'L'ancien enseignement n'était pas moins vicieux par sa forme que par le choix et la distribution des objets. Pendant six années, une étude progressive du latin faisait le fond de l'instruction; et c'était sur ce fond qu'on répandait les principes généraux de la grammaire, quelques connaissances de géographie et d'histoire, quelques notions de l'art de parler et d'écrire' (*Œuvres*, éd. A. Condorcet O'Connor et F. Arago, t.7, p.471-72).

siècle, l'éducation achève-t-elle de donner à l'esprit la force et la rectitude nécessaires pour arriver aux idées abstraites? Combien de fois a-
t-elle perfectionné son instinct pour la vérité? L'a-t-elle affermi dans son
penchant à ne suivre qu'elle, à en être incessamment nourri? Combien
de fois ne nous égare-t-elle pas, au contraire, sur les pas de la routine et
de l'usage, de préjugés en préjugés, d'erreurs en erreurs? Combien de
fois, par exemple, n'a-t-elle pas changé le besoin que nous avons de
n'exister que par les jouissances utiles, vraies, et si étendues auxquelles la
nature appelle notre esprit et notre cœur, en celui de ne vivre que pour
les plaisirs trompeurs et bornés de l'amour-propre et de la vanité? Eh!
que de vertus, de talents et de lumières, cette seule erreur a enlevés, et
enlève chaque jour à l'espèce humaine!

LETTRE VI

Continuation du même sujet

Vous avez vu, mon cher C***, que les sentiments qui s'éveillent en nous lorsque nous faisons du bien ou du mal aux autres, nous donnent, quand la réflexion les accompagne, l'idée abstraite du bien et du mal moral. De cette idée naît celle du *juste* et de l'*injuste*; et celle-ci n'en diffère, qu'en ce que l'approbation donnée par la raison à une action juste, doit être fondée sur l'idée de *droit*, c'est-à-dire d'une préférence commandée par la raison elle-même, en faveur d'un tel individu, d'où il résulte que quand même son intérêt nous paraîtrait plus faible que celui d'un autre dans une circonstance particulière quelconque, il doit cependant être préféré. Ainsi, par exemple, un homme qui, dans l'état de nature, a pris la peine de cultiver un champ, d'en surveiller la récolte, a un *droit* sur cette récolte, c'est-à-dire que la raison veut qu'elle lui appartienne de préférence, parce qu'il l'a achetée par son labeur; parce qu'en la lui ôtant, en rendant son travail inutile, en le privant de ce qu'il avait longtemps espéré et de la possession qu'il avait méritée, on lui fait plus de mal qu'en le privant d'une récolte semblable qui se trouverait seulement à sa portée. Cette préférence que la raison ordonne de lui accorder, même lorsque tous les fruits de sa récolte ne lui sont pas nécessaires, et qu'un autre en a un besoin réel, constitue précisément le *droit*; elle est fondée sur la *raison*, sur la nécessité d'une loi générale qui serve de règle aux actions, qui soit commune à tous les hommes, qui dispense à chaque action particulière d'en examiner les motifs et les conséquences; elle est également fondée sur le sentiment, puisque l'effet de l'injustice étant plus nuisible à celui qui en est l'objet que les effets d'un simple mal, elle doit nous inspirer une plus grande répugnance.[54]

Vous trouverez peut-être douteux, au premier coup d'œil, mon cher C***, que dans l'état de nature, le voisin de cet homme (dont je vous parlais tout à l'heure), qui aurait une récolte trop abondante pour sa subsistance, ne pût, sans injustice, le forcer de partager son superflu avec un troisième qui manquerait du nécessaire? En y réfléchissant, vous

---

54. Le droit de propriété constitue ainsi l'un des premiers principes du droit. Dans cette attitude se manifeste la sensibilité girondine de S. de Grouchy, qui s'exprime d'ailleurs dans les mêmes termes chez un idéologue comme Pierre Claude François Daunou, lequel affirme que c'est 'à mesure qu'un homme accumule et féconde les fruits de son travail, qu'il dispose davantage de ses facultés personnelles, physiques et morales, se dégage du joug des volontés particulières des autres hommes, et se met en état de ne plus obéir qu'aux lois générales de la société. [...] Aussi le mot de propriété est-il l'un de ceux que les véritables tyrans ne peuvent entendre sans colère: il leur dévoile les limites de leur puissance' (*Essai sur les garanties individuelles que réclame l'état actuel de la société*, Paris, 1819, p.35-36).

verrez que le droit de cet homme au superflu de sa récolte, vient de son travail et non pas de son besoin; que ce droit a commencé avec son travail même, et que si l'humanité doit le porter à y renoncer, la raison ne permet pas à un autre de l'y contraindre. Vous verrez, en outre, que cet homme, en refusant de faire part de son revenu à l'indigent, fait un moindre mal que le voisin puissant qui emploierait la force pour l'obliger à cet acte de bienfaisance; le premier manquerait à l'humanité; le second violerait une de ces lois générales que la raison dicte et porte les hommes à respecter, en leur montrant qu'elles servent leur intérêt commun, et que le bien qui résulterait dans quelques circonstances particulières fort rares, de leur infraction, ne peut être comparé aux avantages que procure leur généralité et leur certitude. Si, dans le cas d'une nécessité absolue, la morale excuse celui qui pour satisfaire seulement à cette nécessité momentanée, viole le droit d'autrui, il ne s'ensuit pas que ce *droit* rigoureux n'existe en général; s'il cesse d'exister dans l'hypothèse d'une nécessité absolue, c'est qu'alors celui qui refuse la subsistance nécessaire, est un ennemi qui attaque, en quelque sorte, la vie de l'homme qu'il ne veut pas secourir. La définition que je vous ai donnée du *droit*, vous paraîtra peut-être incomplète, parce que le mot de *préférence* semble contraire à l'*égalité naturelle*, et parce qu'une partie des droits réels des hommes est fondée sur cette égalité; mais cette contrariété n'est qu'apparente; car lorsque l'égalité est blessée, la préférence que l'on doit donner alors à l'intérêt de celui qui souffre par-là, n'est qu'une préférence accordée au recouvrement de l'égalité sur une supériorité qui n'est pas avouée par la raison; ainsi le droit qu'on acquiert alors sur tout ce qui est nécessaire pour rentrer dans l'égalité, est une justice et non une faveur.

Un droit comme le droit de propriété est positif: il consiste dans une préférence fondée sur la raison, pour la jouissance d'une telle chose. Un droit tel que la liberté, est en quelque sorte négatif, puisqu'il n'existe que par la supposition qu'un autre aurait intérêt d'attaquer ma liberté, et qu'alors il est raisonnable de préférer à cet intérêt, celui que j'ai de la conserver, parce qu'il n'y a aucun motif pour que cet homme ait sur moi un empire que je n'ai pas sur lui: il en est de même de l'égalité; si un autre prétend sur moi une préférence qui n'est pas fondée sur la raison, la raison veut que l'on préfère à l'intérêt qu'il a de l'obtenir, celui que j'ai de conserver l'égalité, parce que la soumission à la volonté d'autrui et la seule infériorité à son égard, est en soi un mal plus grand que l'empire sur la volonté d'autrui et la supériorité sur lui n'est un bien. Dans l'idée du bien ou du mal moral, nous soumettons le sentiment naturel de la sympathie à la raison, qui le dirige vers l'intérêt le plus pressant. Dans celle du juste et de l'injuste, nous le soumettons à la raison, dirigée elle-même par des règles générales, par celle d'une préférence fondée sur des motifs généraux et raisonnés, qui vont au plus grand bien, c'est-à-dire par celle de *droit*.[55]

Devant cette définition exacte du *droit*, ne voyez-vous pas, mon cher C***, tomber en poussière et s'évanouir, en un instant, ce monstrueux édifice des droits prétendus du despote, du noble, du ministre des autels, de tous les dépositaires d'un pouvoir non délégué? Prérogatives qui avaient cependant banni d'entre nous la liberté et l'égalité naturelle, et que l'ignorance ou la faiblesse mettent encore chez tant de nations au rang des droits! Comme si la raison pouvait approuver de ne laisser à un souverain (qui, quelquefois enfin, peut être un tyran), d'autre frein que ses remords, le progrès des lumières, ou le désespoir de ses victimes? Comme si elle admettait que le mérite des pères fût plus qu'un préjugé en faveur des enfants! Comme si elle autorisait que le ministre de la religion (en existât-il une vraie), possédât des richesses oppressives, et que l'intolérance pût jamais être une suite de son ministère! Enfin, comme si elle pouvait permettre que tout pouvoir quelconque qui a été établi dans l'origine pour l'intérêt de ceux qui s'y sont soumis, devînt une source de privilèges tyranniques, et un titre d'impunité pour ses dépositaires! Comment se fait-il, cependant, que le nom si sacré de *droit*, dont on s'est servi partout pour cacher et pour déguiser le pouvoir de la force, soit un masque presque impénétrable aux yeux de la multitude, malgré l'intérêt qu'elle a de l'arracher? Depuis longtemps, sans doute, ceux qui gouvernaient les hommes, avaient calculé qu'ils pouvaient aisément maîtriser le peuple en tenant sa raison opprimée sous le poids des besoins; enchaîner les grands, en leur livrant le peuple, en amusant leur vanité par des hochets; et qu'ils n'avaient à redouter dans l'un que l'excès du malheur, et dans les autres, que la généralité des lumières.

55. Sur ce passage, voir ci-dessous, p.159 le commentaire de Michel Malherbe, qui montre en quoi ce raisonnement suppose que, d'une part, 'la raison commande que la liberté soit rendue aux citoyens et l'égalité enfin instaurée entre eux', et que, d'autre part, elle exige aussi 'que le droit de propriété soit accordé à chacun, en vertu de son travail, cette inégalité sociale n'attentant pas à l'égalité naturelle entre les hommes'. Sur le plan politique, cette distinction renvoie à celle, particulièrement chère aux représentants de la frange libérale de la Révolution, entre le droit à l'égalité et un égalitarisme niant toutes les différences de fortune ou de rang. Cette thèse prolonge les tendances dominantes de la philosophie des Lumières, qui opposait, si l'on suit Louis de Jaucourt, l'égalité naturelle, 'fondement de la liberté', du respect mutuel et de 'tous les devoirs [...] d'humanité et de justice', à l'égalité absolue, 'chimère' récusant 'la nécessité des conditions différentes, des grades, des honneurs [...] qui doivent régner dans tous les gouvernements' ('Égalité', *Encyclopédie*, t.5, p.415). Au moment de la Révolution, c'est cette égalité naturelle, à la fois civile et juridique, que consacre la *Déclaration des droits de l'homme et du citoyen* (1789) et à laquelle se réfère S. de Grouchy pour mieux contester toutes les formes de pouvoir arbitraire, fondées sur la seule noblesse de la naissance ou encore sur le droit divin des monarques ou des prêtres.

Une action conforme au droit est juste; une action contraire au droit est injuste.

Comme un mal est d'autant plus grand qu'on devait s'y attendre moins, le sentiment pénible qu'excite l'injustice est plus fort que celui qu'amènerait un mal égal qui ne serait pas une injustice; l'intérêt personnel vient encore accroître ce sentiment; car chaque homme ayant des droits ne peut voir violer les droits d'autrui sans avoir, d'une manière plus prochaine, l'idée désagréable de la possibilité de la violation des siens; de plus, l'injustice suppose dans celui qui la commet, de la fraude ou de la violence; elle annonce un ennemi qui est à craindre pour tous; elle produit aussi le sentiment importun de la méfiance et de la crainte.

Le remords de l'injustice doit être aussi plus grand que celui d'avoir fait un simple mal, parce qu'au regret d'avoir résisté à un sentiment général qui défend nos propres droits, se joint celui d'avoir perdu la juste confiance de les voir respectés, d'avoir fait un mal plus grand dans ses conséquences, puisqu'il viole une règle commune, et blesse plus fortement celui qui le reçoit.

Le sentiment qui nous porte à être *juste*, est plus fort que celui qui nous engage à faire du bien, puisqu'il est accompagné de la crainte d'un remords plus violent; mais la satisfaction que nous retirons de la justice, est peut-être plus faible que celle d'avoir fait à autrui un bien direct; ce premier sentiment fondé, comme le dernier, sur la sympathie, est en lui-même aussi fort; mais il paraît d'une autre nature; il y entre plus de paix, il est moins actif et moins délicieux.

De l'idée de droit et de justice, naît l'idée de nos obligations envers les autres hommes.

On est obligé à faire volontairement tout ce qu'un autre pourrait, sans blesser notre droit, exiger de nous, indépendamment de notre volonté; tel est le sens strict du mot *obligation*, qui se borne aux objets d'une justice absolument rigoureuse. Mais en parlant des actions où un autre pourrait nous obliger, sans violer notre *droit*, il n'est pas question ici d'une possibilité réelle et physique, mais seulement d'une possibilité idéale. Ainsi, par exemple, on peut dire qu'un juge est obligé de juger, d'après ce qu'il croit prouvé, quoiqu'il y ait une impossibilité physique de l'y contraindre.

Voilà donc, mon cher C***, nos actions soumises à deux règles, la *raison* et la *justice*, qui n'est autre chose que la raison réduite à une règle absolue; nous avons déjà trouvé dans la satisfaction intérieure de faire du bien à autrui, dans le remords de lui avoir fait du mal, des motifs intérieurs très puissants d'obéir à ces deux règles. Mais il en est une autre encore, le plaisir immédiat de suivre la raison et de remplir une obligation; il me paraît certain que l'existence de ces sentiments est indépendante de l'opinion d'autrui.

Le premier semble avoir la même source que le plaisir qui naît du sentiment de nos forces; en effet, nous éprouvons un sentiment heureux en suivant notre raison, parce que nous nous représentons que si nous étions entraînés vers quelque malheur par un penchant déraisonnable, nous aurions en elle une ressource pour résister à ce penchant, et pour éviter ce malheur. La plus grande partie de ce que je vous ai dit (lettre quatrième), sur le plaisir d'exercer nos facultés, convient ici d'une manière d'autant plus absolue, que la raison est une de nos facultés les plus étendues, les plus utiles et les plus importantes. Quel sentiment plus consolant et plus doux que celui de reconnaître, par l'expérience même, qu'on possède un tel guide, un tel surveillant à notre bonheur, un tel garant de notre repos intime! Le plaisir que nous éprouvons à suivre notre raison, est aussi composé du sentiment de notre liberté, et de celui d'une sorte d'indépendance et de supériorité à l'égard des causes les plus prochaines qui pourraient nous nuire; ainsi, il nous rassure, nous élève à nos propres yeux, et satisfait le penchant si naturel que nous avons tous à ne dépendre que de nous-mêmes, penchant dont l'origine vient de la certitude plus grande que nous avons de notre bien-être, quand il est dans nos propres mains.

Le plaisir que nous trouvons à remplir une obligation, tient plus immédiatement à celui de la sécurité, à la douceur de se sentir à l'abri du ressentiment, de la vengeance, de la haine; la satisfaction particulière d'avoir évité le regret qui nous aurait poursuivis, s'augmente ensuite par l'espérance de n'éprouver jamais de remords, espérance délicieuse, puisqu'elle bannit l'idée de tout obstacle intérieur à notre bonheur.

Nous avons donc des motifs, non seulement de faire du bien à autrui, mais de préférer les actions bonnes aux actions mauvaises, et même celles qui sont justes à celles qui sont injustes; motifs fondés sur notre sympathie naturelle, qui est elle-même une suite de notre sensibilité. Jusqu'ici aucune considération tirée d'objets qui nous sont étrangers, ne s'est mêlée à ces motifs. La moralité de nos actions, l'idée de la justice, le désir de la suivre, sont l'ouvrage nécessaire de la sensibilité et de la raison; tout être raisonnable et sensible aura, à cet égard, les mêmes idées; les limites de ces idées seront les mêmes: elles peuvent donc devenir l'objet d'une science certaine, puisqu'elles ont des objets in-variables. En effet, on peut exprimer par le mot *juste*, telle idée qu'on voudra: mais tous les hommes qui raisonneront bien, auront une notion commune de la justice. Les idées morales n'étant pas arbitraires, leurs définitions ne peuvent l'être que dans la manière plus ou moins claire, ou plus ou moins générale de les présenter.

Cette première base était nécessaire à établir; il fallait montrer dans la sympathie naturelle et irréfléchie pour les douleurs physiques d'autrui, l'origine de nos sentiments moraux; dans la réflexion, l'origine de nos idées morales; il fallait, surtout, faire reconnaître que l'assentiment à une vérité morale diffère de l'assentiment à une vérité mathématique ou physique, en ce qu'il s'y joint naturellement un désir intime d'y conformer sa conduite, de voir les autres y soumettre la leur; une crainte de ne s'y pas conformer, un regret d'y avoir manqué. On ne peut pas dire, cependant, que la morale soit fondée sur le sentiment seul, puisque c'est la raison qui nous montre ce qui est juste ou injuste; mais on peut encore moins soutenir qu'elle est fondée uniquement sur la raison, puisque le jugement de la raison est presque toujours précédé et suivi d'un sentiment qui l'annonce et qui le confirme, et que c'est même originairement, d'après le sentiment, que la raison acquiert les idées morales et qu'elle en forme des principes. Smith, reconnaissant que la raison est incontestablement la source des règles générales de la moralité, et trouvant cependant impossible d'en déduire les premières idées du juste et de l'injuste, établit que ces premières perceptions sont l'objet et le fruit d'un sentiment immédiat, et prétend que notre connaissance du juste et de l'injuste, de la vertu et du vice, dérive en partie de leur convenance ou de leur disconvenance, avec une espèce de sens intime, qu'il a supposé sans le définir.[56] Cependant, cette espèce de sens intime n'est point une de ces causes premières dont on ne peut que reconnaître et jamais expliquer l'existence. Il n'est autre chose que l'effet de la sympathie, dont notre sensibilité nous rend susceptibles: sympathie dont je vous ai exposé les différents phénomènes, et qui, devenue un sentiment général, peut être réveillée par les seules idées abstraites du bien et du mal, et doit par conséquent toujours accompagner nos jugements sur la moralité des actions. Défions-nous, mon cher C***, de ce dangereux penchant à supposer un *sens intime*, une faculté, un principe, toutes les fois que nous rencontrons un fait dont l'explication nous échappe; de cette philosophie, qui, trop facile sur l'évidence, ne sait ni ignorer, ni douter; qui imagine quand il ne faut qu'observer, invente des causes où elle n'en peut découvrir, et qui non seulement éloigne du vrai, mais en affaiblit le discernement; c'est par elle seule qu'ont été créés ces systèmes si insuffisants ou si faux dans leurs principes, qui, voulant expliquer à l'homme au-delà de ce qu'il peut connaître, ou ce que le cours des siècles peut seul lui révéler, ont défiguré ou affaibli l'empire des vérités morales les plus utiles et les plus sacrées, en les mêlant à des fables monstrueuses.[57]

---

56. Sur cette critique de Smith, voir ci-dessous M. Malherbe, 'Justice et société chez Sophie de Grouchy' et, en particulier, la note 8, p.155.

57. S. de Grouchy reprend la critique, empiriste et sensualiste, des 'systèmes', qui parcourt tout le dix-huitième siècle et au nom de laquelle, depuis Pierre Bayle jusqu'aux idéologues, les Lumières opposent les prétendus 'raisonnements métaphysiques à une vérité de fait' (*Pensées diverses sur la comète*, éd. A. Prat, Paris 1939, §145, p.35). De ce point de vue,

Il n'est donc pas nécessaire d'aller chercher hors de la nature et toujours loin d'elle, des motifs d'être bons, aussi incompréhensibles, qu'indépendants de notre intérêt direct et prochain; l'homme n'est donc par sa constitution morale, ni un être méchant et corrompu, ni même un être indifférent au bien, puisqu'il porte en lui-même un motif général d'être bon, et qu'il n'en a aucun d'être méchant.

Mais ce motif est-il suffisant? Cette question, la plus importante de la morale, mérite d'autant plus d'être soigneusement discutée, qu'elle ne l'a été jusqu'ici qu'avec légèreté et partialité, soit parce que ceux qui l'ont décidée étaient résolus d'avance à y répondre négativement, afin de substituer aux appuis naturels de la morale, des bases imaginaires favorables à leurs intérêts; soit parce qu'on ne l'a jamais examinée en s'isolant de l'état actuel ou récent de la civilisation, en calculant ce qu'elle pourrait devenir, mais, au contraire, en la considérant comme une donnée constante, ou comme un état presque impossible à perfectionner.[58]

Pour savoir si la crainte d'éprouver le remords d'une injustice, balance d'une manière suffisante l'intérêt de la commettre, il faut examiner cet intérêt et la cause qui le produit; car, si l'on pouvait prouver qu'il est moins l'ouvrage de la nature que celui de quelques institutions sociales, si l'insuffisance des motifs de s'abstenir de l'injustice, était presque entièrement le résultat de ces institutions, il faudrait chercher à les réformer, et cesser de calomnier la nature humaine.

Si à l'intérêt personnel d'être injuste, s'oppose un autre intérêt personnel d'être juste, si la grande prépondérance du premier pouvait être attribuée à des institutions vicieuses, et que sans elles, le second intérêt fût en général presque toujours égal ou supérieur à l'autre, l'insuffisance que l'on reproche aux motifs que nous avons de faire le bien, ne serait que l'effet de nos erreurs, et non d'une disposition naturellement vicieuse.

Si l'on pouvait démontrer, enfin, que l'influence des motifs de

---

la connaissance véritable suppose une attitude critique appelant la raison à se dégager d'un idéal de totalisation et de clôture du savoir, dont le tort consiste à substituer notions et spéculations abstraites au témoignage des sens et de l'expérience, comme le rappelle le *Traité des systèmes* (1749) de Condillac: 'des faits bien constatés peuvent seuls être les vrais principes des sciences', alors que les philosophes ont trop souvent 'pris pour principes d'un système des suppositions et des maximes générales' (*Œuvres complètes*, Paris, Gratiot, Houel Guillaume et Gide, An VI [1798], t.2, p.13).

58. L'idée suivant laquelle il est possible de 'calculer' les perfectionnements à venir de la morale doit beaucoup à l'*Esquisse d'un tableau historique des progrès de l'esprit humain* (1795) de Condorcet, dont la 'Dixième époque', consacrée aux 'progrès futurs de l'esprit humain', montre en quoi le calcul des probabilités permettrait de prévoir le 'développement des facultés intellectuelles et morales de l'homme', pour mieux envisager, sur cette base, les réformes sociales que réserve l'avenir (*Tableau historique des progrès de l'esprit humain*, p.429).

pratiquer la vertu et de suivre la justice, influence si facile à fortifier et à étendre par l'éducation, est au contraire presque toujours affaiblie et combattue par elle, et trouve dans les préjugés et dans les sentiments anti-sympathiques auxquels ils habituent, des obstacles insurmontables, il en résulterait alors que ces motifs, pour des hommes formés et gouvernés par la raison, seraient efficaces dans presque toutes les circonstances, et ne manqueraient leur effet que dans des cas extrêmement rares, ou pour des actions peu importantes. Or, il ne s'agit point ici de prouver qu'ils suffiraient toujours; que tous les hommes, s'ils n'en avaient pas d'autres, seraient infailliblement justes, mais seulement qu'ils le seraient le plus souvent. En effet, les motifs surnaturels et factices de faire le bien, sur lesquels on veut appuyer la morale, manquent presque toujours leur but, et sont même moins capables que ceux dont nous parlons, d'agir avec force, avec constance, enfin d'une manière assez générale, pour les rendre utiles dans toutes les circonstances, et sensibles à tous les hommes; il suffit donc de montrer que la raison seule, unie au sentiment, peut encore conduire au bien par des moyens plus sûrs, plus doux, plus faciles, moins compliqués, sujets à moins d'erreurs et de dangers; et que ces moyens loin de nous demander le sacrifice ou le silence d'aucune de nos facultés, font naître, au contraire, notre perfection morale de notre perfection intellectuelle.

Arrêtons-nous ici un moment, mon cher C***, pour voir comment cette seule faculté d'éprouver du plaisir et de la douleur à l'idée du plaisir et de la douleur d'autrui, se perfectionnant avec la raison et par elle, s'augmentant par la réflexion et par l'enthousiasme, devient pour nous non seulement une source féconde de sentiments délicieux ou cruels, mais assure une existence toujours douce, toujours paisible à celui qui, fidèle à sa raison et à sa sensibilité, obéit à la bienfaisance et à la justice, et condamne l'homme qui a une conduite contraire, à une existence toujours douloureuse et toujours agitée.

Le premier, vivant au milieu du bien qu'il a fait, ou de l'espoir d'en faire, a toujours pour sentiment intime, la paix et la sécurité; il peut rester seul avec lui-même sans éprouver ni vide ni langueur, parce qu'une de ses pensées les plus actives appartient toujours à la vertu; il est sans doute accessible à la douleur, mais du moins elle ne peut pénétrer dans le sanctuaire de sa conscience, où habite une satisfaction intarissable, où il peut se reposer sans dégoût et sans ennui des orages des passions, et les épurer par ces sentiments délicats et généreux, qui y mêlent un bonheur indépendant même de leurs jouissances. La vie et tous ses mécomptes, les hommes et leurs faiblesses, ne peuvent ni le troubler ni l'aigrir; il est aisément content de la vie, parce qu'elle lui offre des jouissances toujours à sa portée, que l'habitude ne peut flétrir, que l'ingratitude même ne saurait entièrement corrompre, et parce qu'il considère les hommes, moins relativement à ce qu'ils pourraient être, ou à ce qu'il est permis d'en attendre, que relativement au bonheur qu'il peut leur donner; ainsi, dans ses relations avec eux, il n'est ni difficile ni inquiet, et comme c'est en les rendant heureux qu'il le devient lui-même, il croit difficilement qu'on veuille lui nuire, il ne le craint jamais, et il s'afflige plus qu'il ne s'irrite, quand il est forcé de le reconnaître. Excepté les hommes auxquels il est uni par une sympathie particulière, peu lui importe quels sont ceux au milieu desquels il est placé, puisqu'il existe partout des malheureux. Désintéressé sans effort et presque sans mérite, rarement il manque de toucher les êtres qu'il aime, et d'obtenir d'eux le bonheur qu'il leur donne; mais, s'il n'y peut parvenir, le regret amer n'entre jamais dans ses douleurs, et l'enthousiasme de la vertu vient l'en distraire et l'en consoler.

Que le sort de l'homme qui résiste à sa raison et à sa sensibilité, est différent! Il perd encore plus de bonheur qu'il n'en peut enlever aux autres; trouvant sans cesse dans le sentiment importun de son existence, un obstacle insurmontable à son repos, et tourmenté du besoin de se fuir, le monde lui paraît vide et désert, parce que le cercle des objets qui peuvent le distraire est borné. En vain, les passions viennent tromper un moment son inquiétude: elles n'ont point d'ivresse assez forte pour endormir sa conscience. L'usage de ses facultés n'est plus en sa puissance, et le bonheur qu'il pouvait en retirer, fuit devant ce trouble secret qui agite et domine impérieusement son âme. S'il cherche les hommes, il est bientôt ramené au sentiment pénible qu'il voulait éviter, par celui de son infériorité à leur égard, et par la méfiance que lui inspire celle qu'il mérite lui-même. Loin de trouver dans ses semblables (comme l'homme bienfaisant), des êtres qui, indépendamment de leur volonté même, peuvent concourir à son bonheur, il voit en eux des ennemis s'il croit en être connu, ou il est forcé à tous les calculs de la dissimulation et de la ruse. Il ne peut goûter en paix la douceur d'être aimé: jamais il ne la possède, parce qu'il sent toujours qu'il l'usurpe; incertain des sentiments qu'il inspire, il n'attend des autres le bien qu'il refuse de leur faire, qu'à proportion de son adresse à les tromper. Ne se fiant qu'à lui-même, il ne saurait se reposer dans le sein d'un ami, et y goûter le tranquille abandon de la confiance, parce que, rebelle à la nature, elle lui retire en lui refusant la paix, le premier élément de tous les sentiments heureux. Plus coupable encore et plus infortuné, quand, fatigué de ses dégoûts, de sa propre haine, et trop loin de la vertu pour être éclairé et touché par elle, il cherche, en s'abrutissant, à perdre sa raison et sa sensibilité, pour étouffer des remords qui survivent encore aux sentiments et aux idées qui les ont fait naître.

LETTRE VII

Continuation du même sujet

Tous les motifs qui peuvent porter l'homme à être injuste, se rapportent à quatre intérêts principaux:

Celui de la passion de l'amour, le seul des plaisirs qui ne s'achète pas, dont par conséquent l'intérêt ne se confond pas avec celui de l'argent, et auquel nous ne donnons pas ici le nom de volupté, parce que malheureusement ce qui, dans le langage et l'opinion des hommes corrompus a usurpé ce nom, est trop souvent l'objet du plus grossier trafic;

L'intérêt d'avoir de l'argent, soit pour satisfaire aux besoins, soit pour acquérir des richesses comme moyen vague de jouissance;

L'intérêt de l'ambition, auquel celui de l'argent se mêle quelquefois;

Enfin, l'intérêt de l'amour-propre ou de la vanité, qui est souvent le motif et le but des deux précédents.

Examinons, d'abord, mon cher C***, l'intérêt d'être injuste qui peut naître du désir d'avoir de l'argent, ou une chose qui s'achète; si c'est pour subvenir à un besoin réel, cet intérêt peut être pressant: et l'on sent que celui qui manque de tout, se fera peu de scrupule d'être injuste, surtout à l'égard d'un homme riche, s'il peut espérer de l'être impunément. Mais ce besoin pressant, assez fort pour étouffer la voix de la conscience et l'emporter sur elle, est-il commun dans une société gouvernée par des lois raisonnables?

Supposons que les lois cessent de favoriser l'inégalité des fortunes: si dans cette supposition l'humanité et la justice n'ont plus à se plaindre, la cupidité, plus difficile et plus lente à détruire que les mauvaises lois, aurait sans doute encore à espérer. Mais ne serait-ce pas accorder assez aux effets de l'inégalité naturelle qui naît de la conduite différente, du degré différent d'intelligence, de la fécondité plus ou moins grande des diverses familles, que de penser qu'elle distribuerait au hasard les trois quarts du revenu des terres, tandis que le reste serait partagé également? Imaginons, par exemple, que dans un pays quelconque, il existe six millions de familles, et un revenu territorial de douze cents millions: il y aurait alors pour chaque famille deux cents livres de rente en terre; en supposant que les effets de l'inégalité naturelle absorbassent les trois quarts de cette somme et en formassent la part des riches, ne resterait-il pas encore cinquante livres pour chaque famille? Voyez nos paysans, mon cher C***, et jugez, si parmi ceux qui ont un revenu de cinquante livres, il y a en a beaucoup de réduits à ces besoins pressants. Tout le monde sait, au contraire, que dès qu'ils possèdent deux ou trois arpents de terre labourable, ils sont réputés entre eux *avoir du bien*, et la valeur moyenne de deux ou trois arpents, en les supposant des meilleures terres à froment est, à peu près, de cinquante livres.[59]

Vous achèverez de vous convaincre que cette hypothèse dont les bases sont généralement avouées, n'est pas exagérée, en observant que dans ces six millions de familles il y en aurait un très grand nombre qui, livrées à l'industrie et au commerce, n'auraient aucun intérêt de garder leur part dans le fonds territorial, et auraient même besoin de le dénaturer[60] pour suivre leurs travaux ou leurs spéculations avec avantage.

Ce besoin pressant qui triomphe presque toujours de la crainte de la vengeance, comme de celle du remords, peut naître aussi dans les classes industrieuses, soit du manque de salaire, soit de [sa] disproportion passagère avec les nécessités de la vie, et c'est même dans ces classes qu'il est le plus commun; car l'agriculture est de toutes les professions la plus féconde en ressource pour les individus, comme elle est pour les États l'unique source de richesses réelles et durables. Mais il a été prouvé de nos jours, jusqu'à l'évidence, que le défaut ou l'insuffisance momentanée des salaires avait eu presque entièrement pour cause les lois prohibitives qui gênaient le commerce et l'industrie, tandis que ces mêmes lois nuisaient encore à l'aisance générale, en accumulant peu à peu, entre les mains de quelques hommes, des richesses qui devenaient ensuite à leur gré un moyen d'oppression, et qui, sans cela, par le balancement libre des intérêts, seraient restées sinon égales, du moins communes entre *tous*. L'inégale répartition des impôts achevait encore d'accabler la classe inférieure, qui, sans propriété et sans liberté, réduite à compter la fraude parmi ses ressources, trompait sans remords, parce que la conscience s'éteint bientôt au milieu des chaînes. L'intérêt d'être injuste fondé sur le besoin, est donc très rare sans les mauvaises lois, puisque même avec elles, il est encore celui qui agit le moins souvent, celui dont les effets sont les moins étendus et les moins redoutables.[61]

59. Cette démonstration met en œuvre les principes d'une 'mathématique sociale', méthode illustrée par Condorcet et qui devait permettre de délibérer, sur un fondement dorénavant rationnel, des opinions probables, voire des politiques publiques, en apprenant 'à reconnaître les divers degrés de certitude où nous pouvons espérer d'atteindre, les vraisemblances d'après lesquelles nous pouvons adopter une opinion et en faire la base de nos raisonnements' (*Tableau historique des progrès de l'esprit humain*, p.415).
60. 'Dénaturer' doit s'entendre au sens de 'vendre ses propres pour faire des acquêts dont on ait la libre disposition. *Il a dénaturé son bien*' (*Dictionnaire de l'Académie française*, Paris, 1762).
61. Sous une forme extrêmement synthétique, ce développement fait écho aux thèses des économistes du second dix-huitième siècle, depuis les physiocrates français, qui voient dans l'agriculture la seule pourvoyeuse de revenus et réclament la liberté du commerce des grains – pensons aux idées exposées par François Quesnay dans son *Tableau économique* (1758) –, jusqu'aux libéraux qui, tel Adam Smith dans *An Inquiry into the nature and causes of the wealth of nations* (1776), privilégient le commerce et l'industrie, en passant par les débats sur la réforme de la fiscalité qui avaient cours depuis la *Théorie de l'impôt* (1760) de Mirabeau.

Vous remarquerez ensuite, mon cher C***, que l'intérêt d'être injuste pour s'enrichir suppose la possibilité du succès: or, cette possibilité est encore, à beaucoup d'égards, l'ouvrage des lois: si elles étaient claires, elles avertiraient tous les hommes également; si elles étaient justes, elles n'admettraient aucune exception; si elles étaient précises, elles ne laisseraient aucune ressource à la corruption et à la mauvaise foi. Si l'administration civile ne s'étendait pas, chez presque tous les peuples, sur une foule d'actions pour lesquelles on doit abandonner l'homme à la nature, elle ne laisserait aucune entrée au pouvoir arbitraire, à ce pouvoir peut-être moins funeste encore dans son exercice, que par tout ce que son existence seule autorise pour y arriver, et pour le maintenir. Enfin, si les lois seules gouvernaient partout; si on ne redoutait qu'elles, au lieu d'avoir souvent à craindre les hommes et les classes, le seul moyen d'acquérir du superflu par une injustice, serait le vol, en prenant ce mot dans le sens propre. C'est donc contre la tentation de voler pour acquérir du superflu, que nous avons à comparer la force du remords d'être injustes, et non contre celle de se permettre ces injustices sourdes, favorisées par de longs exemples, et presque autorisées par le silence, ou plutôt par les vices des lois: des lois qui devraient être le supplément de la conscience du citoyen, et qui ne sont trop souvent que des chaînes oppressives, ou tout au plus quelquefois le dernier frein de la méchanceté; or, en supposant des lois raisonnables, la tentation de voler pour se procurer plus de jouissances, serait tellement affaiblie par les inconvénients d'y céder, qu'elle serait rarement à craindre; la conscience n'aurait donc ici à combattre que les vols peu importants, dont l'intérêt est à la fois, et dans la même proportion, moins balancé et moins puissant.[62]

L'intérêt d'être injuste qui naît de la vanité et de l'ambition, est bien plus encore l'ouvrage des institutions sociales: elles seules font que c'est l'homme et non la loi qui domine sur l'homme; qu'une grande place est autre chose qu'une charge difficile à exercer; qu'elle offre d'autres récompenses personnelles que l'honneur de l'avoir bien remplie, ou la gloire, si elle est de nature à permettre d'y montrer de grands talents; qu'il faut d'autres titres pour l'obtenir que les services, et l'estime publique; d'autres moyens pour y arriver que d'en être reconnu digne: ce sont les institutions sociales seules qui, en laissant pour toutes les classes, toutes les routes de la fortune ouvertes à l'adresse, à l'intrigue, à la cabale, à la corruption, séparent de l'ambition l'amour de la gloire, qui l'ennoblirait et en épurerait les moyens: c'étaient les institutions sociales

---

62. Sur cette idée suivant laquelle si 'la justice règne d'abord dans les lois, alors elle règnera dans les esprits et dans les cœurs', voir ci-dessous M. Malherbe, 'Justice et société chez Sophie de Grouchy' et, en particulier, la conclusion, p.163 et suiv.

qui, en consacrant ces droits héréditaires (presque toujours des abus dès la première génération), fournissaient à la médiocrité présomptueuse un moyen infaillible d'élévation, et d'élévation tyrannique; car il n'y en a point qui ne le soit ou ne le devienne, quand elle n'est pas établie pour l'intérêt général, et bornée à ce qu'il exige. Si dans toutes les places on était soumis aux lois, et obligé de n'agir que d'après elles; si toutes les places étaient conférées par un choix général, et par une élection libre, la conscience aurait rarement à combattre l'intérêt qui porte au crime, et les injustices que l'ambition peut inspirer. La morale cesserait même d'avoir à reprocher aux ambitieux cette souplesse de caractère, cette lâcheté dans les opinions, cette basse flatterie, cet art de courtiser les vices et la vanité; enfin tous ces moyens corrupteurs trop souvent nécessaires pour parvenir, et qui minent sourdement toutes les bases des vertus.

La vanité, qui s'attache aux choses non personnelles, est évidemment l'ouvrage des mauvaises institutions sociales, puisque toutes ont dû leur existence à ces institutions, qui les avaient adoptées sans motif raisonnable, en préférant toujours des intérêts individuels et locaux, à l'intérêt général. Quant à l'orgueil qui naît des avantages personnels, s'il devient dangereux et capable de porter au crime, c'est seulement lorsque l'opinion générale, égarée par les institutions, attache un prix exagéré à des qualités frivoles. La vanité de la figure, des agréments extérieurs n'est une passion, n'enfante des jalousies et des haines vives que dans les pays où il existe des cours, des grands, des fortunes ruineuses, où l'on connaît la faveur, où elle est la mesure de l'élévation, où enfin ces agréments peuvent conduire à tout, et quelquefois même produire des révolutions. Alors, les hommes mêmes des classes inférieures qui ne peuvent prétendre à ces succès brillants, les contemplent avec admiration et avec envie, et s'exaltent au récit qu'ils en entendent faire, comme à Rome, les derniers soldats qui ne pouvaient aspirer aux honneurs du triomphe, sortaient de ce spectacle enivrés de la fureur des conquêtes. Il en est de même de la vanité qu'on tire de l'esprit et des talents; elle n'est dangereuse que quand la multitude séduite prodigue aux charlatans et aux hypocrites l'estime et les récompenses qui devraient n'appartenir qu'au vrai mérite; mais que toutes les institutions vicieuses soient abolies d'un bout de la terre à l'autre, qu'il ne reste que les lois nécessaires et raisonnables, que le pouvoir arbitraire qui, en plongeant ses victimes dans la misère et dans la servitude, les réduit à l'ignorance et à la crédulité disparaisse sans retour, la raison humaine sortira encore saine et vigoureuse de dessous ses chaînes, elle dominera dans toutes les classes, et formera elle-même l'opinion publique; les faux talents ne pourront plus séduire cette opinion, et les vices déguisés n'oseront plus se présenter à son tribunal. D'ailleurs, ce n'est point la gloire qu'on se dispute avec cette mauvaise foi, avec cette basse jalousie dont nous cherchons à voir si la conscience peut prévenir les effets: la véritable gloire est incontestable, et ne se dispute qu'avec les moyens dignes de l'obtenir; ce ne sont que les signes de la gloire qu'on peut usurper et arracher par l'injustice. L'ordre actuel de la société chez tous les peuples dont le gouvernement n'a pas pour base les droits naturels des hommes, est donc l'unique cause des obstacles que l'ambition et la vanité apportent aux mouvements de la conscience; et dans une société bien ordonnée, la conscience suffirait presque toujours pour réprimer ces obstacles, puisque alors l'ambition et la vanité, si elles acquéraient quelque degré de force, seraient d'accord avec la raison et la justice.[63]

C'est à ces mêmes institutions vicieuses que l'on doit imputer les actions contraires à la morale, dont l'amour est le motif.

Nous n'entendons point ici par amour, ce sentiment tendre, profond, souvent généreux et toujours délicat, dont le premier plaisir est celui d'aimer; le premier but, la douceur de l'être; le soin le plus constant, celui du bonheur et du repos de son objet; qui attache plus de prix à la possession qu'à la jouissance; qui ne sait ni usurper ni tromper; qui veut tout recevoir, tout accorder, tout mériter par le cœur, et ne connaît de volupté que celle qu'il prépare et qu'il approuve lui-même. Ce n'est point cette passion qui est commune; car elle suppose une sympathie mutuelle, difficile à rencontrer, plus difficile encore à reconnaître; un caractère généreux, enfin une force de sensibilité rare, et presque toujours accompagnée de quelques qualités supérieures: ce n'est pas non plus cette passion qui doit porter souvent à l'injustice; car ce dévouement réciproque qui inspire des deux côtés tous les sacrifices, et qui ne permet cependant d'en accepter aucun de vraiment nuisible à l'un des deux, cet oubli involontaire de soi-même pour se transporter dans l'existence et dans le bonheur de ce qu'on aime, en est la suite et le caractère; d'ailleurs ces sentiments, par leur durée et leur délicatesse, triomphent presque toujours paisiblement des obstacles, et leur générosité, leur désintéressement, les rend ordinairement pour eux-mêmes des juges

---

63. Suivant cette perspective, les sottises ou les crimes qui déshonorent l'histoire des nations apparaissent comme la conséquence scandaleuse d'institutions vicieuses, si bien que les conquêtes successives de l'esprit humain et de la conscience morale s'obtiennent malgré le frein qu'opposent à la raison imposture politique et pouvoir despotique. De la même manière que Condorcet dans l'*Esquisse d'un tableau historique des progrès de l'esprit humain*, S. de Grouchy assimile donc tout ce qui entrave la marche vers le progrès à autant d'obstacles enfantés par le préjugé et l'erreur. Cette attitude la distingue de ce qu'envisageront bientôt les philosophies de l'histoire, appelées à se formuler dès le seuil du dix-neuvième siècle, à la suite de Hegel, et pour lesquelles la raison se réalise au sein d'une dynamique historique dont le mouvement dramatique mobilise jusqu'aux passions les plus aveugles. Sur cette question, voir notamment *Nouvelles Lectures du 'Tableau historique' de Condorcet*, éd. Bertrand Binoche (Québec, 2010).

presque aussi sévères que la conscience. L'intérêt d'être injuste, ne peut donc avoir, en général, ici pour motif, que le désir de posséder telle femme ou de l'avoir possédée. Séparons maintenant de ce désir, ce que la société a pu y ajouter de force, en excitant, par des institutions vicieuses, l'orgueil et la vanité; nous trouverons d'abord que l'inégalité produite par les lois, et qui leur survivra longtemps, a seule créé cette classe oisive pour laquelle la galanterie est une occupation, un amusement et un jeu; qu'elle seule amène la facilité d'immoler des victimes à cette passion, la rend instrument et complice de l'ambition et de la cupidité. Supposons ensuite que cette même inégalité et les lois imaginées pour la soutenir, cessent de réduire la plupart des mariages à n'être que des conventions et des marchés de fortune, dont la conclusion rapide ne permet de reconnaître que longtemps après, si les convenances personnelles s'y rencontrent, et où le prix de l'amour, commandé plutôt qu'obtenu, est adjugé en même temps que la dot, avant que l'on sache si l'on peut aimer, et surtout s'aimer; supposons enfin que l'homme cesse d'imposer à son cœur si inconstant, et à sa volonté plus variable encore, des liens indissolubles, et dès lors incompatibles avec sa nature, dont la mobilité et la fière indépendance ne peuvent être captivées que par le sentiment habituel de la liberté; supposons que le divorce soit permis chez tous les peuples; supposons même, qu'en faveur de la faiblesse humaine et des besoins plus durables d'un sexe, il soit possible, comme à Rome, de former des unions passagères que la loi ne flétrisse point, dont elle détermine les conditions; dès lors, on voit à la fois, et que la plupart des actions injustes que l'amour (ou plutôt la dégradation de l'amour) peut faire commettre, n'auront plus de motifs; et que cette passion elle-même perdrait, par la facilité de se satisfaire, la force dangereuse qu'elle recevait des obstacles mêmes. C'est donc la société qui, en mettant trop longtemps des entraves aux unions qu'un goût mutuel eût formées; en établissant entre les deux sexes (sous prétexte de maintenir la vertu), des barrières qui rendaient presque impraticable cette connaissance mutuelle des esprits et des cœurs, nécessaire cependant pour former des unions vertueuses et durables; en excitant et en intéressant la vanité des hommes à la corruption des femmes; en rendant plus difficiles les plaisirs accompagnés de quelque sentiment; en étendant la honte au-delà de ce qui la mérite réellement, comme l'incertitude de l'état des enfants, la violation d'une promesse formelle, des complaisances avilissantes, une facilité qui annonce la faiblesse et le défaut d'empire sur soi-même; ce sont, dis-je, tous ces abus de la société, qui ont donné naissance aux passions dangereuses et corrompues qui ne sont pas l'amour, et qui l'ont rendu si rare.

Je n'ai presque considéré ici ces passions que par rapport aux hommes; mais, il serait aisé d'appliquer aux femmes tout ce que j'ai dit des hommes à ce sujet, et de justifier cette opinion d'un philosophe plus sage encore que célèbre: '*Les fautes des femmes sont l'ouvrage des hommes, comme les vices des peuples sont le crime de leurs tyrans*'.[64]

Vous venez de voir, mon cher C***, comment les vices des institutions sociales contribuent à exalter les divers intérêts que nous avons d'être injustes; mais ce n'est pas seulement en donnant plus de force à ces intérêts qu'elles rendent insuffisant le pouvoir de la conscience: c'est aussi en affaiblissant ce pouvoir par l'habitude d'y résister; en effet, les motifs que nous pouvons avoir de commettre l'injustice, ayant acquis plus d'empire par les erreurs du système social, ont déterminé l'homme à faire le mal, plus souvent que la conscience n'a pu l'en éloigner.[65] Dès lors, dans les uns, l'habitude de mépriser ses avertissements; dans les autres, celle de l'avoir violée, en ont affaibli l'influence: car l'habitude ou le spectacle fréquent du mal, diminue indirectement le remords et la crainte de s'y exposer, excepté dans les âmes fortes où le sentiment de la justice et de la bonté a une vigueur incorruptible. Je dis que l'habitude ou la vue habituelle du mal, diminue *indirectement* le remords, car nous cherchons naturellement à nous débarrasser de tout sentiment pénible, et l'homme tourmenté du remords s'efforce d'écarter de lui les idées qui l'entretiennent, et de s'environner de toutes les raisons qui peuvent en alléger le poids. Les institutions vicieuses achèvent ici ce qu'elles ont commencé: car elles fournissent à l'homme les moyens de tromper longtemps son propre cœur; elles l'autorisent même à regarder comme inévitable, comme nécessaire, comme politiquement indifférent, ou même, comme utile, le mal dont elles sont la source, et dont elles deviennent ensuite l'excuse. D'ailleurs, la seule habitude émousse tout sentiment, parce que la peine comme le plaisir (surtout, lorsque ni l'un ni l'autre ne sont très vifs) est toujours augmentée par la comparaison prochaine d'un état différent, et parce que le point d'où l'on part pour souffrir et pour jouir, est un des éléments de l'intensité du sentiment qu'on éprouve. Il en est de même pour l'homme qui n'est que témoin habituel de l'injustice; elle s'atténuera à ses yeux, s'il ne possède à la fois, et cet esprit ferme qui ne saurait se prêter aux excuses du vice, et cette sensibilité mâle et forte qu'on ne peut ni égarer, ni corrompre, et qui est

---

64. Il s'agit de Condorcet, qui écrivait: 'les défauts des femmes sont l'ouvrage des hommes, comme les vices des nations sont le crime de leurs tyrans' ('Éloge de M. Hunter', dans *Œuvres complètes de Condorcet*, Paris, An XIII [1804], t.2, p.443).

65. Sur l'habitude, voir Lettre II, p.43-44; ici, S. de Grouchy illustre à nouveau à quel point l'habitude représente un concept-clé de l'analyse idéologique: en laissant dans 'nos organes une disposition, une manière d'être permanente', écrit également Destutt de Tracy, cette propriété 'est portée jusqu'à un point incalculable', éclairant même ce que 'nous appelons en général les déterminations instinctives' (*Éléments d'idéologie*, p.415 et p.281-82).

capable de soutenir sans une fatigue trop douloureuse, une indignation prolongée.

À mesure que le vice devient plus commun, ses succès sont plus brillants, plus apparents, plus grands en eux-mêmes, et l'intérêt réel de faire le mal est excité par l'espérance d'en tirer les moyens de réaliser des projets plus audacieux et plus vastes. L'agioteur qui fait une petite friponnerie afin de gagner cinquante louis, a devant les yeux le Crésus accrédité, à qui une manœuvre du même genre a valu des millions; sa cupidité ne s'arrête pas aux avantages que peuvent lui procurer quelques pistoles: l'enthousiasme de l'avidité lui fait voir le moment où il possédera des monceaux d'or, et d'avance a corrompu sa conscience.

L'empire d'une conscience ordinaire, avec des lois raisonnables, suffirait donc à l'homme pour être juste et bon; mais depuis les institutions sociales qui, chez tant de peuples, ont plus souvent dégradé que perfectionné la nature, depuis qu'il reçoit d'elles des idées morales incomplètes et fausses, des passions plus dangereuses que ses passions naturelles, depuis qu'il perd par leurs effets la rectitude et la vigueur première de sa conscience, il a besoin, pour se soutenir dans le chemin de la vertu, de cette force et de cette lumière puissante que la nature donne si rarement, et qui loin d'elle ne peut s'acquérir qu'en écoutant sa voix dans une méditation profonde et réfléchie.

LETTRE VIII

Vous avez vu, mon cher C***, combien l'intérêt d'être injuste était exalté et multiplié par les institutions vicieuses; que loin de prémunir l'homme contre sa propre faiblesse, elles ne faisaient souvent qu'en profiter pour le mener à la corruption par les moyens les plus capables de séduire le petit nombre qui en profite, et les plus capables d'en imposer à la multitude qui en souffre; qu'en le gênant, des siècles entiers, dans l'exercice de ses droits naturels, elles l'avaient conduit du malheur à cet aveuglement stupide et crédule qui fait accepter, comme une loi de la nécessité, les chaînes qu'on est devenu incapable de juger et de rompre. Il ne sera pas difficile de montrer comment des lois raisonnables peuvent, et ajouter à l'intérêt personnel d'être juste, et cimenter le pouvoir de la conscience, même à l'égard des objets qu'elle seule doit gouverner et punir.

Les actions contraires à la justice peuvent se diviser en deux classes: les unes sont de véritables crimes que les lois punissent; les autres, soit par leur peu d'importance, soit par la difficulté de les prouver, ne sont pas du ressort des lois. Comme dans toutes les sociétés, il y a des lois pour punir les crimes, que les peines établies paraissent au moins aussi fortes qu'il le faut pour en détourner, et qu'elles produisent très incomplètement cet effet, on se plaint de leur insuffisance en elles-mêmes. Mais a-t-on examiné avec assez d'impartialité et d'attention ce qu'un trop petit nombre de philosophes ont écrit à ce sujet depuis quelques années, et ce que je ne craindrai pas de vous rappeler ici, parce qu'il faut répéter les vérités importantes, non seulement jusqu'à ce que tous les hommes éclairés les aient adoptées, mais aussi jusqu'à ce que les défenseurs intéressés des abus qu'elles proscrivent soient réduits au silence. C'est moins l'intensité des peines que leur certitude qui prévient le crime; et leur extrême sévérité produit toujours l'impunité. En effet, un homme humain ne dénonce pas un domestique qui l'a volé lorsqu'il doit être puni par la mort; le même motif d'humanité empêche presque toujours de déférer à la justice les petits vols pour lesquels on inflige à la vérité une peine moins grave, mais encore disproportionnée avec le délit; si on se bornait, au contraire, pour les moindres crimes à un châtiment correctionnel qui avertît l'opinion, et punît essentiellement par elle, et que pour les délits ordinaires, comme pour les derniers forfaits, on ne rompît pas en un moment (soit en ôtant la vie au coupable, soit en le couvrant d'une infamie ineffaçable), tous les liens qui l'attachaient à la société, c'est-à-dire les dernières barrières entre l'homme et le crime, chacun, pour l'intérêt commun, se ferait un devoir de dénoncer les criminels; on serait encore moins indulgent pour eux, si presque toujours le besoin et l'abrutissement où il conduit, n'étaient pas leur excuse. Les lois criminelles, par leur sévérité, et les lois civiles, lorsqu'elles favorisent l'inégalité, sont donc la cause de l'impunité des moindres crimes; et on peut aussi les regarder comme la cause des crimes plus grands, puisque l'impunité des uns inspire seule la confiance de commettre les autres.[66]

Pour que la crainte de la peine soit efficace et salutaire, il faut que la peine ne révolte pas; il faut que la justice en soit sensible à la raison la plus commune, et surtout qu'elle réveille la conscience, en même temps qu'elle en punit le silence et le sommeil. Si les peines, au contraire, sont trop fortes; si, au lieu d'inspirer l'horreur du crime, elles offrent elles-mêmes l'idée d'une barbarie ou d'une injustice; si elles ne châtient point celles que le riche fait éprouver au pauvre; ou si lorsque ces injustices ne sont pas de nature à être l'objet d'une peine, la loi ne les prévient pas d'une autre manière; si le juge peut arbitrairement aggraver la peine ou l'adoucir; s'il est des privilèges personnels, héréditaires ou locaux, qui permettent de l'éluder légalement, ou qui en fournissent des moyens indirects, mais certains; alors le peuple est tenté de regarder les lois criminelles comme faites contre lui en faveur du riche, comme le résultat d'une association destinée à l'opprimer; alors, il hait encore plus qu'il ne craint, ces lois qui n'avertissent plus sa conscience parce qu'elle révoltent sa raison, et cette haine suffit pour dominer la crainte dans les âmes fortes, dans toutes celles qui sont aigries par le sentiment de l'injustice et du besoin réunis.

Les lois qui favorisent l'inégalité des fortunes, outre tous les incon-vénients que je vous ai indiqués, ont encore celui de multiplier les hommes qui n'ont rien à perdre. L'homme qui a une propriété, non seulement sent plus fortement qu'il est juste de respecter celle d'autrui, mais il est retenu par la crainte de perdre la sienne; par celle des représailles; par la nécessité de rendre au moins la valeur de ce qu'il a volé: l'intérêt de le poursuivre étant augmenté par l'espérance de la restitution, il redoute davantage de s'exposer même au seul soupçon, et

---

66. Tout ce passage se fait l'écho des débats qui accompagnent la transformation de la pensée juridique au cours du second dix-huitième siècle, alors que plusieurs philosophes des Lumières s'en prennent à l'ensemble du système judiciaire traditionnel, fondé notamment sur le recours à la torture et à des châtiments corporels infligés en public, et considéré à ce titre comme inhumain et despotique. C'est dans ce contexte de remise en cause radicale des institutions judiciaires que paraît, en 1764, le traité *Dei delitti e delle pene* (*Des délits et des peines*) du juriste italien Cesare Beccaria. L'ouvrage connaît immédiatement un retentissement européen aussi considérable que durable, comme le montrent les réflexions de S. de Grouchy qui en reprend les principales thèses, qu'il s'agisse de proportionner les peines aux délits en fonction de l'utilité publique ou encore de privilégier une logique de la prévention au détriment des diverses formes de peines infamantes, qui relèvent d'une conception de la punition jugée inefficace et contraire au droit naturel.

d'avoir à soutenir contre l'accusation, une défense toujours pénible et coûteuse. Enfin, si les vices des institutions sociales n'ouvraient pas la porte à des friponneries dont il est difficile de convaincre, impossible de poursuivre la réparation, et dangereux quelquefois seulement de se plaindre, il y aurait aussi moins d'hommes réduits à commettre des vols manifestes. L'ordre social, en conservant aux hommes leurs droits naturels, les mettrait donc dans la position la plus capable de les porter à les respecter entre eux, et ces droits seraient alors garantis par l'intérêt du bonheur et de la tranquillité de chaque individu, plus encore que par les lois.

Vous voyez donc, mon cher C***, que les institutions sociales sont encore bien éloignées d'avoir obtenu le degré d'utilité qu'on pourrait tirer des lois pénales; et pour qu'elles l'atteignent, il faut que le peuple puisse regarder, en général, ceux qui sont chargés d'exécuter les lois, d'arrêter les coupables et de les condamner, non comme ses maîtres, mais seulement comme ses défenseurs et ses amis.

C'est en considérant ainsi ce que les lois criminelles pourraient être, que les philosophes se sont permis d'attaquer celles qui amènent plus d'abus que d'avantages: cet examen, sollicité par tous les hommes non prévenus, et que trop d'injustices justifiaient, a valu cependant à ceux qui l'ont entrepris, le nom (à la vérité plus honorable qu'injurieux) de novateurs:[67] mais s'ils ont demandé des lois auxquelles le coupable ne puisse échapper, et que l'innocent n'ait jamais à craindre, ils ont demandé des lois justes; s'ils ont demandé des lois moins sévères, c'est en démontrant que leur sévérité même est aussi dangereuse qu'injuste;

---

67. En même temps que s'affirme, à la fin du dix-huitième siècle, l'idée d'une subjectivité créatrice se transforme également la conception générale que l'on se fait de l'invention, comme l'atteste l'évolution sémantique du mot 'novateur'. Si l'édition de 1762 du *Dictionnaire* de l'Académie française considère toujours le 'novateur' comme 'celui qui introduit quelque nouveauté, quelque dogme contraire aux sentiments et à la pratique de l'Église', en précisant même que les '*Novateurs sont dangereux*', celle de 1832 donne plutôt pour définition à ce terme: 'Celui qui fait ou qui tente de faire des innovations.' Au reste, les novateurs auxquels songe S. de Grouchy désignent un groupe assez hétérogène de 'philosophes', mais qui sont le plus souvent des avocats destinés à jouer un rôle important au moment de la Révolution et qui, au cours des années 1770 et 1780, multiplient essais, traités et même pamphlets en vue de susciter une réforme globale des institutions judiciaires. De ce nombre, plusieurs sont des proches de S. de Grouchy, qu'il s'agisse de son oncle, Charles Dupaty (1744-1788), président à mortier au parlement de Bordeaux, auteur de *Réflexions historiques sur les lois criminelles* (1788) et qui s'est notamment distingué dans la défense de trois hommes injustement condamnés à la roue; ou encore de Jean Pierre Brissot (1754-1793), qui sera l'un des principaux chefs du parti girondin et auquel on doit, entre autres, *Le Sang innocent vengé, ou Discours sur la réparation due aux accusés innocents* (1781). Cet ouvrage a été couronné par l'Académie de Châlons-sur-Marne qui, en 1780, avait mis au concours cette question: 'Quelle pourraient être, en France, les lois pénales les moins sévères et cependant les plus efficaces pour contenir et réprimer le crime [...] en ménageant l'honneur et la liberté des citoyens?'

s'ils ont regardé la raison et l'utilité commune comme les juges naturels et imprescriptibles des institutions sociales, c'est parce qu'elles sont les seules règles générales et infaillibles; il faut donc ou cesser de les calomnier et de vouloir les réduire au silence, ou soutenir qu'il est dangereux de faire usage de la raison, et qu'elle avoue tout ce que le temps a consacré. On leur a fait encore un reproche aussi grave en apparence que ridicule en effet, en les accusant de vouloir substituer des roues et des échafauds aux bases véritables de la morale, et surtout aux motifs surnaturels d'être justes; ceux qu'on accuse de vouloir gouverner les hommes par ces moyens barbares (on veut donc l'oublier?), sont ceux mêmes qui ont demandé qu'on adoucisse les lois pour qu'elles soient plus inévitables et plus efficaces; ce sont ceux qui ont demandé que la justice et la raison proportionnent les peines aux délits. Si des lois cruelles, unies à des motifs surnaturels, n'ont pu jusqu'à présent empêcher l'homme de se livrer au crime, on ne peut plus accuser d'avoir calomnié la nature humaine, ceux qui ont dit que des lois plus douces et mieux combinées, unissant leur force à celle de la raison et de la conscience, auraient plus de pouvoir pour le prévenir. Existe-t-il des pays où l'usage plus heureux et plus commun des motifs surnaturels, dispense d'établir des peines? L'histoire montre-t-elle un peuple qui, soumis à l'empire de ces motifs, n'ait été ni barbare ni corrompu? Que leurs défenseurs se contentent donc de les offrir comme une grande espérance et une consolation quelquefois utile et douce, à l'homme malheureux auquel le sentiment de son courage et de sa vertu ne peut suffire, mais qu'ils cessent de se vanter d'élever la nature humaine au moment même où ils la dégradent en lui offrant une grandeur imaginaire et factice, en avilissant ce qu'elle a de plus grand et de plus noble, la *raison* et la *conscience*; qu'ils cessent encore d'accuser la conscience d'être insuffisante, lorsqu'ils la rendent telle eux-mêmes, en établissant sur les débris de la raison un pouvoir étranger qui ne peut régner qu'au milieu de leur désunion.

Mais, me direz-vous ici, mon cher C***, par quel motif, par quel intérêt déterminer à respecter la propriété d'autrui, l'homme qui n'a rien à perdre? Cette question n'est pas embarrassante en y réfléchissant: d'abord, s'il s'agit de l'artisan ou du cultivateur établi, que son travail seul fait subsister, il a le plus grand intérêt à respecter la propriété d'autrui, soit parce que, sans ce respect, il cesserait bientôt d'être employé, soit parce que même lorsqu'il n'a aucun fonds assuré pour sa subsistance, possédant néanmoins quelques vêtements, quelques bestiaux, quelques provisions et quelques meubles, plus il est pauvre, plus il doit craindre la perte de ces dernières ressources; s'il est dans l'abondance, la crainte d'être volé doit être forte en raison de la cupidité; s'il est dans l'indigence, elle doit l'être à proportion des besoins. D'ailleurs, l'utilité générale qui porte à respecter la propriété d'autrui, est sensible du moment où tous peuvent espérer de posséder quelque chose (et je vous ai montré que dans un pays bien gouverné, presque tous les habitants posséderaient une petite propriété); car, l'ouvrier qui n'a rien, mais qui peut espérer d'amasser dans l'âge de la force des moyens de subsistance pour sa vieillesse, à l'instant où il cesse de respecter la propriété d'autrui, perd cette espérance si chère et si nécessaire, et dont cependant on ne peut apprécier l'empire, que lorsqu'on a observé avec suite et avec intérêt l'existence de quelques-uns de ces êtres malheureux qui, forcés chaque jour de calculer le rapport de leurs forces et de leurs besoins, n'imaginent pas de bonheur au-delà de celui de pouvoir vivre sans travail, ou au moins sans inquiétude. En supposant, d'ailleurs, que le vol se bornât à ce qui est rigoureusement nécessaire pour conserver l'existence dans le moment même où un besoin absolu la menace, d'abord, la morale pourrait le voir avec indulgence: mais, de plus, il serait encore le moyen le moins utile comme le plus dangereux; car du moment où de mauvaises lois n'auront pas multiplié les besoins et les accidents, on gagnera toujours davantage à tâcher d'obtenir des secours par des moyens légitimes et paisibles. Ôtez seulement l'extrême inégalité qui met le pauvre trop loin du riche pour en être connu, le riche trop loin du pauvre pour l'apercevoir et pour que la voix de l'humanité arrive jusqu'au fond de son cœur; et les malheurs inopinés deviendront plus rares et seront plus certainement réparés. Ôtez à tous les petits tyrans leur sceptre désolateur, faites disparaître ces monceaux d'or, dont le moins considérable et le moins illégitime a peut-être fait en secret mille victimes; que l'homme ne puisse plus être assez élevé au-dessus de l'homme pour cesser de voir ses devoirs à côté de ses intérêts, et le vol et la fraude deviendront assez rares pour tirer leurs plus grands dangers et leur punition la plus redoutable, de leur publicité même.[68]

Quant aux actions injustes qui ne doivent pas être l'objet de lois pénales, on peut observer qu'en général chaque homme est intéressé à obtenir la confiance des autres par la réputation de probité et de vertu; on aime que son fermier soit honnête homme, que son domestique soit fidèle: on préfère l'artisan dont la probité est reconnue, à celui dont la probité est soupçonnée; si ce motif d'obtenir la confiance est faible dans les sociétés actuelles, c'est qu'une grande partie des avantages sociaux

---

68. Ce passage s'efforce de faire la synthèse des deux grandes traditions qui traversent la pensée morale du second dix-huitième siècle. D'une part, les discours sur la sympathie, qui insistent sur la 'voix de l'humanité' et l'élan spontané vers autrui, antérieur à toute réflexion; et, d'autre part, la morale de l'intérêt, dont Helvétius avait été l'un des principaux théoriciens et qui fait de la vertu le résultat d'un calcul moral que guide la raison et où coïncident intérêt privé et intérêt général. Dans ce dernier cas, 'l'art du législateur consiste donc à forcer les hommes, par le sentiment de l'amour d'eux-mêmes, d'être toujours justes les uns envers les autres' (*De l'esprit*, p.237-38).

s'acquiert indépendamment de la confiance générale; c'est qu'une foule d'institutions établies, en apparence, par un motif d'utilité, et conservées comme des prérogatives et des propriétés sacrées, dispensent l'homme civilisé des vertus qui seraient nécessaires même à l'homme sauvage pour vivre en paix avec ses pareils; c'est que presque partout les prééminences de la vanité usurpent les droits du vrai mérite et en étouffent le sentiment; c'est que la multiplicité et l'obscurité des lois, des règlements, etc., etc. ne permet pas de reconnaître si la probité existe, ou en laisse usurper impunément la réputation; c'est que l'hypocrisie religieuse en offre encore un moyen presque sûr; c'est qu'à la faveur de tous les abus, la prudence et l'adresse coupable peuvent l'obtenir, même en cachant peu, et en n'affectant rien; c'est que l'extrême inégalité des fortunes, la grande distance qui se trouve entre une classe et une autre, rendent les hommes étrangers les uns aux autres. Les vertus, pour se connaître et se communiquer, ont en quelque sorte besoin de se trouver, par la fortune, placées à la même hauteur; l'homme puissant et l'ouvrier qu'il emploie, sont à de trop grandes distances pour se juger; et dans cet éloignement où leurs devoirs respectifs semblent se perdre, l'un peut opprimer l'autre presque sans remords, et celui-ci le tromper impunément à son tour et croire même se faire justice en le trompant; la misère d'une classe nombreuse, le sentiment de méfiance et d'avidité qui en est la suite, et qui la porte à tromper, la met à plus forte raison dans l'impossibilité d'être difficile sur l'honnêteté de l'homme dont elle achète et à qui elle vend. Ainsi, dans tous les rapports sociaux, une foule d'institutions vicieuses, d'un côté, par l'abus du pouvoir, de l'autre, par la privation des droits naturels, isolaient l'homme de son semblable, lui rendaient la probité et la justice inutiles et étrangères, anéantissaient presque tous leurs avantages et leurs motifs.

Ainsi, ces institutions qui devaient achever le bonheur de l'homme, l'ont pendant longtemps dégradé et corrompu, sans doute parce qu'il n'avait cherché jusqu'ici à perfectionner par elles la nature qu'en l'oubliant.

Non seulement les erreurs des institutions sociales rendaient presque indifférent aux hommes l'accomplissement des devoirs les plus sacrés, et ne laissaient subsister dans toute sa force l'intérêt de les remplir que pour ce petit nombre d'êtres sensibles, auxquels le bonheur qu'on en retire est nécessaire, et qui portent en eux un attrait ineffaçable pour tout ce qui tient à la vertu, mais encore par les besoins factices que ces institutions ont créés, elles ont affaibli un des plus puissants motifs qui puisse porter à une conduite honnête, celui de jouir de la paix domestique. Là, par des récompenses exagérées, par des distinctions injustes et enivrantes, elles exaltaient l'amour-propre jusqu'à en faire une passion dominante, et le rendre capable d'étouffer les sentiments les plus puissants, comme les sentiments les plus délicats: ici elles l'égaraient, le corrompaient, l'aveuglaient, en attachant aux places, aux hasards de la naissance et de la fortune, le prix des grandes actions et des grandes vertus. Dans toutes les classes et dans toutes les passions, elles ajoutaient à l'existence première et réelle de chaque individu, une existence imaginaire et d'opinion, dont les besoins étaient plus multipliés, plus insatiables, plus inconstants, et les plaisirs suivis d'un dégoût inévitable: aussi l'homme formé par elles n'était plus en quelque sorte heureux ou malheureux par lui-même, par l'insuffisance, par le bon ou mauvais usage de ses facultés, par la privation ou la possession de leurs objets; ce n'était plus par ses propres pensées et ses propres sentiments qu'il jugeait, qu'il agissait, qu'il jouissait; enchaîné presque de tous côtés par des lois injustes, favori de la fortune ou entraîné vers elle par les abus que ces lois enfantaient, aveuglé et amolli par ses intérêts, presque toujours en opposition avec la voix de la raison et de l'humanité; pouvant satisfaire ses prétentions les plus audacieuses, sans être forcé de les justifier par un mérite véritable, et ses passions les plus corrompues sans que le mépris universel le rappelât au remords; placé, dès qu'il était au-dessus des besoins, dans le cercle de la vanité, jouet des préjugés sans nombre dont elle embarrassait ses pas, l'opinion d'autrui devenait la mesure de sa conscience, la sanction toujours nécessaire de ses plaisirs, et la première condition de son bonheur.[69] Ce tableau vous paraît sans doute exagéré, à vous, mon cher C***, qui dévoué sans choix et sans effort à vos travaux et à vos affections, êtes peut-être par le sentiment habituel de la raison et de la vertu, trop loin des hommes pour apercevoir toutes leurs erreurs, ou du moins pour en discerner les profondes racines: cependant, quel est l'homme de la société qui, en s'examinant de bonne foi, ne trouvera pas qu'il en porte en lui les principaux traits? Quel est l'homme du monde (y fût-il peu répandu) qui, dans le choix de sa vie domestique, l'emploi de son temps ou de sa fortune, dans ses plaisirs, ses goûts et même ses affections, n'est pas encore (par l'effet indirect, mais cependant réel de nos institutions)

---

69. Dès son *Discours sur l'origine et les fondements de l'inégalité parmi les hommes*, Rousseau avait déjà cherché à montrer à quel point la civilisation transformait les affections humaines, si bien que 'l'homme sociable toujours hors de lui ne sait vivre que dans l'opinion des autres', tirant dès lors 'de leur seul jugement [...] le sentiment de sa propre existence' (p.181). Sur cette base, le dix-huitième siècle finissant se livre à une critique de la société curiale d'Ancien Régime – véritable 'société du spectacle' – qui annonce, à bien des égards, les sciences sociales de la modernité. C'est ce qu'illustrent les observations de S. de Grouchy sur les rapports intimes qui se nouent entre institutions sociales et sentiment moral, mais aussi celles de Germaine de Staël, qui montrera bientôt en quoi, dans une société de cour, 'plaire ou déplaire était la véritable source des punitions et des récompenses qui n'étaient pas infligées par les lois' (*De la littérature considérée dans ses rapports avec les institutions sociales* [1800], éd. Axel Blaeschke, Paris, 1998, p.256).

conduit à sacrifier à la vanité, ce qu'exigeait son véritable bonheur? Où est celui qui, fidèle à la raison et à la nature, préfère les plaisirs vrais attachés à la paix et aux vertus domestiques, à ces plaisirs séduisants de l'amour-propre, dont l'habitude fait perdre non seulement le besoin, mais le goût et le sentiment des autres? Où est celui qui ne se laisse jamais emporter par tout ce que l'oisiveté et la corruption ont inventé pour soulager l'homme du sentiment de son existence?... sentiment bientôt importun quand le charme de la vertu ne vient pas se mêler au charme dévorant des passions, et aux plaisirs arides de l'esprit? Où est celui qui conserve toujours une partie de son âme pour jouir de lui-même, pour goûter les sentiments de la nature avec cette complaisance et cette réflexion dont ils tirent toute leur douceur et toute leur puissance? Où est l'homme qui, au milieu d'institutions, de préjugés, d'usages, dont l'effet était de lier étroitement la sensibilité à l'amour-propre, ait besoin du plaisir simple et caché de trouver dans ses foyers la sécurité d'une estime réciproque, la paix délicieuse d'une confiance, d'une bienveillance et d'une indulgence inépuisable, et éprouve encore quelque attrait pour ces sentiments doux, que la passion et la vanité dédaignent, mais dont on peut dire cependant qu'ils sont la première et la dernière trame du bonheur, la seule que le temps n'use, ni ne relâche? Où est celui qui, au lieu d'aller chercher toujours loin de la nature une nouvelle manière de jouir ou d'abuser de ses bienfaits, trouve chaque jour un plaisir nouveau à changer autour de lui tous les liens du devoir et de la servitude, en rapports de bienfaisance, de bonne foi, de bonté, et à faire ainsi de ses dieux pénates un asile où le bonheur qu'on lui doit, le force à goûter avec délices sa propre existence? Jouissances intimes et consolantes attachées à la paix et aux vertus cachées! Plaisirs vrais et touchants qui ne quittez jamais le cœur que vous avez une fois attendri! Vous, dont le sceptre tyrannique de la vanité nous éloigne sans cesse, que sa séduisante magie ne nous laisse plus apercevoir que sous les sombres couleurs du devoir, de l'ennui, de l'uniformité... Malheur à qui vous dédaigne et vous abandonne! Malheur surtout, à ce sexe comblé un moment des dons les plus brillants de la nature et pour lequel elle est ensuite si longtemps marâtre, s'il vous néglige ou s'il vous ignore! Car c'est avec vous qu'il doit passer la moitié de la vie, et oublier (s'il est possible) cette coupe enchantée que la main du temps renverse pour lui au milieu de la carrière!

II
Etudes

Esquisse d'un portrait

ELISABETH BADINTER

Sophie de Grouchy, épouse de Condorcet (1764-1822), reste aujourd'hui fort mal connue. La petite dizaine de livres et à peine plus d'articles qui lui ont été consacrés depuis Michelet nous laissent sur notre faim. Les erreurs manifestes (la présence d'Adam Smith dans son salon) ou les affirmations non vérifiées (elle aurait connu personnellement Beccaria) se répètent parfois d'un texte à l'autre. La principale raison de notre ignorance est la pauvreté des correspondances à la disposition des chercheurs. S'il faut rendre grâce à Antoine Guillois[1] et à Charles Léger[2] d'avoir publié, l'un, les archives familiales qui éclairent la jeunesse de Sophie, l'autre, ses lettres d'amour à Maillia Garat, force est de constater que près de deux siècles après sa disparition, nous ne possédons que peu de lettres de sa main ou de témoignages directs de son entourage. De cette femme qui a connu les hommes (et les femmes) les plus brillants de son temps et assisté, voire participé aux événements les plus intenses de notre histoire, nous connaissons mal les sentiments et la personnalité. Certes, on juge sur les actes et les intentions proclamées, mais un portrait n'est pas un jugement. Il lui faut l'ombre et la lumière, le public et le privé, bref, tout ce qui se révèle dans les conversations intimes que sont les correspondances de l'époque. Faute de ces précieuses traces, on est prisonnier de l'air du temps et des partis pris idéologiques. Croyants ou athées, partisans ou adversaires de la Révolution française, les historiens et critiques littéraires ont tracé de Sophie des portraits contrastés qui ressemblent parfois à des caricatures. On oscille entre la sainte épouse du martyr et une tête exaltée aux mœurs légères, une redoutable intrigante qui a mené son mari à sa perte et une femme dont le courage force l'admiration. Peut-être ne fut-elle ni l'une ni l'autre, à moins qu'elle ne fût à la fois l'une et l'autre. Nous n'avons pas plus que nos prédécesseurs les moyens de trancher. Pourtant, à travers les jugements contradictoires sur sa personne et ses actions, il n'est pas impossible de saisir quelques traits, positifs pour les uns, négatifs pour les autres, qui semblent la caractériser.

1. A. Guillois, *La Marquise de Condorcet, sa famille, son salon, ses amis* (Paris, 1897).
2. Charles Léger, *Captives de l'amour, d'après des documents inédits: lettres intimes de Sophie de Condorcet, d'Aimée de Coigny et de quelques autres cœurs sensibles* (Paris, 1933).

Les points de vue de ses contemporains

Un des traits de Sophie de Condorcet qui fait l'unanimité est sa beauté. Qu'on l'aime ou qu'on la déteste, chacun salue un physique remarquable. Le signalement qui figure sur son passeport en 1794 ne peut rendre l'impression qu'elle laissait: 'Cinq pieds deux pouces, cheveux et sourcils noirs, yeux brun vert, nez droit et élevé, bouche bien faite, menton rond, front bas, visage très rond.'[3] A sa mort, son amie Mme Ginguené disait qu'elle avait été 'la plus belle femme de son époque',[4] et l'abbé Morellet, pourtant brouillé avec elle, allait encore plus loin en la qualifiant d''une des plus belles qui aient jamais brillé parmi son sexe'.[5] Après les terribles épreuves de la Terreur et la trentaine entamée, on continue de la dire 'plus belle que jamais'.[6] Son portrait le plus détaillé, alors qu'elle a trente-quatre ans, est l'œuvre du philologue allemand Wilhelm von Humboldt, qui séjourne à Paris; il décrit Sophie comme 'une femme d'une trentaine d'années, encore tout à fait ravissante. Plutôt grande, svelte sans être maigre, seulement une poitrine fort peu généreuse, un teint plutôt hâlé. Le visage point expressif, mais joli, des traits point marqués mais distincts et symétriques, des yeux foncés qui dénotent du sérieux et de l'indépendance'. Première ombre au tableau, il ajoute: 'Sous son menton, un goitre fort marqué par rapport au reste. Celui-ci, ainsi que son maintien, a quelque chose de physique (sans être pour autant voluptueux), dénué de noblesse et de serviabilité.'[7] Humboldt est le seul à évoquer un goitre que les nombreux autoportraits de Sophie ont toujours dissimulé. En revanche, si le maintien de la veuve Condorcet n'est pas voluptueux, un autoportrait qui doit justement dater de cette époque prouve que dans l'intimité elle est tout le contraire de son apparence. A destination de son amant, Maillia Garat, elle s'est peinte nue, mollement allongée sur un lit, les cheveux dénoués, le sexe à peine dissimulé par sa main.[8] Cette invite à la sexualité d'un érotisme certain révèle une intimité rarement montrée à l'époque.

Il n'est pas indifférent de s'arrêter sur sa beauté et sa sensualité, car elles ont sûrement joué un rôle déterminant dans sa vie et sur la représentation que l'on a donnée d'elle durant la Révolution. A l'instar de Marie-Antoinette, mais cette fois dans la presse royaliste, on

3. H. Valentino, *Mme de Condorcet, ses amis et ses amours* (Paris, 1950), p.106.
4. H. Valentino, *Mme de Condorcet*, p.279.
5. André Morellet, *Mémoires de l'abbé Morellet, de l'Académie française, sur le dix-huitième siècle et sur la Révolution*, 2 vol. (Paris, 1822), t.2, p.7; éd. Jean-Pierre Guicciardi (Paris, 1988).
6. Lettre de Félicité Fréteau à sa mère, citée par A. Guillois, *La Marquise de Condorcet*, p.159.
7. Wilhelm von Humboldt, *Journal parisien (1797-1799)*, trad. Elisabeth Beyer (Arles, 2001), p.105.
8. Ce portrait m'a été montré en 1989 par son propriétaire, Robert Gérard, bibliophile, aujourd'hui décédé.

n'hésitera pas à la montrer dans des positions obscènes avec La Fayette, alors qu'ils ne se voyaient plus depuis fort longtemps.[9] La misogynie de l'époque redoublait à l'égard d'une belle femme qui se mêlait de politique et l'accusation de dépravation était monnaie courante. Ce qui ne fut pas sans laisser de traces tout au long du dix-neuvième siècle, que ce soit sous la plume de Stendhal[10] ou celle de René Doumic en 1900.[11] Sophie dépravée est une affirmation aussi gratuite que celle de Michelet concernant l'absence de relations sexuelles du couple Condorcet avant l'enthousiasme de 1789, sous prétexte que leur fille Eliza naquit le 17 mai 1790, trois ans et demi après leur mariage... Reste que la jeune Sophie dut jouir d'un vrai pouvoir de séduction auprès des hommes, ce qui explique non seulement le coup de foudre de Condorcet[12] et le succès de son salon après son mariage, mais aussi l'étrange comportement de son oncle, le très honorable président Dupaty. Il va la voir dans son couvent de Neuville-en-Bresse, sans cacher à son épouse l'enthousiasme qu'elle suscite chez lui, puis lui confie l'éducation de ses enfants (dont Mme Dupaty reprendra la charge après la mort de son mari en 1788), avant de lui léguer tous ses papiers. Nul doute que l'attrait qu'elle exerce n'est pas dû à son seul charme ni à son physique. Comme le note l'abbé Morellet, elle n'est pas seulement la plus belle, elle est aussi l'une 'des plus spirituelles et des plus instruites'[13] qu'il lui a été donné de connaître. Même jugement sous la plume de la duchesse d'Abrantès, pourtant hostile au couple Condorcet: 'Spirituelle comme l'une des femmes les plus aimables du siècle de Louis XV, instruite comme l'une des plus remarquables du siècle qui le suivit, Mme de Condorcet employait le pouvoir que lui donnaient ses talents et sa beauté, non seulement sur son mari, mais sur tout ce qui venait dans son salon pour opérer le terrible mouvement subversif de toutes choses.'[14]

Après la Révolution, ses talents et sa beauté n'eurent plus la même influence et certains jugements portés sur elle sont plus mitigés, voir franchement méprisants. En 1798, Humboldt, qui vient de faire sa connaissance, la trouve certes 'd'un commerce aimable et raffiné', mais

9. Alphonse Aulard, *Histoire politique de la Révolution française* (Paris, 1909), p.140, n.2.
10. Stendhal, Henri Beyle, *dit*, *Vie de Henri Brulard*, dans *Œuvres intimes*, éd. Henri Martineau (Paris, 1955), p.87. L'auteur la qualifie de 'grande connaisseuse' d'hommes. Dans ses *Souvenirs d'égotisme*, *Œuvres intimes*, p.1429, il ajoute: 'Ce ne fut qu'une femme à plaisir physique.'
11. René Doumic, 'La marquise de Condorcet', dans *Etudes sur la littérature française* (Paris, 1900).
12. Jean-Antoine-Nicolas de Caritat, marquis de Condorcet et Amélie Suard, *Correspondance inédite de Condorcet et Mme Suard, 1771-1791*, éd. Elisabeth Badinter (Paris, 1988), p.233-37.
13. A. Morellet, *Mémoires*, t.2, p.7.
14. H. Valentino, *Mme de Condorcet*, p.71.

ajoute aussitôt: 'elle est suffisamment ferme et décidée pour vite devenir dure et grossière. On note parfois chez elle un certain dédain pour l'étranger et pour autrui'.[15] En 1802, d'une ironie cinglante, Julie Talma n'a pas de mots assez cruels pour évoquer Sophie, dont elle se dit pourtant l'amie. Dans ses lettres à Benjamin Constant (bien disposé à l'égard de Sophie), Julie confesse:

> [C]e n'est pas des remords que j'ai de toutes mes moqueries, c'est un véritable regret de ne pouvoir lui dire: 'Vous êtes la femme la plus ridicule que la terre ait portée. Votre âme est d'une sécheresse odieuse, votre égoïsme et votre avidité percent à travers toutes les mines que vous faites pour paraître sensible; et de plus vous êtes souverainement ennuyeuse. La beauté suffit pour intéresser, mais lorsqu'on a des vices il faut être trois fois plus spirituelle qu'une autre pour se les faire pardonner'.[16]

Julie dit-elle tout haut ce que d'autres pensent tout bas, ou bien règle-t-elle des comptes que l'on ignore? 'Ridicule', égoïste, avide, hypocrite[17] et surtout 'ennuyeuse',[18] comment expliquer ces qualificatifs pour désigner une femme chez laquelle les idéologues aiment à se retrouver? C'est même l'époque où Benjamin Constant la dit 'la meilleure et la plus spirituelle des femmes',[19] avec Mme de Staël, bien entendu. Si Sophie avait été aussi ridicule et ennuyeuse que Julie l'affirme, Benjamin Constant, certes lié à son compagnon Fauriel, aurait-il tant fréquenté son salon, notamment dans les années 1804-1805? Aurait-il confié à son journal intime, le 30 janvier 1805: 'Soirée chez Mme de Condorcet. C'est la maison qui m'est encore la plus agréable'?[20] Pourtant, quelques mois plus tard, au lendemain de la mort de Julie Talma, Constant a cette réflexion mitigée sur Sophie qui donne du relief aux accusations de Julie: 'Mme Condorcet [...] a dit des choses très bien sur cette pauvre Julie. Elle a plus de véritable valeur qu'on ne veut le croire. Je ne sais quelle gaucherie nuit à ce qu'elle dit et gâte ce qu'elle éprouve, mais elle a quelque fois de l'élévation et de la sensibilité.'[21] Ces propos obscurs et peu flatteurs, bien loin de l'enthousiasme des premiers temps, peuvent signifier soit que Mme de Condorcet avait enfin montré son vrai visage en vieillissant, soit qu'elle était devenue étrangère aux valeurs et

---

15. W. von Humboldt, *Journal parisien*, p.105.
16. Julie Talma, 'Lettre du 23 brumaire An IX [14 novembre 1802]. Adressée à Genève', dans *Lettres de Julie Talma à Benjamin Constant*, éd. la baronne Constant de Rebecque (Paris, 1933), p.121-24, p.122.
17. J. Talma, *Lettres*, p.133.
18. J. Talma, *Lettres*, p.122.
19. Bibliothèque de l'Institut de France (Paris), papiers Fauriel, ms.2328 (1), f.513r (avril 1802).
20. Benjamin Constant, *Journal intime*, éd. Alfred Roulin et Charles Roth (Paris, 1952), p.198 (30 janvier 1805).
21. B. Constant, *Journal intime*, p.245 (6 mai 1805).

comportements du nouveau siècle. Quoi qu'il en soit, ils mettent en lumière la complexité du personnage et la difficulté du portrait.

Un autre trait de caractère revient souvent sous la plume de ceux qui l'ont connue et change d'appellation selon qu'on la regarde d'un œil malveillant ou non. On la qualifie volontiers d'"ambitieuse', d''intrigante' ou de 'femme d'influence'. Amélie Suard, qui la hait parce qu'elle croit qu'elle lui a volé l'amitié de son cher Condorcet, n'hésite pas à la décrire comme une petite ambitieuse de bas étage qui n'aurait épousé ce dernier que par intérêt et gloriole: 'Mlle de Grouchy, fille de qualité sans fortune, avait aperçu de bonne heure les avantages qu'elle pouvait tirer de ce mariage. M. de Condorcet avait alors un nom couvert de considération et de l'estime publique, et vingt-quatre mille livres de rente.'[22] Elle affirme qu'au même moment, Sophie avait pour amant un homme marié: 'Je puis avancer sans la calomnier, ajoute la fielleuse Mme Suard, qu'elle espéra et forma même le projet de concilier toutes ses affections et tous ses intérêts.'[23] Certes l'époque se prêtait à ce genre de situation et le mariage d'intérêt était la règle plutôt que l'exception. Mais si Sophie, qui n'était pas une pauvrette, a choisi d'épouser Condorcet, peut-être était-ce moins pour ses rentes que par admiration pour le savant, membre de l'Académie française et secrétaire perpétuel respecté de l'Académie des sciences. Un homme engagé comme elle aux côtés du président Dupaty dans la défense des victimes du système judiciaire, un homme enfin dont elle partagea immédiatement les valeurs avant de partager la passion. Reste que les propos malveillants de Mme Suard ne sont pas dénués de vraisemblance: en épousant Condorcet le 28 décembre 1786, déjà 'couvert de considération et de l'estime publique', Sophie, qui brûle de jouer un rôle dans la société, a peut-être pressenti qu'il était le meilleur moyen de parvenir à ses fins.

Dès son installation à l'Hôtel des Monnaies, magnifique logement de fonction de l'inspecteur des Monnaies qu'il était devenu en 1775, Sophie ouvre un salon 'philosophique' où l'on se précipite. Elle transforme la maison du savant solitaire en un lieu d'élection pour les idées nouvelles. Contrairement aux autres salons, celui-ci n'est pas régi par une femme seule, comme ceux de Mmes de Lambert, de Tencin, Du Deffand ou Geoffrin, ni par un homme, comme celui du baron d'Holbach, mais par

22. A. Suard, 'Lettre CLXXIV', automne 1786, dans *Correspondance inédite*, p.234.
23. D'autres que Mme Suard ont évoqué les amours de Sophie au moment de son mariage. Les noms de La Fayette et de La Rochefoucauld d'Enville furent cités. Comme Mme Suard mentionne le fait que 'l'amant' de Sophie avait le même âge que le futur mari, on pencherait plutôt pour le second, né en 1743 comme Condorcet, alors que La Fayette était né en 1757. Par ailleurs, ni le duc de La Rochefoucauld ni Mme d'Enville, pourtant très amie de Condorcet depuis les années 1770, n'ont assisté au mariage, alors que La Fayette fut le témoin de Condorcet. Comment celui-ci aurait-il pris pour témoin le rival détesté?

un couple qui pratique l'égalité des sexes et prise le débat d'idées. D'une certaine façon, ils renouvellent le salon de Julie de Lespinasse et de D'Alembert, même si l'esprit qui y régnait n'était plus tout à fait le même et qu'on y riait moins.[24] D'Alembert était plus drôle et charmeur que Condorcet; Sophie, moins sentimentale et fine que Julie.

Intrigante, peut-être; ambitieuse, certainement. Dès le début de la Révolution, le salon philosophique du couple Condorcet se transforme en salon politique, le plus 'progressiste' de Paris. On dirait aujourd'hui le plus à gauche, notamment si on le compare à celui de Mme de Staël. C'est là que l'on prône pour la première fois l'idée de République, en juillet 1791, après la fuite du roi; là que les principaux chefs de la Gironde se réunissent pour définir leur stratégie; là, enfin, que se décide l'élection de Condorcet à la Législative. De l'avis de tous, le rôle de Sophie fut considérable. Même si le général Dumouriez la qualifie d'"intrigante',[25] comme toutes celles qui ont joué un rôle durant la Révolution, le conventionnel Choudieu, qui a fréquenté le deuxième salon de la rue de Lille, donne un autre son de cloche: '[C]ette dame, écrit-il, beaucoup plus modeste que Mme Roland, [...] avait le bon esprit de ne pas chercher à amoindrir le mérite de son mari. Sans paraître avoir aucune prétention, elle a eu peut-être plus d'influence qu'aucune autre femme sur tous les Girondins, qui seuls formaient sa société.'[26]

Pour autant, l'étiquette d'intrigante lui reste accolée et ses ennemis n'ont pas hésité à la rendre indirectement responsable de la mort de son époux: 'Non seulement elle a partagé les fautes de son mari, écrit l'abbé Morellet, mais elle l'a poussé aux plus grandes de celles qu'il a faites.'[27] Opinion partagée par la duchesse d'Abrantès et d'autres qui colportent le propos après la Révolution. La fille du savant Lavater avertit Humboldt 'qu'elle est une terrible intrigante, qu'elle a peut-être eu autrefois une grande influence sur les événements quotidiens et a sans doute été l'un des plus grands artisans de la République'.[28] Le philologue était d'autant plus disposé à le croire qu'il avait lui-même pris Mme de Condorcet en flagrant délit de magouillage politico-financier. Avec une

24. Dans ses Mémoires (cités dans H. Valentino, *Mme de Condorcet*, p.70-71), Laure Junot, duchesse d'Abrantès, rapporte que 'la conversation [y] était quelque fois spirituelle et légère, mais le plus souvent abstraite et d'un sérieux qui excluait le charme de la causerie intime. Ce n'était que lorsque l'abbé Morellet, Marmontel et Suard étaient présents qu'il y avait plus de gaieté dans la conversation'. On notera que, née en 1784, la duchesse ne pouvait pas avoir été un témoin direct.
25. Charles-François Dumouriez, 'Mémoires', dans *La Vie et les mémoires du général Dumouriez*, 4 vol. (Paris, 1822-1823), t.3, p.375.
26. Pierre Choudieu, 'Les femmes de la Révolution', *Revue blanche*, 15 mai 1896, p.452; cité par A. Guillois, *La Marquise de Condorcet*, p.116-17.
27. A. Morellet, *Mémoires*, t.2, p.7.
28. W. von Humboldt, *Journal parisien*, p.105.

grande naïveté, elle lui avait confié que pour régler un procès concernant l'achat d'une maison, elle avait 'beaucoup de députés à rencontrer pour s'arranger avec eux'.[29] Au demeurant, ce qui choque l'Allemand ne bouleversait pas les Français d'alors et l'accusation d'intrigue prend plutôt sa source dans la période révolutionnaire. N'a-t-on pas raconté qu'elle s'est faite républicaine par dépit de n'avoir pas obtenu de la Cour la charge de gouvernante du Dauphin? Rumeur dénuée de fondement qu'elle a toujours énergiquement démentie,[30] mais qui s'était répandue, comme par hasard, à l'époque où Condorcet tentait de se faire élire à la Législative. D'ailleurs que ne disait-on pas de celle qui, avec son époux, le philosophe Thomas Paine et le jeune du Chastellet, s'était déclarée 'républicaine' dès juillet 1791? Une telle provocation ne pouvait lui avoir été dictée que par les sens, pour plaire au fringant lieutenant général Achille du Chastellet. Depuis lors, l'accusation avait fait son chemin et il était acquis qu'elle avait été sa maîtresse, comme le montre le journal de Humboldt, qui avance même la date de la rupture![31] Rien d'étonnant à cela quand on sait à quel point les hommes de la Révolution, toutes tendances confondues, furent misogynes. A leurs yeux, une femme qui se mêlait de politique trahissait la vraie féminité et menaçait la sacro-sainte complémentarité des sexes. Façon de dire qu'elle était doublement coupable, à l'égard de la nature et de la société. Or Sophie de Condorcet eut sans aucun doute partie liée à la politique, à la façon de l'époque, et de son milieu. On ne la vit pas haranguer les foules dans les clubs, mais son influence sur les hommes de premier plan fut indéniable.

Elle était passionnée, idéaliste et radicale comme on peut l'être à vingt-cinq ans. Pour s'en convaincre, il suffit de lire trois des quatre lettres qui nous restent de sa correspondance avec le Genevois Etienne Dumont.[32] S'échelonnant d'août 1791 à septembre 1792, elles disent tout de ses opinions politiques et de son implication. Selon qu'on l'approuve ou non, on la dira intrigante ou engagée, sans exclure qu'elle pût avoir été les deux à la fois. De là à écrire, comme Julie Talma, qu'elle fut un 'modèle d'hypocrisie',[33] ses lettres à Dumont semblent démontrer le contraire, du moins pour ce qui concerne la politique. Par la suite, la célèbre réplique à Bonaparte, rapportée par sa rivale, Mme de Staël,

29. W. von Humboldt, *Journal parisien*, p.198.
30. Bibliothèque de l'Institut de France (Paris), ms.2475, pièce 42 (notice sur Mme de Condorcet par sa fille, Eliza O'Connor).
31. W. von Humboldt, *Journal parisien*, p.164.
32. Bibliothèque publique et universitaire de Genève, ms. Dumont 74, f.170-80. Les quatre lettres furent publiées par Jean Martin, 'Achille du Chastellet et le premier mouvement républicain en France (1791-1792)', *La Révolution Française* 80 (1927), p.104-32.
33. J. Talma, *Lettres*, p.133.

nous confirme dans cette idée. Lors d'un dîner chez Talleyrand en décembre 1797, où elle se trouvait avec Bonaparte, Sieyès et Mme de Staël, le jeune général 's'arrêta devant elle droit comme un prince allemand. "Madame, lui dit-il, je n'aime pas que les femmes s'occupent de politique. – Vous avez raison, mon général, lui répondit-elle. Mais dans un pays où l'on coupe la tête aux femmes, il est naturel qu'elles aient envie de savoir pourquoi'".[34]

Reste que les idées et les propos publics ne suffisent pas à peindre une personne. La vie privée et les choix du cœur sont tout aussi révélateurs.

Sophie à la lumière de ses amours

Ce n'est pas céder à la facilité que de s'arrêter sur eux. Il ne s'agit pas d'une enquête policière sur ses amants réels ou supposés. On laissera donc de côté les possibles Anacharsis Clootz, abbé Fauchet, du Chastellet ou Baudelaire (le père du poète), pour ne considérer que ceux qu'elle a choisi d'associer officiellement à sa vie: Condorcet, Maillia Garat et Fauriel. Elle vécut sept ans avec le premier, de 1786 à 1794, cinq ans avec le deuxième, de 1795 à 1800, et vingt-et-un an avec le dernier, de 1801 à 1822. La légende veut qu'elle ait satisfait ses ambitions politiques avec son mari, ses désirs sexuels avec Garat et trouvé la tranquillité dans une sorte d'union morganatique avec Fauriel. Condorcet (1743-1794) aurait pu être son père, Maillia (1763-1837) était son contemporain et Fauriel (1772-1844), son cadet de huit ans.

En dépit des apparences, ces trois hommes ont plus en commun qu'on ne pourrait le croire, du moins aux yeux de Sophie. Quand elle épouse (librement) Condorcet, ce n'est un secret pour personne qu'il en est follement épris et elle pas. Le bruit court qu'il est peu viril et fort maladroit avec les femmes qu'il aime. Timide et renfermé, c'est un tendre[35] et non un foudre de guerre. On a même pu laisser entendre qu'il était impuissant, comme son mentor D'Alembert. En témoigne cette boîte à ragots que furent les *Mémoires secrets* de Bachaumont. Le jour même du mariage, on lit ceci:

> M. le marquis de Condorcet épouse la fille de Mme la marquise de Grouchy, sœur de M. Fréteau et de Mme la Présidente Dupaty.
> Il en était amoureux depuis quelque temps, et voilà la cause du zèle avec lequel il a défendu les trois roués et les deux magistrats, leurs protecteurs. La semaine dernière, l'Académie des sciences ayant reçu notification de cet hyménée, a arrêté, suivant l'usage, de députer vers son secrétaire, afin de le

34. Germaine de Staël, *Dix années d'exil*, éd. Simone Balayé et Mariella Vianello Bonifacio (Bruxelles, 1821; Paris, 1996), p.51-52.
35. Voir Julie de Lespinasse, 'Portrait de Condorcet', dans *Lettres à Condorcet*, éd. Jean-Noël Pascal (Paris, 1990).

complimenter: comme on procédait à la nomination de ces députés, qu'on en prenait dans la classe de géométrie, dans celle d'astronomie... 'Messieurs, s'est écrié M. Dionis du Séjour, le farceur de la compagnie et qui la tient en gaieté, ce n'est pas parmi ces messieurs qu'il faut choisir. C'est tout ce qu'il y a de mieux et de plus fort en anatomie qu'il faut envoyer à notre confrère.' Plaisanterie qui a d'autant plus fait rire, que M. de Condorcet a au moins trente ans de plus que la demoiselle, jeune, jolie, bien découplée et morceau de dure digestion pour le nouvel époux.[36]

Qu'importe les railleries, il sut se faire aimer d'elle. Peut-être l'amour est-il né de l'admiration qu'elle lui a portée dès le premier jour. Pour une jeune femme qui a le goût des idées et de la justice, Condorcet incarne ce qu'il y a de plus prestigieux à l'époque. Rejeton glorieux des encyclopédistes, il est auréolé de la gloire de ses pères spirituels disparus: D'Alembert, Turgot et Voltaire. Autrement dit: le génie scientifique, la vertu politique et l'écrivain le plus brillant du siècle. Avec plus ou moins de bonheur, c'est lui qui a repris le flambeau de ceux qui ont fait la gloire intellectuelle de la France. Et pour la jeune Sophie, ce n'était pas le moindre de ses attraits. En outre, si l'on en croit le portrait fouillé que nous a laissé Julie de Lespinasse, Condorcet était un homme bon, sensible et attentif aux autres, même si ceux qui ne le connaissaient pas intimement pouvaient le croire 'insensible et froid'.[37] En vérité, c'est un 'volcan couvert de neige', selon l'expression de D'Alembert, un homme de passion. Passion qu'il met au service de ses idées et qui l'emporte parfois au-delà du raisonnable. Le trait n'est pas pour déplaire à Sophie, d'autant qu'ils ont les mêmes goûts et les mêmes convictions. Ils sont tous deux athées et même militants de l'athéisme, profondément démocrates et ulcérés par les atrocités commises au nom de la Justice. A ce jour, il n'est guère possible de savoir lequel des deux a influencé l'autre. L'admiration était réciproque et, avec le recul du temps, on serait presque tenté de parler d'un couple fusionnel. Rien des traces parvenues jusqu'à nous ne peut laisser imaginer des différends ou des oppositions. Ce n'est d'ailleurs pas un hasard si l'on a pu lui attribuer à elle des textes qui sont de lui, comme cette 'Lettre d'un jeune mécanicien aux auteurs du *Républicain*',[38] petit écrit satirique qui sent bon son Voltaire, où Condorcet propose dès juillet 1791 de remplacer le roi, sa famille et la cour par une collection d'automates, moins dangereux pour les libertés du peuple. Pas un hasard non plus si Condorcet est le seul

36. Louis Petit de Bachaumont, *Mémoires secrets pour servir à l'histoire de la République des lettres* (Londres, John Adamson, 1788), t.23, p.303-304.
37. J. de Lespinasse, 'Portrait de Condorcet', p.133.
38. Condorcet, 'Lettre d'un jeune mécanicien aux auteurs du *Républicain*', *Le Républicain* 3 (16 juillet 1791); texte repris dans Condorcet, *Œuvres du marquis de Condorcet* (Paris, 1847-1849), t.13, p.239.

révolutionnaire à s'engager avec cette force dans le combat pour l'égalité des sexes. Il était, plus que tout autre, convaincu que seul le défaut d'instruction était à l'origine de l'inégalité constatée. Il lui suffisait d'écouter Sophie pour savoir qu'une femme instruite valait bien un homme et qu'aucune fonction n'aurait dû lui être interdite. Il est vrai qu'il était passionnément amoureux d'elle et qu'il le restera jusqu'à sa mort, comme le prouve plusieurs textes parvenus jusqu'à nous.

Est-ce à dire qu'elle a finalement partagé ses sentiments? Plusieurs écrits le laissent penser, notamment ceux qui concernent les derniers temps de la vie de Condorcet. Alors qu'il se cache rue Servandoni, chez Mme Vernet, à la merci d'une dénonciation, il lui écrit un poème, en décembre 1793, à l'occasion du septième anniversaire de leur mariage. L'épître se termine par ces vers révélateurs:

> J'ai servi mon pays, j'ai possédé ton cœur;
> Je n'aurai point vécu sans goûter le bonheur.[39]

Comment aurait-il pu écrire ces mots si elle ne lui avait pas rendu son amour? Il n'y a pas de bonheur unilatéral au sein d'un couple. Aimer sans l'être en retour est un malheur. L'amour de Sophie est criant dans les lettres qu'elle lui fait parvenir à cette époque, où le désespoir est à la mesure de son attachement.[40] Contrainte de demander le divorce pour assurer sa survie et celle de leur fille, c'est une femme déchirée qui lui écrit, mais elle se refuse à prononcer le mot:

> Cette séparation apparente tandis que mon attachement pour toi, les liens qui nous unissent sont indissolubles, est pour moi le comble du malheur [...]. J'ose croire que tu connais assez mon cœur pour sentir que les liens qui unissent ta vie à la mienne sont notre mutuel attachement et tant de vertus entraînantes par lesquelles tu as chaque jour augmenté ma tendresse; il est impossible de t'exprimer ce que me coûtera ce sacrifice.[41]

Ces mots furent suivis d'actes. Après le suicide de son mari le 29 mars 1794 (qu'elle n'apprendra que six mois plus tard), elle n'aura de cesse de diffuser ses œuvres et d'entretenir sa mémoire. Jusqu'au dernier jour de sa vie, Sophie de Grouchy restera Mme de Condorcet.

Après thermidor et la chute de Robespierre, Sophie soigne ses plaies comme tous les survivants de cette tragédie. Elle récupère ses biens, s'installe rue Matignon avec sa fille et se réchauffe le cœur auprès des fidèles de Condorcet, les Cabanis, Garat, Debry et les amis d'Auteuil où trône Mme Helvétius. Elle remplit les obligations de son mari, exécuteur testamentaire de D'Alembert, en versant aux domestiques de ce dernier

39. Condorcet, 'Epître d'un Polonais exilé en Sibérie à sa femme', dans *Œuvres*, t.1, p.607.
40. Léon Cahen, *Condorcet et la Révolution française* (Paris, 1904), p.571-73.
41. L. Cahen, *Condorcet*, p.571.

les rentes promises. Elle en constitue d'autres au profit des frères Cardot, fidèles parmi les fidèles. Elle s'emploie à faire publier la dernière œuvre de son mari, écrite dans la solitude de la proscription, l'*Esquisse d'un tableau historique des progrès de l'esprit humain*. Elle y ajoute un texte de sa main qui en précise les circonstances et rend hommage au grand homme. Sur proposition de Daunou, la Convention souscrivit en 1795 à 3000 exemplaires et ordonna la distribution de l'ouvrage dans toute l'étendue de la République. Ce n'était que le tout début du travail de mémoire.

En 1795, Sophie est une veuve de trente et un ans. Les épreuves et les chagrins n'ont eu raison ni de sa beauté ni de son énergie. Très liée à Dominique-Joseph Garat, homme de lettres deux fois ministre sous la Convention (de l'Intérieur et de la Justice) et qui fut d'une aide précieuse pour Condorcet, elle rencontre chez lui l'un de ses neveux, Maillia Garat, trente-deux ans, fraîchement arrivé de Bordeaux pour faire carrière à Paris. Il hésite entre politique et littérature et compte sur l'influence de son oncle pour lui ouvrir toutes les portes. A première vue, tout l'oppose à Condorcet.[42] C'est un mondain qui n'aime rien tant que faire le beau dans les salons, un sensuel qui attire les femmes. Intelligent, cultivé et doté d'un certain brio, il prend soin d'afficher ses nobles ambitions intellectuelles. Sophie est séduite et veut croire, comme l'écrit Jean-Paul de Lagrave, qu'elle va 'reprendre avec lui le rêve brisé par la disparition de Condorcet'.[43] De son côté, Maillia Garat ne pouvait rêver liaison plus flatteuse. Elle est belle, auréolée du prestige de son nom et fréquente les salons d'avant-garde. Le Tout-Paris la connaît et l'estime.

Indifférente aux commérages, elle l'installe chez elle à Paris et achète une maison à Meulan pour y abriter leurs amours et lui offrir un lieu de retraite où il pourra lire et écrire loin des tentations parisiennes. Tous les historiens de Mme de Condorcet ont souligné avec raison le caractère sensuel de cette liaison et attribué à l'attirance physique un aveuglement incompréhensible chez une femme si exigeante. De là à conclure qu'elle a découvert les plaisirs des sens dans ses bras... A lire ses lettres d'amour, écrites pour la plupart de sa maison de Meulan[44] (Maillia usant de mille prétextes pour rester à Paris), on a le sentiment que la passion physique a

42. Maillia Garat a fait son autoportrait dans une lettre à Sophie de Condorcet publiée dans C. Léger, *Captives*, p.149: 'Un tempérament vif et voluptueux, une âme active et tendre, un esprit paresseux, et une imagination extrêmement mobile, voilà avec quelles données la nature m'a jeté dans la vie.'

43. Sophie de Grouchy, marquise de Condorcet, *Lettres sur la sympathie* suivies de *Lettres d'amour*, éd. Jean-Paul de Lagrave (Montréal et Paris, 1994), p.40-41.

44. Bien qu'aucune de ces lettres ne soit datée, le fait qu'elles soient presque toutes écrites de sa maison de campagne achetée en 1798 nous incline à penser qu'elles couvrent la seconde période de leur liaison, qui va du retour d'Italie de Maillia (fin août 1798) à leur rupture en 1800.

cédé le pas à l'espérance d'une vie conjugale à la manière de celle qu'elle a connue avec Condorcet, presque comme un prolongement de celle-ci. Elle lui recommande d'avoir 'bien soin de [son] enfant',[45] Eliza, et émet à plusieurs reprises le vœu d'en avoir un de lui.[46] Simultanément et loin de l'aveuglement qu'on lui prête, elle ne cesse de le rappeler à ses devoirs: essentiellement des devoirs de réussite. Avant que l'oncle Garat ne le fasse nommer au Tribunat, après le 18 brumaire, Maillia s'est crû un destin d'intellectuel. D'ailleurs, le journal des idéologues, la *Décade philosophique*, lui a ouvert ses colonnes. Mais l'écriture exige un travail et une ascèse trop chers payés à ses yeux. Comme certains velléitaires, il évoque de grands projets à venir qui ne manqueront pas de sceller son succès.

Sophie n'attend que cela pour se convaincre que cet amour n'est pas indigne de la femme de Condorcet. Ses lettres, qui ne manquent pas de lucidité, sont remplies de cette espérance: 'J'ai quelques droits à te demander d'exécuter enfin ce beau travail que tu projettes [...]. La maudite paresse t'aurait-elle encore empêché de prendre note des lectures à faire?' Un peu plus loin, elle évoque les 'moyens que ne peut voir enfouis sans malheur celle qui [...] aime par-dessus tout [Maillia] pour [lui]-même et qui met quelque orgueil [...] à ce que la gloire comme l'estime place [son] nom à côté des noms les plus vénérés et les plus glorieux'.[47] Elle réitérera à plusieurs reprises ces appels aux travaux intellectuels et à la gloire, qu'elle peut mieux qu'aucune autre stimuler: 'Vous ne persuaderez à personne que vous n'êtes pas lié avec la femme la plus capable de vous porter au travail, d'en partager les méditations, d'en adoucir les efforts, d'en apprécier les succès.' Elle finit par lui reprocher son absence de volonté, qui aurait dû 'arracher de [lui] des travaux suivis [qu'il a] refusés à [sa] gloire et au bonheur de [sa] Soph'.[48]

Ces quelques extraits de lettres révèlent à quel point Sophie désirait reconstituer avec Maillia le couple qu'elle avait formé avec Condorcet.[49] Un couple d'intellectuels dont elle aurait été l'égérie stimulante, l'alter ego solidaire. Ils dévoilent aussi un trait de caractère essentiel à la compréhension du personnage: c'est une femme mue par le désir de gloire, qu'il ne faut pas confondre avec le rêve de célébrité qu'engendre parfois les ambitions sociales. Elle aime ceux qui, par leur intelligence,

45. S. de Grouchy, 'Lettre II', des *Lettres d'amour*, éd. J.-P. de Lagrave, p.195.
46. S. de Grouchy, 'Lettre III' et 'Lettre VIII' des *Lettres d'amour*, p.197 et p.208.
47. S. de Grouchy, 'Lettre première' des *Lettres d'amour*, p.192-93.
48. S. de Grouchy, 'Lettre VIII' des *Lettres d'amour*, p.206-207.
49. Après leur rupture, Maillia reprochera à Sophie l'ombre envahissante de Condorcet sur leur couple. Il évoque un aveu qu'elle lui aurait fait et qui l'aurait jeté dans le malheur: 'Dans vos bras, écrit-il, j'ai été sans cesse poursuivi par l'image de celui qui y remplit une place'; cité par C. Léger, *Captives*, p.151-53.

leur talent et leur travail, se hissent au-dessus des autres; ceux qui par leur audace et leur courage marquent leur temps. Peu lui importe la célébrité pourvu que l'on puisse être reconnu par ses pairs et inscrit dans la postérité. Pour elle, l'admiration est la forme supérieure de l'amour, qui laisse loin derrière elle les vertus traditionnelles telles que la fidélité. Lors de ses séjours prolongés à Paris, Maillia la trompait, ce qu'elle ne devait pas totalement ignorer. Mais là n'était pas l'essentiel. Elle ne rompra que lorsque le bruit courra qu'il allait épouser Aimée de Coigny. Le 22 brumaire (13 novembre 1800), elle lui écrit: 'Je te rends donc la promesse que tu m'as faite de n'épouser jamais que moi et je rétracte toute celle par laquelle j'y répondis.'[50] En l'assurant de sa profonde affection, elle met fin à une erreur de jugement qui s'était prolongée pendant cinq ans.

La légende veut qu'elle rencontre son dernier amour en 1801, sur les bancs du grand amphithéâtre du Muséum, au Jardin des Plantes. Le maître botaniste René Desfontaines (1750-1833) y donnait des cours trois fois par semaine à sept heures du matin durant les mois de mai, juin, juillet et août. L'assemblée y était nombreuse (500 ou 600 personnes) et mondaine. Outre les apprentis botanistes, on y croise le jeune baron de Frénilly, Mme de Noailles ou Joséphine de Beauharnais.[51] Fauriel et Mme de Condorcet sont des amateurs éclairés, si l'on en juge par les lettres échangées avec le botaniste J. Dupont.[52] Mais peut-être ont-ils fait connaissance chez Cabanis,[53] qui fut le professeur d'hygiène de Fauriel en 1794-1795 à la toute nouvelle Ecole Normale Supérieure. Ce qui est sûr, c'est que l'un et l'autre partagent la même passion pour les travaux intellectuels. Lui aussi venu de province (Saint-Etienne) pour faire carrière à Paris dans les lettres, Fauriel, contrairement à Garat, est un travailleur infatigable doté d'une véritable vocation. En 1801, il a vingt-neuf ans et elle, trente-sept. C'est un charmant jeune homme aux boucles noires dont elle nous a laissé un joli portrait au crayon.[54] Il a de beaux yeux, des traits réguliers et une grande bouche, qui n'est pas sans rappeler celle de Condorcet. L'ensemble donne une impression de mélancolie et de fragilité. Quelque chose d'enfantin subsiste chez l'homme adulte, qui ne marque pas une grande virilité mais peut susciter l'intérêt des femmes. Il gagne sa vie comme secrétaire de Fouché,

---

50. S. de Grouchy, 'Lettre XVII' des *Lettres d'amour*, p.227.
51. Auguste Chevalier, *La Vie et l'œuvre de René Desfontaines* (Paris, 1939), p.117-18.
52. Paul Glachant, et Victor Glachant, *Lettres à Fauriel conservées à la Bibliothèque de l'Institut* (Paris, 1902), p.34-35.
53. Jean-Baptiste Galley, *Claude Fauriel, membre de l'Institut, 1772-1843* (Paris, 1909), p.68. Il évoque une lettre datée du 25 novembre 1799, qui prouve que Fauriel entretenait des relations amicales avec Cabanis.
54. On peut l'admirer à la Bibliothèque de l'Institut de France.

ministre de la Police, depuis l'automne 1799. Ce dernier l'estime assez pour lui confier des missions délicates comme le rapport sur le marquis de Sade. Hors des heures de bureau, Fauriel se consacre à la poésie, à la littérature et aux langues étrangères. Il a été recruté par la *Décade philosophique* pour rédiger des articles de fond sur les nouveaux ouvrages. Il se fait remarquer par un long compte rendu de l'œuvre de Mme de Staël, *De la littérature*, qu'elle a pris soin de lui envoyer le 26 avril 1800.[55] Dès le mois suivant, il publie une véritable étude du livre, qui s'échelonne sur trois numéros (30 mai, 9 et 19 juin 1800). L'article, admiratif et critique à la fois, est remarqué. Mme de Staël le remercie et lui annonce qu'elle tiendra compte de ses réflexions dans la seconde édition. Il la fréquente souvent en 1801, ainsi que Benjamin Constant, qu'il connaît depuis plus longtemps. Généreux et attentif, Fauriel lui rend mille services auprès de Fouché pour ses amis émigrés. Certains billets de Mme de Staël à cette époque laissent à penser qu'elle éprouva plus que de l'amitié pour lui, mais rien n'indique qu'il en fût de même de son côté. Il semble plutôt fuir cette femme envahissante au profit du salon de Sophie, l'éternelle rivale.

On ignore si leur liaison commença en 1801 ou en 1802, mais plusieurs témoins évoquent celle-ci comme un fait acquis durant l'hiver 1801-1802. Seule une lettre de Julie Talma à Constant jette le trouble sur cette datation. En effet, c'est le 30 pluviôse An IX (19 février 1801) qu'elle écrit:

> Je soupçonne le sauvage Fauriel [sobriquet que lui vaut son goût de la solitude] dévoré d'ennui. Il a certaines brusqueries qui ressemblent à du dégoût. [...] son véritable tort est de s'être livré à un engouement irréfléchi comme l'est tout engouement, d'avoir formé avec beaucoup d'imprudence des liens qui commencent à lui peser. Par pressentiment peut-être, et par prudence, il voulait y mettre du mystère, il ne voulait point prendre d'engagement public, on l'a entraîné par un sentiment contraire plus loin qu'il ne voulait. Je crois qu'il s'en dépite et qu'il fera payer par beaucoup d'humeur le prix de sa liberté perdue.[56]

Malgré les prévisions pessimistes de la bonne amie Julie, le couple que forment Fauriel et Sophie perdurera paisiblement jusqu'à la mort de cette dernière. Dès le printemps 1802, Fauriel quitte sa place au ministère de la Police[57] pour rejoindre le cercle des idéologues qui se

---

55. G. de Staël, 'Lettre I', dans *Correspondance générale*, éd. Béatrice Jasinski (Paris, 1976), p.266.
56. J. Talma, *Lettres*, p.65. A moins d'une étourderie de Julie ou d'une erreur de transcription de la baronne de Rebecque, il faudrait conclure à un remplacement plus rapide de Maillia que ce qui a été dit.
57. Il est vrai qu'il avait annoncé sa résolution de démissionner dès mars 1801, mais l'élimination, en janvier 1802, des tribuns de l'opposition qui se retrouvaient dans le salon de Sophie dût le décider à passer à l'acte. Par ailleurs, son installation chez Sophie le soulageait de la nécessité de gagner sa vie.

réunissent chez Mme de Condorcet et représentent l'opposition à Bonaparte, devenu consul à vie. Dénué de toute ambition sociale et politique, il peut se consacrer à ses travaux intellectuels, qui sont considérables. En effet, il mène de front des études multiples, fort novatrices à l'époque. Passionné par la philologie et l'étude des langues étrangères, notamment orientales, il maîtrise, outre les langues classiques, les principales langues vivantes. Il étudie l'arabe et devient l'un des premiers à apprendre le sanscrit en Europe. Il recueillera une énorme quantité de matériaux sur des dialectes peu connus tels le basque, le breton, le gaélique et le vieil allemand. Grand amateur de poésie, il traduira le poème allemand *La Parthènéide*, de son ami Jean Baggesen, ainsi que deux tragédies italiennes de Manzoni. Connu des spécialistes pour ses travaux sur la littérature du Moyen Age, en particulier celle de Provence et d'Europe méridionale, Fauriel est avant tout un chercheur infatigable, doté d'une érudition impressionnante. Maître d'une discipline rare, son nom et ses travaux sont aujourd'hui oubliés. Pourtant, bien qu'ayant peu publié et parfois anonymement, tout ce qui compte chez les intellectuels du dix-neuvième siècle lui a rendu un vibrant hommage. Parmi eux, ses amis l'historien Augustin Thierry, qui salue 'la plus vive et la plus salutaire influence' qu'il exerça, 'en histoire, comme en critique, en poésie, en philosophie et dans toutes les branches enfin de la littérature',[58] et Stendhal, qui admire ses 'profondes recherches' et le considère d'ailleurs (avec Mérimée et lui-même!) comme l'un des rares exemples 'de non-charlatanisme parmi les gens qui se mêlent d'écrire'.[59] Mais aussi deux des plus grands critiques de l'époque: Sainte-Beuve et Ernest Renan. Le premier, qui lui a consacré un long article dans ses *Portraits contemporains*, conclut, trois ans après sa disparition, que ses 'travaux [en] font un des maîtres les plus originaux de notre temps, un de ceux qui ont avancé d'au moins vingt ans sur les idées courantes et, à vrai dire, le premier critique français *qui soit sorti de chez soi*'.[60] Quelques années plus tard, Renan écrira à son tour que Fauriel 'était sans contredit l'homme de notre siècle qui a mis en circulation le plus d'idées, inauguré le plus de branches d'études, et aperçu, dans l'ordre des travaux historiques, le plus de résultats nouveaux'.[61]

Cette digression sur l'œuvre de Fauriel, aujourd'hui oubliée, est nécessaire pour comprendre les raisons du long attachement de Mme de Condorcet. On a parfois insisté sur leur différence d'âge et

58. Augustin Thierry, dans Léo Joubert, 'Fauriel (Claude)', *Nouvelle Biographie générale*, éd. Ferdinand Hoefer (Paris, 1856), t.17, p.188.
59. Stendhal, *Vie de Henri Brulard*, p.87 et *Souvenirs d'égotisme*, p.1429.
60. Sainte-Beuve, Charles-Augustin, *Portraits contemporains* (Paris, 1859 [2ᵉ éd., Paris, 1847]), t.4, p.164; souligné dans le texte.
61. Cité par C. Léger, *Captives*, p.167.

l'apparente absence de sensualité de Fauriel pour en conclure à une sorte de relation mère-fils. Il est vrai que des témoins de l'époque, telles Julie Talma ou Mme Pastoret, ont souligné cet aspect-là de leur liaison. Mais nous pensons pour notre part que l'essentiel est ailleurs. Non seulement Fauriel partage avec Sophie les mêmes valeurs, les mêmes idées politiques et les mêmes amis,[62] mais elle-même trouve en cet intellectuel de haut niveau un savoir encyclopédique et un objet d'admiration que la jeune Sophie n'aurait pas renié. Une fois encore, c'est l'admiration qui commande ses sentiments. Admiration d'un genre particulier, puisqu'elle est avant tout de l'ordre de l'esprit. Pour en saisir l'origine et la portée, il nous faut en revenir à la jeune Sophie de Grouchy.

Une fille des Lumières

Elevée à Villette, le château familial des Grouchy, Sophie n'a pas subi l'exil dans un couvent dès l'âge de sept ans comme nombre de ses congénères. Elle a bénéficié d'une éducation soignée, instruite comme ses frères par un précepteur de qualité. Un témoin de cette époque évoque 'la musique, la peinture, le latin, le grec, toutes les langues, toutes les sciences'[63] apprises par elle. Au sujet de Sophie, sa mère n'hésite pas à parler de ses 'ressources infinies',[64] propos confirmés par l'oncle Dupaty, en extase devant l'esprit, la raison et les écrits de l'adolescente. Elle lit beaucoup, y compris en anglais, et se délecte des pensées de Marc-Aurèle. Pour pourvoir à son établissement, on l'expédie à dix-neuf ans au chapitre de Neuville-en-Bresse, réservé aux jeunes filles de la noblesse. Ces chanoinesses laïques non soumises à la claustration restaient libres de se marier. Leur vie n'avait rien d'austère et, moyennant la seule obligation d'assister aux offices, elles jouissaient de revenus confortables. L'ennui était tel que Sophie fit ses premières armes de traductrice de l'anglais et de l'italien. Elle traduisit des vers de Young et les poèmes du Tasse. Comme cela ne suffisait pas à l'occuper, elle fit une véritable orgie de lectures défendues (par sa très pieuse mère), notamment celles de Voltaire et Rousseau, qui la marquèrent à vie. Lorsqu'elle rentra dix-huit mois plus tard à Villette, elle était devenue radicalement athée et rationaliste, au plus grand désespoir de ses parents.

Comme elle l'écrira elle-même des années plus tard, Rousseau lui avait enseigné 'l'enthousiasme de la liberté et de la vertu' et Voltaire l'avait

---

62. Non seulement Fauriel s'était lié à tous les idéologues (Ginguené, Volney, Garat, Constant, Jordan, etc.), mais il était devenu l'ami le plus respecté de Cabanis, beau-frère de Sophie et son intime le plus proche.
63. A. Guillois, *La Marquise de Condorcet*, p.25.
64. A. Guillois, *La Marquise de Condorcet*, p.25-26.

éveillée 'sur les funestes effets du fanatisme et de la crédulité'.[65] Même si sa préférence va au premier, plus touchant et sensible que le second (pourtant plus convaincu de l'égalité des sexes que le Genevois!), Sophie est définitivement acquise à la philosophie des Lumières. Au contact de son oncle Dupaty et de Condorcet, tous deux impliqués dans la défense de trois innocents condamnés à la roue en 1785 (l'exécution avait été suspendue grâce à l'intervention de Dupaty), Sophie élargit le champ de ses connaissances et de ses intérêts. Elle découvre les idées révolutionnaires de Beccaria sur la justice et la peine de mort, dont le livre phare, *Des Délits et des peines*, a été traduit par Morellet. Au contact de Condorcet, elle s'imprègne des idées nouvelles héritées des encyclopédistes, rencontre les savants et philosophes des académies; bref, elle baigne dans un milieu intellectuel exceptionnel, où l'acquisition des connaissances est une pure jouissance. Bonne élève, Sophie, à peine mariée, suit les cours (publics et ouverts aux deux sexes) du tout nouveau Lycée, dont les professeurs comptaient parmi les savants et les littérateurs les plus qualifiés.[66] Assise au premier rang, elle était si assidue qu'un de ses admirateurs[67] lui donna un surnom qui lui resta: la Vénus lycéenne. C'est donc sans étonnement qu'on la retrouve six ans plus tard, dans l'amphithéâtre du Muséum, prenant des notes aux cours de Desfontaines.

Des idées nouvelles à la politique, il n'y avait qu'un pas que très peu de femmes osèrent franchir et que toutes payèrent au prix fort. Au mieux: l'exil; au pire: la folie et la mort. Sophie, on l'a vu, n'a fait de la politique que dans son salon. Sa plus grande audace fut de recevoir à l'été 1792, rue de Lille, les délégations des Fédérés qu'elle encouragea à lutter pour la liberté. Mais ni son statut d'égérie ni son nouveau rôle de mère (qu'elle remplit fort bien) ne pouvaient suffire à satisfaire ses exigences intellectuelles et peut-être aussi son propre désir de gloire. Pour ce faire, elle procéda avec habileté. En bonne rousseauiste, mais aussi stoïcienne, elle s'intéressait au fondement de la morale et en particulier à la sympathie. Or il se trouve que le philosophe écossais Adam Smith, qui avait déjà publié sur ce sujet, était au cœur des discussions du salon Condorcet. On n'y parlait pas seulement du sujet qui intéressait Mme de

65. S. de Grouchy, Lettre IV, p.68. La pagination renvoie à la présente édition des *Lettres sur la sympathie*.
66. Le Lycée ouvrit ses portes en janvier 1786. Marmontel, secondé par Garat, dirigeait le cours d'histoire; La Harpe, la littérature; Fourcroy, la chimie et l'histoire naturelle; Deparcieux et Monge, la physique; Condorcet, les mathématiques, avec un jeune collaborateur, Lacroix.
67. Il s'agit du baron allemand Anacharsis Clootz (1755-1794), futur grand apologiste de la Révolution française, à laquelle il participa avec enthousiasme. Celui qui se nommait lui-même 'l'orateur du genre humain' fut guillotiné le 24 mars 1794, en même temps que les Hébertistes.

Condorcet, on évoquait aussi avec passion l'ultime et si novateur ouvrage de Smith: *La Richesse des nations*, publié en 1776. Un mois après la mort de l'auteur, survenue le 17 juillet 1790, *Le Moniteur* annonçait la parution prochaine d'une traduction des deux premiers volumes de ce livre (qui en comptait quatre) et d'un cinquième volume de notes du marquis de Condorcet.[68] C'est sans doute à cette époque que Sophie se mit au travail. Mais au lieu de publier directement son point de vue sur la première œuvre de Smith, *La Théorie des sentiments moraux* (1759), elle jugea plus utile de procéder à une nouvelle traduction[69] du texte, largement revu et augmenté par l'auteur quelque temps avant sa mort. La traduction achevée, elle décida de la faire suivre de ses propres réflexions sur le sujet,[70] sans épargner ses critiques de Smith, le tout sous une même couverture. Le projet, qui ne manquait ni d'ambition pédagogique ni d'une apparente modestie, ne verra le jour qu'en 1798.

Mais il n'est pas indifférent de savoir qu'elle l'entreprit du vivant de son mari, lui-même occupé par les théories de l'Ecossais. L'indice de cette simultanéité de leurs travaux se trouve dans deux lettres de Sophie à Etienne Dumont, parfait anglophone puisqu'il vivait à Londres, que l'on peut dater d'août 1791 et du printemps 1792.[71] Alors que Dumont est de passage à Paris pour quelques semaines entre mars et mai 1792, elle lui envoie ses 'manuscrits informes' (peut-être sa traduction à corriger)[72] et lui signale qu'elle a 'égaré sa huitième lettre sur la sympathie'. Autrement dit, l'essentiel du travail est accompli. Peut-être est-ce la raison pour laquelle elle s'est mise à l'écriture d'un roman, comme on le constate dans cette même lettre de 1792, lorsqu'elle évoque ce 'fatras [où] il n'y a encore que quelques faibles traces de développement de passions et de caractère'. Le roman ne vit jamais le jour, mais en 1799 elle raconta à Humboldt qu'elle l'avait conçu plusieurs années auparavant, que le plan en était entièrement achevé et qu'elle en avait écrit quatre-vingts pages: 'L'idée principale en est le contraste de l'amour d'un sauvage et d'un homme civilisé pour une même femme civilisée',[73] thème inspiré à l'évidence de son cher Rousseau.

Traduction, essai philosophique, roman: dès le début de la Révolution, Sophie s'était essayée à tous les genres littéraires qui pouvaient valoir quelque gloire à une femme. Si elle renonça à l'œuvre d'imagination (elle

68. Ce cinquième volume annoncé ne fut jamais publié.
69. Les deux précédentes traductions du livre, celle de 1764, par Eidous, et celle de 1774-1775, par l'abbé Blavet, avaient été jugées très défectueuses.
70. Ces réflexions paraissent sous la forme de huit *Lettres sur la sympathie*.
71. J. Martin, 'Achille du Chastellet', p.111 et p.121.
72. Dès le 20 août 1791, elle lui dit son bonheur de l'avoir pour correcteur; voir J. Martin, 'Achille du Chastellet', p.111.
73. W. von Humboldt, *Journal parisien*, p.267.

était probablement plus analytique que créatrice), la tourmente politique passée, elle publia en janvier 1798 sa traduction suivie de son essai.[74] L'accueil fut chaleureux, parfois même enthousiaste. Non seulement parce qu'elle comptait nombre d'amis parmi les critiques littéraires,[75] mais aussi parce que sa traduction était excellente et ses *Lettres sur la sympathie*, tout à fait dans l'air du temps. Trois témoins, peu suspects de complaisance, ont exprimé tout l'intérêt qu'ils portaient à son œuvre. L'abbé Morellet trouve la traduction 'parfaitement bien et d'une personne à qui les idées abstraites sont familières et qui les rend avec élégance et en même temps simplicité'.[76] Humboldt, qui n'est pas tendre pour elle, y consacre plusieurs pages de son *Journal*,[77] mêlant critiques et approbations. Mais c'est à Mme de Staël que revient la palme des compliments qui durent aller droit au cœur de Sophie:

> Il y a, dans ces lettres [sur la sympathie], une autorité de raison, une sensibilité vraie mais dominée, qui fait de vous une femme à part. Je me crois du talent et de l'esprit, mais je ne gouverne rien de ce que je possède [...]. Je vous ai admirée et dans vous et par un retour sur moi [...]. C'est du calme sans froideur, de la raison sans sécheresse.[78]

Même en faisant la part de la politesse, l'appréciation de celle qui sera bientôt la première intellectuelle de son temps n'est pas sans signification. La rivale de toujours est traitée en égale.

En vérité, Sophie de Condorcet ne montra ni les talents ni la puissance créatrice de Mme de Staël. Pourtant, même si elle ne publia qu'un seul ouvrage, elle avait les goûts et l'étoffe d'une authentique intellectuelle. Grâce aux récentes trouvailles de Jean-Nicolas Rieucau,[79] on mesure pour la première fois la part importante qui fut la sienne, entre 1798 et 1800, et tout particulièrement dans l'édition des *Œuvres* de Condorcet. Certes, ce travail obscur ne servait pas directement sa gloire personnelle.

---

74. La *Gazette de France* et le *Mercure* annoncèrent sa sortie, respectivement les 25 et 29 janvier 1798.
75. Pierre-Louis Roederer, grand ami du couple Condorcet, écrivit un long et élogieux article dans le numéro 291 du *Journal de Paris* (dont Condorcet avait été le collaborateur fidèle durant la Révolution), daté 21 messidor An VI (9 juillet 1798). Les amis de la *Décade philosophique* firent mieux, en y consacrant deux numéros successifs, les 20 et 30 prairial (8 et 18 juin). Mais aux dires de Humboldt, Roederer était moins enthousiaste dans ses propos privés.
76. A. Morellet, *Lettres d'André Morellet*, éd. Dorothy Medlin, Jean-Claude David et Paul LeClerc, 3 vol. (Oxford, 1991-1996), t.2 (1994), p.237.
77. W. von Humboldt, *Journal parisien*, p.175-78.
78. G. de Staël, 'Lettre I', dans *Correspondance générale*, p.139. Cette lettre est adressée à Sophie de Condorcet et datée du 20 mai (1798).
79. Voir Jean-Nicolas Rieucau, 'Quatorze lettres inédites de Sophie de Grouchy et les éditeurs des *Œuvres* dites *complètes de Condorcet*', *Recherches sur Diderot et l'Encyclopédie* 39 (octobre 2005), p.125-55.

Mais c'était la meilleure façon de perpétuer la mémoire de son époux et du nom qu'elle portât jusqu'à son dernier jour.

D'une certaine façon, sa vie intellectuelle s'arrêta avec lui. Tous deux enfants d'un monde disparu, celui des Lumières prérévolutionnaires, son mari emporté par les idées qu'ils avaient eux-mêmes promues, Sophie restait seule avec leur héritage. Ce nouveau monde, ce nouveau siècle n'étaient plus les siens. C'est peut-être ce qui explique que certains l'ait jugée 'prétentieuse',[80] et d'autres 'ennuyeuse', voire 'hypocrite'.[81] En vérité, cette femme des Lumières, aux valeurs et aux manières surannées, n'avait plus sa place dans une société dominée par Napoléon, un maître qui détestait les intellectuels.

---

80. W. von Humboldt, *Journal parisien*, p.161.
81. Les deux qualificatifs sont de Julie Talma, *Lettres*, p.122 et 133.

Un double service rendu à la postérité: la *Théorie des sentiments moraux* par Adam Smith, suivie des *Lettres sur la sympathie*

CATRIONA SETH

Le 1er germinal An VI (21 mars 1798), la *Gazette nationale ou le Moniteur universel* inclut, dans la section 'Livres divers', l'annonce d'une publication nouvelle vendue chez le libraire Buisson:

> *Théorie des sentiments moraux*, ou essai analytique sur les principes des jugements que portent naturellement les hommes, d'abord sur les actions des autres, et ensuite sur leurs propres actions; suivi d'une dissertation sur l'origine des langues, par Adam Smith; traduit de l'anglais, sur la septième et dernière édition, par S. Grouchy, v^e Condorcet, qui y a joint huit lettres sur la *Sympathie*; 2 vol. in-8°, imprimés sur papier carré fin et caractères de cicero Didot. Prix, 9 liv. broch. Et 12 liv. franc de port par la poste.[1]

Absente des biographies littéraires – même de nos jours[2] – la veuve de Condorcet faisait là un premier pas décisif dans le monde des lettres.

Considérée comme l'une des plus belles femmes de son temps, Sophie de Grouchy, la sœur du futur maréchal, s'était mariée en 1786. Le salon qu'elle tint alors à l'Hôtel des Monnaies ne fit qu'accroître sa réputation et constitua un passage obligé pour les plus libéraux d'entre les intellectuels du temps comme pour bon nombre d'étrangers en visite à Paris.[3] Rien ne la prédisposait pourtant à être comparée, ainsi qu'elle le sera dans un article de journal en l'An VI, à la marquise Du Châtelet, mathématicienne et philosophe, auteur d'un 'double service à la postérité' en tant que traductrice des *Principes* de Newton et rédactrice d'un commentaire.[4] Cette nouvelle corde rajoutée à son arc, la

---

1. *Gazette nationale ou le Moniteur universel* 181, p.728.
2. Elle est absente du *Dictionnaire des lettres françaises* de Georges-François Grente, y compris dans la version mise à jour de l'édition de François Moureau, 3 vol. (Paris 1994-1996).
3. Malgré ce que l'on a parfois affirmé, les époux Condorcet semblent n'avoir jamais reçu Adam Smith.
4. Jacques-François-Marie Vieilh de Boisjoslin, '*Théorie des sentimens moraux, ou Essai analytique sur les principes des jugemens que portent mutuellement les hommes, d'abord sur les actions des autres, et ensuite sur leurs propres actions; suivie d'une Dissertation sur l'origine des langues, par Adam Smith, traduit de l'anglais, sur la septième et dernière édition*, par S. Crouchy [Grouchy], veuve Condorcet. Elle y a joint huit *Lettres sur la sympathie*. 2 vol. in-8°; prix 9 liv., et franc de port dans les départemens, 12 liv. A Paris, chez F. Buisson, imprimeur-libraire, rue Haute-Feuille,

'citoyenne Condorcet' la doit à la publication annoncée plus haut et dont l'intérêt était double: les deux volumes comprenaient une traduction nouvelle de la *Théorie des sentiments moraux* par Adam Smith, suivie des *Lettres sur la sympathie*, dont elle était l'auteur. La publication constitua un véritable événement dans un panorama littéraire plus marqué par le foisonnement des romans gothiques que par les ouvrages de réflexion. Mme Pastoret écrivit à Mme de Staël pour lui en faire part. L'auteur des *Lettres sur Jean-Jacques Rousseau* se disait alors empressée de lire l'ouvrage.[5] Elle enverra d'ailleurs ses félicitations à l'auteur des *Lettres sur la sympathie* lorsqu'elle aura pris connaissance de son texte[6] et la destinatrice s'en targuera dans sa société.[7] Humboldt évoque les pages de la ci-devant marquise de Condorcet dans son journal et témoigne de l'intérêt qu'y accordaient les milieux lettrés de la capitale.[8] Si l'œuvre originale a souvent été saluée et commentée, c'est sur la traduction de l'ouvrage du philosophe écossais que nous souhaiterions nous concentrer ici.

On pourrait croire, en effet, que cette nouvelle traduction de la *Théorie des sentiments moraux* qui précède les *Lettres* ne serait jugée que de peu d'importance par les contemporains. Il n'en est rien. Cela peut s'expliquer dans la mesure où les textes de Sophie de Condorcet semblent dialoguer avec l'ouvrage du penseur écossais auquel ils font suite. Mais il ne s'agit pas là de la seule raison. Rappelons l'histoire des différentes versions données en français. L'édition originale de Smith remonte à 1759; la première traduction date de 1764, ce sont les deux volumes in-12 de la *Métaphysique de l'âme ou Théorie des sentiments moraux* dus à Marc-Antoine Eidous, un proche de Diderot (aucun nom ne figurant sur la page de titre, cet ouvrage est souvent décrit comme anonyme).[9] Saluant le texte préparé par Sophie de Condorcet, la *Décade* affirme ceci à propos du travail de son prédécesseur:

> on peut dire que la première traduction de l'ouvrage alors récent de Smith était un grand éloge de cette première production du Philosophe écossais: mais malheureusement, c'est à peu près au seul mérite d'avoir apprécié la

n°. 20. An VI de la République. / Premier Extrait', *Décade* 26 (20 prairial An VI [8 juin 1798]), p.470. Boisjoslin (1760-1841) est l'auteur de poésies et d'une comédie; traducteur de *La Forêt de Windsor* de Pope, il est le successeur de Ginguené à la *Décade*.

5.   Germaine de Staël, *Correspondance générale*, éd. Béatrice Jasinski (Paris, 1976), p.126-27.
6.   G. de Staël, *Correspondance générale*, p.139-40.
7.   Wilhelm von Humboldt, *Journal parisien*, p.193: 'Elle me montra une lettre que Mme de Staël lui avait écrite au sujet de son livre dont elle lui faisait des éloges exagérés.'
8.   W. von Humboldt, *Journal parisien*, p.175-77.
9.   Antoine-Alexandre Barbier, dans son *Dictionnaire des ouvrages anonymes*, 4 vol. (Paris, 1882), iii.289, lève l'anonymat de cette traduction de la *Métaphysique de l'âme, ou Théorie des sentiments moraux* d'Adam Smith (Paris, Briasson, 1764). Eidous traduisit plusieurs ouvrages; en particulier, en collaboration avec Denis Diderot et François-Vincent Toussaint, Robert James, *Dictionnaire universel de médecine* (Paris, Briasson, 1746-1748).

supériorité de l'écrit original, qu'il faut borner l'éloge du premier traducteur. Sa version est souvent inexacte, et sa diction, d'ailleurs sans élégance, est d'un écrivain tout à fait étranger au langage philosophique.[10]

Datée de 1774-1775, la deuxième version de la *Théorie des sentiments moraux* à avoir vu le jour[11] est due à Blavet, qui fut également traducteur, en 1781, des *Recherches sur les richesses des nations* de Smith.[12] Elle semble être passée inaperçue, comme le montre le silence de certains critiques, dont le journaliste de la *Décade*, qui jugeait si sévèrement le travail d'Eidous. Celle que fait paraître Sophie de Condorcet, en 1798 – toujours en deux volumes in-12 –, est donc la troisième traduction du même ouvrage. Elle a la particularité d'être accompagnée de ce que l'on pourrait envisager, selon les termes des études littéraires du temps, comme une amplification à partir de la notion de sympathie, largement développée par Smith: les *Lettres sur la sympathie* qui feront l'objet de nombre de commentaires dès la publication de l'ouvrage.

Toute retraduction pose d'emblée une question: pourquoi livrer une nouvelle version d'un texte existant? Dans le cas de Sophie de Condorcet, plusieurs raisons pourraient être avancées. Son travail sur la *Théorie des sentiments moraux* accompagne dès le départ, selon toute probabilité, une entreprise de son époux: un projet de commentaire et d'annotation des *Recherches sur la nature et les causes de la richesse des nations* de Smith.[13] Elle offre du texte de l'Ecossais une version que nombre de lecteurs – dont, par exemple, Victor Cousin, dans son ouvrage sur la philosophie moderne – qualifient de particulièrement fidèle et agréable. On peut ajouter un dernier motif, qui n'a pas tant trait à l'exercice de la traduction de la *Théorie* qu'à sa publication: traduire rapporte de l'argent. Nombre d'aristocrates et de gens de lettres ruinés se mettent, au lendemain de la Révolution, à offrir des versions de textes étrangers. Il suffit de songer aux traductions d'Ann Radcliffe données par André Morellet ou Victorine de Chastenay.

10. Boisjoslin, '*Théorie des sentimens moraux* [...]. Premier Extrait', p.462.
11. La correspondance d'Adam Smith et de Louis-Alexandre, duc de La Rochefoucauld d'Enville, indique que le duc avait entrepris de traduire la *Théorie des sentiments moraux* de l'économiste écossais que sa mère, la duchesse de La Rochefoucauld d'Enville, avait plusieurs fois accueilli à Paris ou à La Roche-Guyon. Voir *The Correspondence of Adam Smith*, éd. Ernest Campbell Mossner et Jan Simpson Ross (Oxford, 1977), *passim*.
12. Adam Smith, *Théorie des sentiments moraux*, trad. Jean-Louis Blavet (Paris, Valade, 1774-1775). Blavet est un abbé bisontin qui occupa la charge de bibliothécaire du prince de Conti. Il fut également censeur royal. Son intérêt pour l'agronomie explique peut-être sa traduction d'Adam Smith ainsi que celle de l'*Histoire d'Ecosse* de William Robertson.
13. Rappelons que le *Journal de Paris* annonce, le 4 juin 1790, la parution en deux volumes des *Recherches sur la nature et les causes de la richesse des nations* de Smith, trad. sur la 4e éd. par Jean-Antoine Roucher, suivies de notes par le marquis de Condorcet (Paris, Buisson, 1790). Voir Marie Breguet, 'Roucher traducteur d'Adam Smith', *Cahiers Roucher-André Chénier* 12 (1992), p.3-22. Les notes de Condorcet n'ont jamais été publiées.

Plusieurs de ces explications possibles sont étayées par des propos avancés dans la *Décade*, dont les journalistes sont, pour nombre d'entre eux, des amis et relations de Mme de Condorcet – son amant du moment, Mailla Garat, neveu du célèbre Joseph Garat, est un fréquent contributeur au périodique à partir de septembre 1796. Elle est restée proche de nombreux autres publicistes, dont Roederer, qui a donné son avis sur ses *Lettres* dans le *Journal de Paris*, mais n'hésite pas, dans une conversation privée, à être autrement moins élogieux à propos de cet ouvrage![14] Quoi qu'il en soit, dans la *Décade*, Boisjoslin assure que l'entreprise répond à un besoin du lectorat: 'l'imperfection de la première traduction, et la refonte d'une partie considérable de l'original, rendaient nécessaire une traduction nouvelle de la *Théorie des sentiments moraux*'. Il ne fait que répéter ce qu'avançait l'ouverture de son article: 'On avait besoin d'une nouvelle traduction de la *Théorie des sentiments moraux* de Smith'[15]. Cette nécessité se fonde sur deux constatations: d'abord, nous l'avons vu, les inexactitudes de la première version proposée par quelqu'un dont les compétences linguistiques semblent avoir été insuffisantes, selon le publiciste; ensuite, les modifications considérables apportées par le philosophe écossais à son ouvrage après la publication de l'édition utilisée par Eidous. En effet, la lecture de la page de titre de la *Théorie des sentiments moraux* de Smith, telle qu'elle est donnée en deux volumes in-8 chez Buisson en l'An VI, offre un nouvel élément, qui tient à cette mention: 'traduit sur la septième édition par S. Grouchy, veuve Condorcet'. Adam Smith n'a pas hésité à reprendre son ouvrage et à le remanier à plusieurs reprises de son vivant – il s'en explique d'ailleurs dans les éditions qui succèdent à l'originale. Le journaliste de la *Décade* insiste, pour le lecteur qui l'ignorerait, sur l'importance qu'il peut y avoir à prendre pour texte de départ la septième – et dernière – édition: Adam Smith est mort depuis, le 17 juillet 1790. C'est donc un véritable 'avantage' qui est procuré au lecteur, désormais assuré d'avoir entre les mains la version la plus complète d'un ouvrage de philosophie essentiel.[16]

---

14. W. von Humboldt, *Journal parisien*, p.193.
15. Boisjoslin, '*Théorie des sentimens moraux* [...], Premier Extrait', p.461-62.
16. Dans la traduction française la plus récente de l'ouvrage de Smith, Michaël Biziou, Claude Gautier et Jean-François Pradeau, 'Introduction: structure et argument de la *Théorie des sentiments moraux*', dans A. Smith, *Théorie des sentiments moraux*, trad. et éd. M. Biziou, C. Gautier et J.-F. Pradeau (1999; Paris, 2007), p.2-3, prennent appui sur cette même édition et expliquent ainsi ce choix: 'De son vivant, Smith fit paraître six éditions de la *Théorie des sentiments moraux*, en y apportant à chaque fois des corrections et des ajouts. La deuxième édition revue et modifiée parut dès 1761, la troisième en 1767, la quatrième en 1774, la cinquième en 1781, et la sixième, quelques mois avant sa mort, en 1790. Les troisième, quatrième et cinquième éditions ne contiennent que des corrections et des variantes mineures par rapport à la deuxième. Ce n'est qu'après la troisième édition augmentée de

Examinons maintenant une autre nécessité qui aurait pu conduire la traductrice à achever son œuvre et à la publier: veuve, seule pour élever sa fille Eliza, Sophie de Grouchy a vu ses revenus fondre comme neige au soleil au cours de la période révolutionnaire. Nombre de commentateurs le soulignent: après la mort de son mari, les traductions, puis la vente des droits dont elle dispose sur les inédits de Condorcet[17] constituent des expédients pour faire rentrer de l'argent. A ce propos, il peut être intéressant de rappeler un épisode souvent inconnu des biographes. L'abbé Morellet, ci-devant académicien, est de ceux, nous l'avons dit, qui se mettent à traduire pour s'assurer des rentrées d'argent désormais nécessaires – il ne s'en cache absolument pas dans ses souvenirs et rappelle que l'occupation obéissait à un besoin réel. A l'époque, de nombreux cas semblables surgissent: plusieurs individus désargentés, souvent des intellectuels ou des nobles nécessiteux, chacun dans son coin, entreprennent de donner une version de tel ouvrage – en particulier les romans anglais à la mode. Le plus souvent, le premier à sortir son livre tire seul son épingle du jeu: la seconde version est enterrée, même si elle était très avancée et, parfois, supérieure à celle qui voit le jour. Les *Mémoires* de Morellet racontent qu'en 1798, l'homme de lettres se trouve en concurrence pour une traduction de l'*Histoire de l'Amérique* de Robertson.[18] Laissons-lui la parole:

> J'eus, au sujet de cet ouvrage, une petite querelle avec le sieur Buisson, libraire, qui l'ayant fait traduire par Mme de C..., et s'étant engagé à lui payer ce travail 15 louis, dès qu'il se vit devancé par ma traduction, vint chez moi furieux et me fit des reproches amers, de ce que j'avais traduit Robertson, sachant bien que son projet était de le faire traduire. Il me menaçait de faire imprimer en quatre jours sa traduction, et de la donner à 25 sous pour faire tomber la mienne, si Denné ne lui remboursait pas les 15 louis qu'il avait, disait-il, déjà payés. Ses plaintes étaient les plus déraisonnables du monde. Il est bien vrai que j'avais quelque soupçon de son projet, mais je ne devais point de sacrifice à Mme de C..., ni à lui; j'avais traduit déjà quelques livres de la même *Histoire de l'Amérique* dans les quatre premiers volumes publiés par

l'*Enquête sur la nature et les causes de la richesse des nations*, en 1774, que Smith choisit de revoir le texte de sa *Théorie des sentiments moraux*. Ainsi donnera-t-il, en 1790, cette sixième et dernière édition, [...] parue en deux volumes, que nous traduisons ici.'

17. Le 14 ventôse de l'An VI (4 mars 1798), W. von Humboldt, *Journal parisien*, p.74, écrit: 'Lors de son dernier séjour à Paris, Sieveking a acheté à la veuve de Condorcet toutes les œuvres de feu son époux, imprimées comme inédites. Outre d'autres conditions fort contraignantes, il a payé vingt-sept mille livres; sur ce montant, une certaine somme est encore soumise à des intérêts de 5%. Je vis l'index complet de ces écrits. Parmi les inédits, il ne reste plus guère que de petits textes politiques circonstanciés et seulement deux œuvres véritables: la deuxième partie de son histoire des progrès de la raison humaine et un ouvrage sur les mathématiques intitulé, si je ne m'abuse, *Sur le calcul intégral*.'
18. A. Morellet, *Mémoires de l'abbé Morellet*, éd. J.-P. Guicciardi, ch.28 et n.368.

Suard. Suard, *fructidorisé*, pour parler le langage de nos temps malheureux, était réfugié à Anspach, et ne pouvait exercer l'espèce de droit qu'il avait à ce travail, et que je ne lui aurais pas disputé. J'étais d'ailleurs bien sûr qu'avec mon activité je devancerais ma rivale, et que peut-être même ma traduction paraîtrait non seulement avant que la sienne fût imprimée, mais avant qu'elle fût fort avancée. Je répondis d'abord vertement au sieur Buisson; mais lorsque je le vis radouci, ma bonhomie me porta à lui promettre que je tirerais de Denné les 15 louis qu'il me demandait, pour éviter cette lutte désagréable de libraire à libraire et de traducteur à traducteur; et en effet au bout d'une quinzaine, je lui avançai, pour le compte de Denné, sept louis et demi, la moitié de la somme, déterminé surtout à ce sacrifice par l'intérêt de Mme de C... qui, disait-on, était à cette époque vraiment dans le besoin.

Par la suite Denné ne me payant pas, et m'assurant que la stagnation des affaires l'avait empêché de vendre le Robertson, je fus bien forcé de refuser à Buisson les sept louis et demi restants; je lui accordai d'ailleurs toute permission d'imprimer le manuscrit de Mme de C...., en gardant les 180 livres que je lui avais données. Je n'en ai plus entendu parler depuis.[19]

L'éditeur de Morellet, Jean-Pierre Guicciardi, identifie Mme de C... à celle que les critiques du temps appelaient la 'citoyenne Condorcet'. On notera que le libraire Buisson est celui qui a publié sa traduction d'Adam Smith – tout comme les deux éditions de la traduction de la *Richesse des nations* par Roucher, à laquelle il était prévu d'ajouter un volume de notes de Condorcet. On soulignera également la véritable nécessité pécuniaire des uns et des autres: 'Mme de C... qui, disait-on, était à cette époque vraiment dans le besoin'. On ajoutera que Morellet n'aurait probablement pas concédé de sacrifice comparable à celui de ses sept louis et demi si la traductrice avait été une personne à lui inconnue, quelque obscur écrivaillon. L'importance du couple Condorcet dans le milieu intellectuel parisien, au cours des années précédant la Révolution, pourrait également rajouter au faisceau des coïncidences.

Laissons de côté les projets inaboutis. Que peut-on dire de la version publiée de la *Théorie des sentiments moraux*? Saluant le choix de 'Sophie Grouchy, veuve Condorcet' de prendre la septième et dernière édition de l'ouvrage de Smith comme texte de base, le journaliste de la *Décade* ajoute: 'C'est à nous d'annoncer qu'à cet avantage de compléter dans notre langue l'original anglais, cette traduction joint le mérite d'une scrupuleuse fidélité et d'une élégance de style qui n'en conserve pas moins dans toute la rigueur l'exacte précision de l'analyse.'[20] Une étude de la réception de la version met en évidence cette reconnaissance de sa qualité. Quittons un instant la France du lendemain de la Révolution. Loin du milieu de la *Décade* et plus de soixante ans plus tard, Baudrillart, professeur suppléant au Collège de France, préface une réédition du

---

19. A. Morellet, *Mémoires*, p.416-17.
20. Boisjoslin, '*Théorie des sentimens moraux* [...]. Premier Extrait', p.463.

texte dans la version de Sophie de Grouchy: 'Le lecteur pourra se convaincre que la pensée de Smith y est constamment rendue avec une exacte précision, et que l'on ne sent point, comme c'est l'écueil et la mode des traductions de nos jours, un idiome étranger percer à chaque moment sous la phrase française, et former, par le mélange de deux génies incompatibles, un langage informe, fatigant, quelquefois presque inintelligible.' Il précise: 'La traduction de Mme de Condorcet se lit sans aucune peine et n'a jamais besoin qu'on se la traduise à soi-même.'[21] On ajoutera que des compliments similaires figurent dans la version la plus récente du texte de Smith, présentée par une équipe de traducteurs (Biziou, Gautier et Pradeau) aux Presses universitaires de France en 1999, plus de deux siècles, donc, après la parution du travail de la 'citoyenne Condorcet'. Les retraducteurs modernes font même à Sophie de Condorcet le reproche d'avoir rendu la langue de Smith trop élégante en gommant certaines aspérités et répétitions.[22]

Les deux critères selon lesquels l'on peut tenter de cerner la qualité de la traduction sont sa lisibilité – est-ce que, ainsi que le soutient Baudrillart, le lecteur français a l'impression de lire un texte écrit directement dans sa langue? – et son exactitude – la version française réussit-elle à restituer les idées exprimées par Adam Smith? Il est peut-être temps de rappeler que les *Lettres sur la sympathie*, publiées à la suite de la traduction, répondent à certains des propos de Smith et, pourrait-on être tenté de dire, en corrigent ou en modulent certaines affirmations; en effet, pour le journaliste de la *Décade* (qui renvoie le compte rendu de cette partie originale de l'ouvrage à la livraison suivante du périodique), dans ce prolongement, Sophie de Grouchy, 'en suppléant aux omissions de Smith, a quelquefois combattu en philosophe'.[23] Il était, dès lors, d'autant plus important pour elle de donner une version fidèle de la *Théorie des sentiments moraux*. On peut même se demander si l'auteur de ces *Lettres* n'accomplissait pas, à sa façon, et pour le deuxième grand ouvrage de l'Ecossais, ce qui avait été le projet de son époux pour le premier. Alors que l'on croyait encore à l'existence à venir du volume de notes du marquis de Condorcet sur *La Richesse des nations*, le journaliste du *Moniteur* vantait ainsi un travail dont on attendait la parution prochaine: 'Soit qu'il combatte l'auteur original, soit qu'il veuille éclaircir ou étendre ses idées, on ne peut que recevoir avec confiance le travail d'un écrivain accoutumé à soumettre le raisonnement à la rigueur du

21. Henri Baudrillart, 'Introduction à la *Théorie des sentiments moraux*', dans A. Smith, *Théorie des sentiments moraux, ou Essai analytique sur les principes des jugements que portent naturellement les hommes, d'abord sur les actions des autres, et ensuite sur leurs propres actions; suivi d'une dissertation sur l'origine des langues*, trad. S. de Grouchy (Paris, 1860), p.xiii.

22. M. Biziou, C. Gautier et J.-F. Pradeau, 'Introduction', p.13.

23. Boisjoslin, '*Théorie des sentimens moraux* [...]. Premier Extrait', p.470.

calcul, sans lui ôter cette grâce qui attire et soutient l'attention des lecteurs.'[24] Il est impossible de vérifier l'hypothèse et ce n'en est pas ici le lieu; mais toujours est-il que le nom de Condorcet restait attaché à la version française de l'ouvrage d'économie politique de Smith.

Revenons à la traduction qu'offre la ci-devant marquise. Pour mettre en évidence ses qualités et afin de permettre au lecteur d'en juger par lui-même, Boisjoslin, le critique de la *Décade*, n'hésite pas à en comparer des passages avec la *Métaphysique de l'âme* qu'avait donnée Eidous. Ses exemples isolent différentes maladresses du premier traducteur et, par réfraction, saluent le texte proposé par Sophie de Grouchy:

> 'Nous pouvons, dit Smith (et nous nous servons ici de la traduction nouvelle), nous pouvons pardonner à nos amis d'être peu sensibles aux bienfaits que nous recevons; mais nous ne pouvons souffrir de les trouver indifférents aux injures qu'on nous a faites.'
>
> L'ancienne version traduit ainsi: 'Nous leur pardonnerons sans peine l'in-différence qu'ils témoignent *pour les faveurs qu'ils ont reçues de nous*; mais leur insensibilité pour les injures qu'on nous a faites, *met notre patience à bout.*' Les faveurs *qu'ils ont reçues de nous* sont un contresens de l'ancien traducteur, qui, par conséquent, ne s'entendait pas lui-même dans le reste du passage.[25]

Un contresens est une critique objective et irréfutable. Boisjolin en souligne d'autres. Il rappelle que, selon Smith, les hommes ont souvent renoncé volontairement à la vie pour acquérir, après leur mort, une renommée dont ils ne pouvaient être témoins. Il persifle en rapportant la version de 'l'ancien traducteur, qui ne s'entendait guère lui-même à ce qu'il paraît': 'Pour acquérir, après leur mort, une réputation *qu'ils ne pouvaient plus conserver*'. Au surplus, il y a des choix qui rendent parfois le texte d'Eidous à la limite du compréhensible. Boisjoslin cite la phrase suivante: 'Nous gardons tous nos égards et tout notre respect pour cette douleur silencieuse et noble qui, malgré la réserve des manières, se découvre dans l'altération des traits et dans l'abattement des regards.' Voilà qui ne pose aucun problème de compréhension. En revanche, selon l'expression du critique, 'Voici la ridicule version de l'ancien traducteur. Nous respectons le silence modeste et majestueux qui *ne se manifeste que par l'enflure des yeux.*'[26] On ne peut qu'être d'accord avec le publiciste: un silence qui se manifeste par l'enflure des yeux paraît bien difficile à comprendre.

Le dernier parallèle que propose le journaliste est pour le moins divertissant. Dans la version de la citoyenne Condorcet, on regarde généralement la perte d'une jambe comme un malheur infiniment plus

---

24. Voir la *Gazette nationale ou le Moniteur universel* 236 (24 août 1790), p.976.
25. Boisjoslin, '*Théorie des sentimens moraux* [...]. Premier Extrait', p.468-69.
26. Boisjoslin, '*Théorie des sentimens moraux* [...]. Premier Extrait', p.469. C'est Boisjoslin qui souligne.

grand que la perte d'une maîtresse: 'l'un serait cependant un sujet très ridicule de tragédie, tandis que l'autre a souvent été la matière des plus beaux ouvrages de théâtre'. Or chez Eidous nous lisons ceci: 'L'autre espèce de malheur (la perte d'une femme aimée), *quoique infiniment ridicule*, a fourni matière à plusieurs tragédies excellentes.' Boisjoslin se gausse de ce qu'il lit: 'Quel homme que cet ancien traducteur, qui trouve la perte d'une femme aimée un malheur *infiniment ridicule!*'[27]

Il est simple de mettre en évidence les qualités de style de Sophie de Grouchy en montrant que ses phrases sont mieux tournées que celles d'Eidous. Au-delà d'un parallèle entre les deux versions françaises, il convient également de comparer la traduction qui nous intéresse au texte de la dernière édition d'Adam Smith. Attardons-nous donc ici sur quelques aspects de la version de 1798, en mettant en regard l'original anglais. Une première remarque s'impose: il n'y a aucune modification dans l'architecture de l'ouvrage. Si d'aucuns traduisaient en retranchant ou en rajoutant selon leur bon vouloir, Mme de Condorcet respecte l'anatomie de l'ouvrage de Smith. Elle indique sur quelle version anglaise elle se fonde, le texte ayant été profondément remanié par son auteur. Celui qui tente de traquer les infidélités risque fort de terminer sa lecture bredouille. On peut tout au plus commenter certains choix. Lorsqu'un mot unique ne convient pas pour traduire un terme anglais polysémique, plutôt que de trancher, la traductrice n'hésite pas à gloser. La première partie de l'ouvrage, 'Of the propriety of action', devient ainsi: 'De la convenance ou caractère propre de nos actions'. On notera également le glissement de l'absolu 'action' en 'nos actions'. Ce n'est pas un cas unique: Sophie de Grouchy n'hésite pas à ramener à l'expérience humaine un certain nombre des éléments évoqués par Smith. Ainsi, elle rend 'original passions' par 'passions inhérentes à notre nature'. Ces deux exemples l'indiquent: par moments, pour préserver un sens qu'elle doit estimer impossible à rendre par un mot unique, elle n'hésite pas à amplifier sa phrase.

Un autre passage peut permettre de comprendre les remaniements que la traductrice fait parfois subir aux phrases de Smith. Elle n'hésite pas à en bouleverser l'ordre, à transformer une partie d'une proposition relative en complément de nom, à réduire un pluriel en singulier lorsque cela n'affaiblit pas le sens de la phrase. Adam Smith écrit: 'There are evidently some principles in his nature, which interest him in the fortune of others.' Dans la version française, nous trouvons la phrase suivante: 'Il y a évidemment dans sa nature un principe d'intérêt pour ce qui arrive aux autres.' Ailleurs, 'There is another set of qualities' devient 'Il y a une

27. Boisjoslin, *'Théorie des sentimens moraux* [...]. Premier Extrait', p.469-70.

autre espèce de qualité'. C'est peut-être exact, mais ce n'est pas précisément ce que disait l'anglais.

Ailleurs, la traductrice n'hésite pas à modifier légèrement l'insistance portée sur un terme. 'The virtuous and humane' devient ainsi 'Les hommes les plus humains et les plus vertueux'. Un puriste dirait à la fois qu''humain' ne rend pas exactement 'humane' dans tous ses sens, mais aussi et surtout que la traduction introduit une notion de relativité entièrement absente du texte anglais. Pour Smith, on est ou on n'est pas 'virtuous' et 'humane'. Il n'y aurait pas de mi-chemin. En termes philosophiques, il me semble que la modification, en apparence légère, introduite par Sophie de Grouchy n'est pas totalement dénuée d'importance. Elle est d'autant plus sensible que la substantivation de 'virtuous' et de 'humane' insistait de fait sur le caractère absolu de ces termes, qui est encore atténué par la présence dans la phrase française du nom commun 'hommes', même s'il est utilisé avec son sens le plus général.

En termes stylistiques, on peut noter des inversions d'effets d'attente, comme dans l'exemple suivant. Smith affirme que même les pires scélérats sont capables de ressentir de l'empathie ou de la sympathie: 'The greatest ruffian, the most hardened violator of the laws of society, is not altogether without it.' Sophie de Grouchy atténue, me semble-t-il, l'effet de la phrase: 'Il existe encore à quelque degré dans le cœur des plus grands scélérats, des hommes qui ont violé le plus audacieusement les lois de la société.' La phrase est plus longue. Elle ne commence pas, comme chez Smith, par mettre devant les yeux du lecteur ceux chez lesquels l'on ne s'attend guère à trouver de sentiments empathiques pour un tiers. Par ailleurs, était-il bien nécessaire de convoquer le 'cœur', absent du texte anglais? Force est de constater que l'intensité du singulier de la phrase de Smith se perd dans les pluriels de sa traductrice. La proposition relative 'qui ont violé le plus audacieusement les lois de la société' dilue encore le propos, alors que 'violateur' ou 'profanateur' auraient pu être utilisés. Dernière remarque: un criminel qui est 'hardened', c'est celui qui entend recommencer, qui est endurci, pas nécessairement celui qui a commis le pire des forfaits.

Les quelques échantillons que nous venons d'envisager montrent que, dans l'ensemble, la fidélité au sens est respectée par la traductrice, même si quelques nuances disparaissent ou sont surajoutées. Elle a tout au plus tendance à allonger les phrases de son auteur. Le lecteur n'aura pas tort de rappeler que les langues germaniques, dans l'ensemble, sont plus concises que le français. Il pourra également ajouter, à la décharge de Sophie de Condorcet, que l'allongement vise généralement à donner au lecteur des précisions additionnelles. J'ai déjà souligné que la version de 1798 tend à ramener les choses à l'expérience humaine individuelle, à incarner en quelque sorte les idées. Lorsque Smith propose, laconique, une section intitulée 'Of the sense of merit and demerit', sa traductrice développe l'idée: 'Du sentiment que nous avons du mérite et du démérite de nos actions'. Elle inclut ainsi dans le titre des éléments que seule une lecture des lignes qui suivent pouvait permettre de découvrir dans le texte anglais. Elle est parfois embarrassée lorsque Smith utilise deux termes différents. Si 'mérite' et 'démérite' rendent ainsi 'merit' et 'demerit', on les trouve aussi lorsque l'anglais évoquait, à propos de certains hommes, 'Their good or ill desert', 'leur mérite ou démérite'.

Si Sophie de Condorcet avait mis en chantier un roman pour contraster l'amour d'un sauvage et d'un homme policé pour une même femme civilisée, elle ne devait pas faire carrière dans la fiction comme tant de ses contemporaines. Il n'empêche que son exclusion d'un certain nombre d'ouvrages de référence est au mieux surprenant. Avec les exemples empruntés à la *Décade*, qui comparaient deux traductions françaises de la *Théorie des sentiments moraux*, et les nôtres, dont le but était de mettre en évidence certains des choix de la traductrice, le lecteur devrait pouvoir se convaincre que le travail de Sophie de Condorcet est, en tous points, sérieux. La qualité de sa réalisation a été saluée par les contemporains, mais aussi par des critiques qui lurent Smith à travers elle des décennies après sa mort. Qu'en 1982, une maison d'édition,[28] souhaitant mettre la *Théorie des sentiments moraux* à la disposition du lectorat français, l'ait éditée dans la version de l'auteur des *Lettres sur la sympathie* fournit le meilleur des témoignages de la réussite de son entreprise.[29] Pendant plus de deux siècles, donc, c'est à travers Sophie de Condorcet que le lectorat de langue française a pris connaissance de la première œuvre d'Adam Smith.

28. Il s'agit des Editions d'Aujourd'hui, dans la collection 'Les Introuvables': voir A. Smith, *Théorie des sentiments moraux, ou Essai analytique sur les principes des jugements que portent naturellement les hommes, d'abord sur les actions des autres, et ensuite sur leurs propres actions*, trad. S. de Grouchy, éd. H. Baudrillart (1860; Plan-de-la-Tour, 1982).

29. On pourra ajouter que les trois traducteurs qui ont proposé la version la plus récente se sentent obligés de justifier leur version par rapport à celle que nous avons étudiée. Ils avancent des arguments stylistiques et philosophiques pour légitimer leurs choix, en reconnaissant implicitement qu'ils restituent un texte moins agréable à lire que celui de la ci-devant marquise. Ils ont notamment souhaité insister davantage, par exemple, sur le vocabulaire de l'intensité et mettre en évidence un champ lexical du spectacle très présent, disent-ils, dans le texte original. Il leur arrive, en cours de route, d'expliquer un choix de terme. Leur édition s'adresse donc surtout à l'étudiant en philosophie, et non pas à l'honnête homme que Sophie de Condorcet pouvait espérer atteindre.

Une éducation sentimentale: sympathie et construction de la morale dans les *Lettres sur la sympathie* de Sophie de Grouchy

DANIEL DUMOUCHEL

De la *Théorie des sentiments moraux* aux *Lettres sur la sympathie*

De l'aveu même de Sophie de Grouchy, c'est la volonté de compléter et d'approfondir les considérations d'Adam Smith sur la question de la sympathie, sur laquelle s'ouvre la *Théorie des sentiments moraux*, qui a donné naissance aux *Lettres sur la sympathie*. On sait le reproche qu'elle adresse à Smith de n'avoir pas su 'remonter [...] jusqu'à [la] première cause' de la sympathie et de s'être borné 'à en exposer les principaux effets' (Lettre première, p.30).[1] Derrière ce reproche, c'est non seulement un ensemble de divergences descriptives dans l'appréhension d'un phénomène psychologique et moral qui apparaît, mais surtout une profonde différ- ence de méthode qui se dessine: là où, pour Smith, la sympathie ou le *fellow-feeling* se présentait comme un dispositif constitutif général permettant d'expliquer comment il est possible d'entrer, autant que faire se peut, dans les sentiments d'autrui, quels qu'ils soient, la sympathie à laquelle pense Sophie de Grouchy pointe vers la racine sensible d'un sentiment moral constitué, dont la réflexion et l'éducation doivent produire le plein déploiement.

On mesurera la distance qui sépare l'entreprise de Mme de Condorcet de celle de la philosophie morale écossaise, si l'on veut bien admettre que la recherche de la 'première cause' de la sympathie, dans ce contexte, renvoie à une entreprise analytique de type condillacien. Par une analyse à la fois régressive et progressive, il s'agirait alors, dans un premier temps, de réduire ce que l'on peut appeler la sympathie morale à sa racine dans la sensation de la douleur physique, pour en suivre, dans un deuxième temps, l'épanouissement jusqu'au sentiment de la vertu et de la justice. En cela, on aura montré que la sympathie 'doit appartenir à tout être sensible et susceptible de réflexion' (Lettre première, p.30) et on aura satisfait aux exigences de la méthode analytique en enracinant,

---

1.   La pagination renvoie à la présente édition des *Lettres sur la sympathie*.

sans discontinuité, nos sentiments moraux les plus complexes dans nos sensations physiques.

Dès la définition initiale de la sympathie, la différence entre la conception de Sophie de Grouchy et celle d'Adam Smith peut être perçue: là où l'auteur de la *Théorie des sentiments moraux* soutient que le terme de sympathie est 'employé pour indiquer notre affinité avec toute passion, quelle qu'elle soit',[2] Mme de Condorcet la présente comme 'la disposition que nous avons à sentir d'une manière semblable à celle d'autrui' (Lettre première, p.31). Entre les deux conceptions, il y a toute la distance entre un mécanisme affectif et une *disposition*.

Adam Smith part de la prémisse, partagée notamment avec David Hume, que 'nous n'avons pas une expérience immédiate de ce que les autres hommes sentent' (p.24) et que le partage des sentiments d'autrui constitue en quelque sorte une énigme qui requiert une interprétation philosophique. Des passions des autres, nous n'avons accès qu'aux signes extérieurs, et c'est par un travail de l'imagination que nous passons de ces signes aux sensations auxquelles ils renvoient. La sympathie décrit le mécanisme par lequel, selon Smith, nous nous faisons une conception – une idée – de ces sensations et grâce auquel nous pouvons même éprouver jusqu'à un certain point cette sensation, étant entendu que cette expérience est généralement plus faible en intensité que la sensation originale. La spécificité de la théorie smithienne de la sympathie, par rapport à celle de Hume, par exemple, c'est qu'elle inclut une dimension que l'on peut appeler normative. Nous ne pouvons être affectés par les sentiments de quelqu'un d'autre qu''en prenant la place, par la fantaisie, de celui qui souffre' (p.25), c'est-à-dire en nous représentant, par l'imagination, 'ce que pourraient être nos sensations si nous étions à sa place' et 'ce que nous devrions nous-mêmes sentir dans la même situation' (p.24). Bref, nous sympathisons moins avec l'émotion elle-même – ou avec la personne qui en est le sujet – qu'avec l'émotion qu'il conviendrait d'avoir dans une situation analogue à celle que nous percevons. Nous ne pouvons entrer adéquatement dans la souffrance (ou dans le plaisir) d'autrui que si nous mobilisons les causes de cette émotion et la situation qui la suscite, autrement dit, si nous nous mettons imaginairement à sa place. Smith se méfie de l'explication de la communication des passions en termes de contagion directe, même s'il n'est pas exclu pour lui qu'un certain registre d'émotions puissent se transfuser de cette manière.[3] Par conséquent, il y a

---

2. Adam Smith, *Théorie des sentiments moraux*, trad. M. Biziou, C. Gautier et J.-F. Pradeau, p.27.
3. A. Smith, *Théorie*, p.27. On trouve le modèle d'une explication de la sympathie par les effets de contagion dans le deuxième livre de la *Recherche de la vérité* de Malebranche. David Hume, dans le deuxième livre du *Traité de la nature humaine* et dans l'*Enquête sur les principes de la morale*, explique un certain nombre de phénomènes de transmission affective par le biais de la contagion.

des souffrances ou des joies dans lesquelles le spectateur ne peut pas entrer et qu'il ne peut donc pas partager, quels que soient les indices de leur intensité, tout comme ce spectateur peut sympathiser avec des sentiments que la personne qui les suscite ne ressent pas (mais qu'elle devrait ressentir compte tenu de la situation ou pourrait éprouver si elle possédait l'information pertinente).

On ne sent chez Sophie de Grouchy aucune trace de l'inquiétude de Smith à l'endroit de la possibilité d'accéder aux sentiments réels des autres. Plutôt qu'un dispositif permettant d'expliquer comment nous pouvons entrer dans les sensations des autres, elle cherche à identifier une disposition proto-morale dont les germes seraient présents dans la sensation physique. Cette disposition affective est un véritable *sentir-avec* autrui, dont les potentialités sont appelées à se déployer à la faveur de l'expérience, de la réflexion et de l'éducation. C'est donc bien la 'première cause' d'un sentiment moral constitué – le sentiment du bien et du juste – que recherchent les *Lettres sur la sympathie*; et, de cause en cause, il s'agit de montrer que l'on peut procéder à la reconstruction généalogique d'un plein sentiment d'humanité morale à partir de la structure même de la sensation physique. C'est la mise en œuvre de ce programme et le déroulement de cette méthode qui m'intéresseront dans la suite de ce texte.

De la sympathie pour les douleurs et les plaisirs physiques à la sympathie morale

La Lettre première s'attelle à la tâche de prouver que 'les premières causes de la sympathie dérivent de la nature des sensations qui nous font éprouver le plaisir et la douleur', puisque 'c'est d'abord comme êtres sensibles que nous sommes susceptibles de sympathie pour les maux physiques, les maux les plus communs parmi les hommes' (p.36-37).[4]

4. On peut remarquer que l'idée même de faire des sensations de plaisir et de douleur les 'premières causes' de la sympathie devait être profondément incompréhensible du point de vue d'Adam Smith, puisque, pour ce dernier, c'est justement le principe de sympathie qui permet d'entrer dans les sensations des autres. Mais le terme de première cause, chez Sophie de Grouchy, ne renvoie pas à un dispositif cognitif et affectif agissant comme condition préalable pour mettre en branle la dynamique de nos sentiments moraux. Il désigne plutôt l'origine, le germe ou la manifestation la plus élémentaire d'une sensibilité morale qui devra, comme on le verra, être corrigée et élargie par la réflexion. D'ailleurs, aux yeux de Mme de Condorcet, Smith n'est pas le seul à mériter le reproche de n'avoir pas su reconduire la sympathie morale à son origine véritable; il en va de même des 'prédicateurs de la vertu (excepté Rousseau) [qui] n'ont pas assez souvent remonté à l'origine des idées morales' (Lettre V, p.69). L'exception accordée à Rousseau est significative. Il ne paraît pas interdit de supposer que Mme de Condorcet pense ici au statut de la pitié dans la pensée de Rousseau, tant dans la quatrième partie d'*Emile* que dans le second *Discours* ou dans l'*Essai sur l'origine des langues*. Nonobstant les différences

Cette question constitue pour ainsi dire le socle de toute l'entreprise généalogique des *Lettres sur la sympathie*. Puisque la sympathie morale a pour 'cause' la sympathie naturelle et irréfléchie pour les plaisirs et les douleurs d'autrui, il est essentiel pour la viabilité de son entreprise théorique que Sophie de Grouchy puisse montrer que la sympathie dérive de la nature des sensations, qu'elle est 'une suite de notre sensibilité' (Lettre VI, p.83). C'est la nature composée de la sensation que produit en nous la douleur ou le plaisir physique qui explique la capacité élémentaire de sympathiser avec les souffrances ou les plaisirs d'autrui. Ainsi, toute douleur physique se décompose en deux éléments, une douleur locale dans la partie modifiée par la cause de la douleur, et une impression douloureuse générale qui s'étend à tous nos organes. Ce 'sentiment général de malaise' (Lettre première, p.31) persiste après la cessation de la douleur locale et il peut se renouveler lorsque nous nous souvenons d'un mal que nous avons déjà éprouvé ou lorsque nous sommes exposés aux signes de la douleur chez un autre être sensible. Cette impression douloureuse générale donne naissance à une idée de la douleur qui lui correspond et qui peut être ravivée par nos souvenirs de douleurs concrètes ou par la vue ou la connaissance des douleurs qui affectent un autre être sensible (p.32). Sans ce dédoublement de la sensation, l'être humain sensible resterait irrémédiablement enfermé dans sa propre sensation égocentrique, mais dès lors qu'elle existe et qu'elle atteint à un degré minimal d'abstraction – comme chez l'enfant qui a acquis 'assez d'intelligence pour discerner les signes de la douleur' (p.32) –, la sympathie avec l'être souffrant devient possible.[5]

Sophie de Grouchy dégage un certain nombre de principes qui augmentent notre capacité à sympathiser avec la douleur d'autrui ou, pour être plus précis, à réagir aux signes de la douleur. La vivacité de la

---

notables entre ces textes, on peut y trouver une théorie de la pitié naturelle, en tant que 'répugnance à voir périr ou souffrir tout être sensible, et particulièrement nos semblables' (Jean-Jacques Rousseau, *Discours sur l'origine et les fondements de l'inégalité parmi les hommes*, Paris, 1971, p.153), qui en fait la conséquence immédiate de l'amour de soi, c'est-à-dire de la sensibilité physique. La pitié naturelle peut alors être vue comme une sorte de disposition proto-morale sur laquelle pourra s'appuyer le sentiment d'humanité. L'*Emile* prolongerait cette intuition en montrant comment l'imagination permet de mettre en jeu la pitié et comment la réflexion permet d'élargir et de généraliser le sentiment d'humanité.

5.   S. de Grouchy ajoute que la vue de la douleur peut affecter cet enfant 'au point de lui arracher des cris, et de le porter à en fuir le spectacle' (Lettre première, p.32). Une question se pose alors, que les *Lettres* n'abordent pas de front: comment cette séparation entre ma douleur et la conscience de la douleur de l'autre s'opère-t-elle dans les manifestations initiales de la sympathie physique? Et comment le sentiment sympathique cesse-t-il d'être un sentiment égoïste qui entraîne la réaction de fuite ou d'évitement pour se changer en sentiment actif, en inclination à vouloir le bien de l'autre être sensible et à vouloir le soulager du mal qui l'afflige?

sensation générale de la douleur sur nos organes dépend essentiellement de la force de la sensibilité et de la vigueur de l'imagination. Plus la sensibilité initiale est forte et plus l'imagination est en mesure de mobiliser les idées qui soutiennent l'idée de la douleur, plus la reproduction de l'impression générale de la douleur sur notre corps sera vive. Cette vivacité de l'idée de la douleur peut même aller jusqu'à réveiller la douleur corporelle locale qui en est l'origine. Et une imagination trop vive et déréglée peut avoir pour effet d'entraîner des phénomènes d'hypocondrie.[6] Toutefois, pour produire adéquatement ses effets, la sensibilité doit être exercée. L'"impression générale produite par la vue de la douleur physique, dit Mme de Condorcet, se renouvelle plus facilement lorsque nous voyons souffrir les maux que nous avons soufferts nous-mêmes' (Lettre première, p.33), et c'est pourquoi l'expérience de la douleur et de l'adversité constitue la meilleure école de la compassion et de l'humanité. Comme le montre *a contrario* l'exemple des riches et des puissants, dont l'égoïsme étouffe la capacité de compassion,[7] et celui des vieillards, dont l'affaiblissement des organes atténue les mouvements de sympathie pour la douleur physique des autres, la sympathie, qui est une disposition issue de la sensibilité, a besoin d'être développée et entretenue. Le thème de l'exercice de la sensibilité, chez Mme de Condorcet, rejoint fréquemment celui de l'éducation des sentiments; c'est la responsabilité des mères et des instituteurs de faire éclore, par le spectacle de la douleur et de la compassion, les 'germes de la sensibilité' que la nature a mis dans les âmes des enfants (Lettre première, p.35).[8] Que l'on puisse exercer, développer, éduquer la sensibilité physique et la sensibilité morale qui en découle, cela montre bien à quel point, pour Sophie de Grouchy, la sympathie doit être comprise comme une *disposition*.

Il s'agira, dans la Lettre II, de montrer comment il est possible de passer de la sympathie pour les maux physiques à ce que l'on pourrait

6. 'J'ai connu une femme qui, après avoir lu dans un ouvrage de médecine un morceau très détaillé sur les maladies du poumon, avait eu l'imagination tellement effrayée de la multiplicité des causes qui peuvent altérer cet organe si nécessaire à la vie, qu'elle avait cru éprouver quelques-unes des douleurs qui caractérisent la pulmonie, et avait eu peine à se défaire de cette idée' (Lettre première, p.33). A l'inverse, le cas des chirurgiens et des médecins qui supportent avec sang-froid les souffrances nécessaires qu'ils imposent à leurs patients, prouve que le travail de l'imagination peut également diminuer, voire neutraliser l'impression sympathique de la douleur en produisant l'habitude 'de la considérer sous le rapport de la conservation de l'être souffrant' (p.34).

7. Voir Lettre II, p.40: 'Ne sont-ils pas toujours sans humanité, comme sans compassion, les êtres préoccupés par ces passions exclusives qui naissent de l'égoïsme ou de la vanité, et qui ne laissent d'attention que pour leur objet, de réflexion que pour combiner les moyens de l'obtenir?'

8. L'idée de 'germes' de sensibilité – et en général celle de disposition morale – n'est pas sans rappeler l'*Eloge de Richardson* de Diderot.

appeler la sympathie morale. L'intention de Mme de Condorcet est de produire la genèse de ce qu'elle appelle le 'sentiment de l'humanité', dont la sympathie spontanée pour les maux physiques constitue la première 'partie' (p.38), la première 'cause' ou, encore, le 'germe'.[9] Mais pour 'féconder' ce germe et le développer, il faut faire intervenir un principe supplémentaire de l'esprit humain: la réflexion. La réflexion, en maintenant notre attention sur les idées qui nous viennent de l'expérience sensible, est ce qui permet à la fois d'étendre, de conserver et de stabiliser notre compassion naturelle et, par le fait même, d'en faire une disposition active: 'c'est la réflexion enfin, qui, par les habitudes qu'elle donne à notre sensibilité, en prolongeant ses mouvements, fait que l'humanité devient dans nos âmes, un sentiment actif et permanent' (p.38). La réflexion permet d'étendre notre disposition sympathique en rendant l'esprit sensible à la douleur morale. Grâce à la réflexion, nous formons des idées des plaisirs et des peines qui accompagnent le spectacle ou le souvenir concret des plaisirs et des peines physiques des autres; le seul rappel de ces idées abstraites du bien et du mal suffira par la suite à réveiller cette sensibilité qui a été initialement excitée par les souffrances et les plaisirs directs des autres (Lettre III, p.56). Sans l'intervention de la réflexion, il est impossible de transformer la disposition sympathique en sentiment d'humanité, compris comme inclination générale de bienveillance et de compassion et comme sentiment actif qui tend à soulager les autres ou à faire leur bien.

Le but du processus est de rendre compte de 'notre sympathie à l'égard des souffrances morales communes à tous les êtres de notre espèce' (Lettre II, p.41); mais, en vertu du principe de continuité des 'causes' qui gouverne l'enquête de Sophie de Grouchy, il est important d'indiquer des étapes de développement intermédiaires qui sont susceptibles de rendre crédible le passage au sentiment de l'humanité. Cette étape intermédiaire conduit à identifier des sympathies particulières, qui sont elles-mêmes les 'causes' de la sympathie générale. Car la sympathie morale, dans ses manifestations initiales, est inégale et partiale: elle est fortement liée à nos besoins physiques. Elle s'attache d'abord aux personnes envers lesquelles nous sommes dépendants, et les plaisirs et les peines de ceux à qui nous devons notre bien-être nous affectent plus vivement et plus immédiatement que ceux du reste de l'humanité. Mais la sympathie partiale est susceptible d'être élargie au fur et à mesure que s'accroissent les relations des individus au sein de la société. Elle s'étend d'abord à l'ensemble de ceux avec qui nous sommes liés 'par des rapports

---

9. 'Le sentiment de l'humanité est donc en quelque sorte, un germe déposé au fond du cœur de l'homme par la nature, et que la faculté de réfléchir va féconder et développer' (Lettre II, p.39).

d'utilité', c'est-à-dire à 'ceux que nous pouvons regarder comme un secours ou un appui dans les accidents qui peuvent nous menacer' (Lettre II, p.42); elle englobe enfin ceux avec qui nous tenons par des rapports de plaisir, d'agrément ou de goûts. Rapports de dépendance (principalement familiaux), relations d'utilité ou sociétés des goûts, la 'cause' de ces sympathies particulières reste toujours la même: 'l'impression générale de la douleur et du plaisir sur nos organes, réveillée elle-même par la seule idée abstraite du plaisir et de la douleur, et modifiée par toutes les circonstances qui peuvent influer sur notre sensibilité' (Lettre II, p.42-43).

Dans ce processus de généralisation de la sympathie qui conduit de la sympathie pré-réflexive aux sympathies particulières et de celles-ci à la sympathie générale, qui constitue le véritable sentiment moral, Mme de Condorcet accorde une place importante à la sympathie *individuelle*. Même si la fonction exacte de l'amitié et de l'amour dans la genèse du sentiment moral n'est pas aisée à comprendre de prime abord, les développements consacrés à la sympathie individuelle, dans la Lettre III, ne constituent pas à proprement parler l'une des digressions théoriques dont les *Lettres sur la sympathie* sont jalonnées;[10] on peut y voir l'une des pièces maîtresses de l'argument principal de l'ouvrage. Dans ces développements consacrés à l'amitié et à l'amour, l'explication des effets subits, et en apparence capricieux, des affinités entre deux personnes[11] et l'analyse de la construction de la sensibilité morale s'enchevêtrent constamment; dans les deux cas, il s'agit toujours d'affirmer que les affinités individuelles s'expliquent 'par une suite nécessaire de l'amour de nous-même le plus simple et le moins réfléchi' (p.48), c'est-à-dire de notre sensibilité pré-réflexive. Plus que les sympathies résultant des relations d'utilité ou d'agrément, les sympathies individuelles, plus particulièrement l'amitié, semblent avoir pour fonction de nous faire accéder à des sentiments véritablement moraux. Par le truchement de ces phénomènes en apparence inexplicables (p.48),

10. Il me semble utile de distinguer, dans les *Lettres*, l'argument linéaire principal, qui consiste à produire la genèse de nos sentiments moraux universels de la vertu et de la justice, et les arguments complémentaires qui interrompent cette démonstration en approfondissant certains effets particuliers de la sympathie. Dans ces digressions, l'analyse des phénomènes sympathiques tend parfois à s'autonomiser, comme c'est le cas, dans la Lettre II, lorsque Sophie de Grouchy examine les causes de nos satisfactions paradoxales, ou lorsque, dans la Lettre IV, elle critique certaines des conclusions d'Adam Smith ou se penche sur les phénomènes de contagion par la foule ou par l'enthousiasme de l'écrivain ou de l'orateur. La Lettre III entremêle les deux modes d'argumentation: pour rendre compte du rôle généalogique de la sympathie individuelle, il faut aussi entrer dans des développements plus spécifiques sur les mécanismes qui la rendent possible. Je dois toutefois laisser de côté le détail de ces analyses.
11. 'Cette sympathie individuelle que l'on a crue si longtemps inexplicable, n'est cependant qu'un effet très naturel de notre sensibilité morale' (Lettre III, p.48).

que nous pourrions appeler les *affinités électives*, l'individu est initié aux mouvements désintéressés de la bienveillance et aux satisfactions qui l'accompagnent. C'est ce que suggèrent plusieurs passages.

Dans ses premiers mouvements, cette sympathie consiste à remonter des signes extérieurs de la personne – la figure, la grâce, la physionomie, les mouvements, les paroles – vers le caractère qu'ils dévoilent; lorsque les qualités de ce caractère nous intéressent, elles produisent un mouvement de bienveillance pour la personne qui en est dotée (Lettre III, p.47). Sophie de Grouchy est convaincue que ces liens étroits, si essentiels au bonheur des individus et qui se fondent 'sur des rapports plus directs que la sympathie générale', remplissent une fonction de transition morale. La sympathie individuelle 'pourrait, si elle était plus cultivée, rendre sensible aux maux et aux besoins de l'humanité entière, cette foule d'hommes devenus presque insensibles à tout ce qui n'est pas lié immédiatement à leur existence et à leur bonheur: en effet, toutes les parties de notre sensibilité se correspondent; dès qu'on en exerce une, les autres deviennent plus délicates et plus susceptibles d'être émues' (p.47). Si l'amitié et l'amour ont un effet structurant sur la sensibilité morale, c'est en grande partie parce que le plaisir d'aimer suppose la capacité de 's'attendrir au bonheur d'autrui' et de 'donner du bonheur par nos affections' (p.52). Seules les sympathies individuelles cultivent la générosité de l'âme et nous ouvrent à une véritable dimension morale, où nous nous préoccupons, pour ainsi dire de manière désintéressée, du bonheur et du malheur de l'autre.[12] C'est pourquoi le développement d'une telle sensibilité pour les plaisirs d'autrui, qui permet de s'habituer au plaisir de contribuer au bien des autres, devrait faire l'objet de l'éducation morale des enfants: 'Exercer et cultiver soigneusement dans l'âme des enfants la sensibilité que leur donne la nature pour les jouissances d'autrui, et surtout pour le bonheur d'y contribuer eux-mêmes, n'est pas seulement les disposer aux vertus les plus douces et les plus utiles, c'est s'assurer qu'ils seront capables d'aimer, qu'ils en éprouveront tout le charme, ou qu'au moins ils en seront dignes' (p.52). Nous avons 'un plaisir naturel à faire le bien' (Lettre V, p.70), comme le montre le fait que nous éprouvons un plaisir plus vif à contribuer aux bonheur des autres qu'à en être les simples témoins; mais ce 'motif intérieur [...] de faire du bien et d'éviter de faire du mal' (Lettre III, p.56) doit être cultivé et exercé pour remplir son plein potentiel.

12. [...] 'l'heureuse faculté de jouir par le bonheur d'autrui, y fonde seule des affections solides, vraies, durables, indépendantes des lieux, des temps, des intérêts, et propres à charmer la vie ou à l'adoucir' (Lettre III, p.52).

De la sympathie particulière aux
sentiments généraux

Nous sommes ainsi conduits au seuil du sentiment moral. La méthode préconisée par Mme de Condorcet consiste toujours à montrer comment les effets de la sympathie peuvent s'étendre, se généraliser et se stabiliser. L'objet de la Lettre V est d'examiner la façon dont le motif intérieur que nous avons de faire du bien à autrui se dédouble: le plaisir naturel que nous prenons lorsque nous contribuons par notre action au bonheur des autres engendre la satisfaction de l'avoir fait, qui est comme l'écho du premier sentiment. Ce sentiment de satisfaction lié au plaisir de l'action bienveillante particulière, qui produit une sensation agréable qui se prolonge et s'inscrit dans la longue durée, constitue la partie de la sympathie morale qui peut devenir générale et abstraite; le simple souvenir des bonnes actions, indépendamment de leurs circonstances toujours particulières, suffit à le rappeler à l'esprit (p.70). On comprend donc que Sophie de Grouchy y voie 'le principe le plus général de l'âme' et, en quelque sorte, l'équivalent des idées abstraites pour la métaphysique de l'esprit.

En fait, cette résonance morale délicieuse qui accompagne nos actions bienveillantes trouve son pendant dans le remords douloureux qui s'attache à la conscience d'avoir fait du mal à autrui. Satisfaction de soi et crainte du remords constituent donc les deux faces de la morale; elles sont à la fois les fondements de la morale humaine et, dans la mesure où elles reposent sur des sentiments agréables ou douloureux, des ressorts puissants pour la détermination de nos actions. Le renforcement de ces sentiments par l'imagination, qui entraîne l'esprit au-delà de l'expérience immédiate et produit les circonstances et les conséquences des actions, et leur modification par la réflexion, qui corrige l'apparence momentanée des mouvements du sentiment, permet à la satisfaction de soi et au remords de devenir des principes actifs et constants qui exercent une force déterminante sur l'esprit. Nous sommes ainsi conduits d'une sympathie particulière à une sympathie générale en favorisant tout simplement la satisfaction qui a la plus grande durée et l'application la plus générale (Lettre V, p.72-73).[13]

De ces actions pleinement morales authentifiées par le sentiment de satisfaction étendue, selon Mme de Condorcet, peut naître l'idée de la

---

13. Dans ce mouvement d'élargissement de la sympathie particulière à la sympathie générale, 'nos actions qui n'étaient que bienfaisantes et humaines, acquièrent une bonté et une beauté morales' (Lettre V, p.73). Peut-être devrions-nous préciser: une bonté *véritablement* morale, et non pas seulement par coïncidence avec nos affections bienveillantes.

vertu, ou du bien moral, qu'elle identifie aux 'actions qui font aux autres un plaisir approuvé par la raison' (Lettre V, p.73), tandis que l'idée du mal moral réfère à une action nuisible à autrui désavouée par la raison. Lorsque ces idées de bien et de mal moral sont stabilisées, elles suffisent à réveiller le sentiment moral général, qui est une transformation de notre sympathie. On comprend que la raison dont il est question ici n'est pas le principe de la morale, mais qu'elle ne sert qu'à guider nos sentiments généraux et à leur fournir des principes invariables (p.75). On ne saurait trop souligner l'importance qu'accorde Mme de Condorcet à l'éducation dans ce processus d'affinement de la sympathie générale; la tâche de l'éducation, du point de vue de la morale, devrait être de faciliter l'acquisition des idées abstraites et générales, et de conduire les élèves à éprouver des sentiments abstraits et généraux (p.77-78).

On passe des idées du bien et du mal aux idées du juste et de l'injuste, lorsque l'approbation rationnelle de l'action se fonde sur le système général du droit. Dans l'appréciation de l'action juste, nos sentiments de sympathie doivent être guidés par une préférence qui se fonde 'sur des motifs généraux et raisonnés, qui vont au plus grand bien' (Lettre VI, p.80-81), et non pas sur le seul intérêt direct d'un individu. Mme de Condorcet considère que la satisfaction que nous retirons de l'idée de justice est sans doute moins forte que celle qui accompagne les actions bienveillantes où nous faisons directement du bien à autrui; mais le motif qui nous porte à être juste dans nos actions est certainement plus vif que celui qui nous pousse à faire du bien, 'puisqu'il est accompagné de la crainte d'un remords plus violent' (Lettre VI, p.82). L'idée de justice fait apparaître un troisième motif[14] de renforcement et de stabilisation de nos sentiments généraux: le plaisir que nous éprouvons à 'suivre la raison et [à] remplir une obligation' (Lettre VI, p.82).

Le premier de ces deux sentiments repose sur le plaisir qu'il y a à exercer nos facultés intellectuelles, d'une part, et sur le sentiment de notre liberté et de notre indépendance à l'égard des causes qui pourraient nous menacer, d'autre part; à ce titre, il s'apparente au sentiment de satisfaction de soi qui accompagnait le plaisir d'avoir fait le bien. Le plaisir à remplir une obligation est plutôt lié à la 'douceur de se sentir à l'abri du ressentiment' (Lettre VI, p.83), et par conséquent on peut le rapprocher de la crainte du remords. Ce qui importe, ici encore, c'est de pouvoir montrer comment nos sentiments d'obligation, en partie guidés par les principes généraux de la raison, peuvent néanmoins s'enraciner dans la sensibilité morale et s'inscrire dans la continuité des effets généraux de la sympathie.

---

14. Les deux premiers étant la satisfaction de soi dans l'action bonne et le remords d'avoir fait du mal.

Même si les analyses de Sophie de Grouchy s'étendent encore à plusieurs problèmes – par exemple, à la question de savoir si les motifs naturels d'être bon qui caractérisent la constitution morale de l'être humain sont suffisants pour contrebalancer les motifs égoïstes (Lettre VI), à l'examen du rôle des lois et de l'éducation dans l'efficacité des motifs naturels d'être vertueux et juste (Lettre VI), et, enfin, à l'effet néfaste des lois et des institutions vicieuses sur les passions égoïstes (Lettre VII) –, on peut dire qu'en montrant comment nos sentiments généraux peuvent naître de la sympathie physique et de la sympathie particulière, les *Lettres sur la sympathie* ont rempli l'essentiel de leur programme. L'auteure revient d'ailleurs constamment sur le chemin parcouru, comme pour mesurer la fécondité de sa méthode et sa supériorité sur celle de son modèle, Adam Smith (Lettre VI, p.83):

> Nous avons donc des motifs, non seulement de faire du bien à autrui, mais de préférer les actions bonnes aux actions mauvaises, et même celles qui sont justes à celles qui sont injustes; motifs fondés sur notre sympathie naturelle, qui est elle-même une suite de notre sensibilité. Jusqu'ici aucune considération tirée d'objets qui nous sont étrangers, ne s'est mêlée à ces motifs. La moralité de nos actions, l'idée de la justice, le désir de la suivre, sont l'ouvrage nécessaire de la sensibilité et de la raison; tout être raisonnable et sensible aura, à cet égard, les mêmes idées; [...] elles peuvent donc devenir l'objet d'une science certaine, puisqu'elles ont des objets invariables.

Cette approche possède en outre l'avantage d'éviter de recourir, comme Adam Smith, selon elle, a été contraint de le faire, à une obscure notion de sens intime qui serait chargée d'expliquer notre accès aux premières idées du juste et de l'injuste; ce soi-disant sens intime 'n'est autre chose que l'effet de la sympathie, dont notre sensibilité nous rend susceptibles [...], et qui, devenue un sentiment général, peut être réveillée par les seules idées abstraites du bien et du mal, et doit par conséquent toujours accompagner nos jugements sur la moralité des actions' (Lettre VI, p.84).[15]

Mais la genèse radicale du sentiment moral à partir des effets de la sympathie ne permet pas seulement à Mme de Condorcet de fournir des réponses aux problèmes posés par les morales du sens interne. En fait, cette théorie offre une riposte à deux adversaires autrement plus dangereux. Ainsi, contre le rationalisme moral, il est possible de montrer que nos sentiments moraux et notre sentiment de la justice s'enracinent profondément dans la sensibilité humaine; contre l'égoïsme moral, la

---

15. L'auteure ajoute: 'Défions-nous [...] de ce dangereux penchant à supposer un *sens intime*, une faculté, un principe, toutes les fois que nous rencontrons un fait dont l'explication nous échappe.' On trouve une critique analogue de la morale du sens interne dans le *Salon de 1767* de Diderot.

théorie de la sympathie permet de faire valoir que nos motivations pour la vertu et la justice, tout en étant sensibles dans leur origine, reposent sur des préférences naturelles pour le bien qui engendrent des déterminations morales dont la portée est générale.

Justice et société chez Sophie de Grouchy

MICHEL MALHERBE

L'urgence d'une époque

The Theory of moral sentiments d'Adam Smith paraît à Londres en 1759. L'ouvrage est immédiatement populaire en Grande-Bretagne.[1] Une seconde édition est donnée en 1761. Cette popularité franchit la Manche, puisque, dès 1764, Marc-Antoine Eidous qui, il est vrai, traduit un peu tout, donne aux lecteurs français une traduction anonyme, sous le titre *Métaphysique de l'âme*. En 1774 l'abbé Blavet traduit à son tour l'ouvrage en rétablissant le titre originel. Puis vient en 1798 la traduction de Sophie de Grouchy, accompagnée, comme l'on sait, de huit lettres sur la sympathie.

Smith est écossais. Sophie de Grouchy est française. Il y a entre eux deux la différence de plus d'une génération. Smith est le contemporain de la transformation économique et sociale qui se fait en Grande-Bretagne, après la stabilisation du système politique britannique dans la première moitié du siècle: une transformation qui va déboucher sur l'ère industrielle; Sophie de Grouchy est la contemporaine, combien personnellement affectée, d'une autre transformation, celle-là politique, aussi violente et syncopée que celle qu'a connue Smith est lente et progressive.

La question vient naturellement: pourquoi faire une nouvelle traduction? Pourquoi, sous des dehors épistolaires, l'accompagner d'un véritable petit traité sur la sympathie? Certes, il faut tenir compte de la personnalité de Sophie de Grouchy. Certes, la traduction d'Eidous est médiocre (comme à l'accoutumée), celle de Blavet est franchement fantaisiste (elle ne respecte même pas les chapitres, introduit librement des développements qui ne sont pas de Smith, etc.). Certes, enfin, outre la rigueur requise du traducteur,[2] l'ouvrage de Smith appelle le

---

1. Voir les lettres de Hume à Smith des 12 avril et 28 juillet 1759, dans *The Letters of David Hume*, éd. John Young Thomson Greig, 2 vol. (1932; Oxford, 1969), t.1, p.303 et 312-13.
2. Sophie de Grouchy en évoque rapidement la nécessité dans son Avertissement. Elle indique qu'elle traduit à partir de la dernière édition de 1790, reprise en 1792.

commentaire et la critique; Sophie de Grouchy n'est pas en reste sur ce point.[3]

Mais il faut plus: en quelque sorte une urgence,[4] l'urgence d'une situation, l'urgence de l'époque, et cela sous deux aspects. Considérés dans leur ensemble, les événements de la Révolution, par leur brutalité même, ont fait plus que renverser l'ordre social antérieur: ils ont affecté le lien social lui-même, cette solidarité, sinon volontaire, du moins acceptée, sans laquelle les hommes ne sauraient vivre ensemble ordinairement. Cela s'appelle la guerre civile, les factions, les persécutions, les exécutions, et ce manque fondamental de civilité qui résulte d'une confiance perdue. Sur quel fondement vrai restaurer le corps social? Mais, prise plus spécialement, la Révolution n'a cessé de se radicaliser jusqu'à thermidor et dans les premiers temps du Directoire: politiquement pendant la Convention; socialement, mais ce mouvement a été vite étouffé, avec la Conspiration des Egaux, au début du Directoire. 'La Révolution française n'est que l'avant-courrière d'une autre révolution bien plus grande, bien plus solennelle et qui sera la dernière [...]. Il nous faut non pas seulement cette égalité transcrite dans la déclaration des droits, nous la voulons au milieu de nous, sous le toit de nos maisons', disait Sylvain Maréchal dans le *Manifeste des Egaux* publié en 1796. La réalisation de la justice passe par la communauté des biens: 'plus de propriété individuelle des terres, la terre n'est à personne'![5]

Le riche, le pauvre et la vertu

Commençons par ce second point qui nous reconduira au premier. La justice commande-t-elle cette égalisation de la vie et de la fortune des citoyens, et son moyen: le rejet de la propriété individuelle? Ou, pour poser la question – qui conserve sa pertinence aujourd'hui – de façon moins extrême et moins effrayante, considérons le cas proposé par Sophie de Grouchy, celui du laboureur qui, *dans l'état de nature*, grâce à son travail, obtient de ses champs une récolte plus abondante qu'il n'est nécessaire à sa subsistance, tandis que son voisin manquerait du nécessaire (Lettre VI, p.79 et suiv.). Un tiers, qui aurait quelque puissance

---

3. Outre les critiques particulières sur des détails de la théorie smithienne de la sympathie auxquelles l'essentiel de la Lettre IV est consacrée, Sophie de Grouchy adresse deux critiques majeures au philosophe écossais: 1) il n'a pas poussé son analyse de la sympathie jusqu'à sa première cause; 2) il a supposé sans le définir une espèce de sens intime. Voir *Lettres sur la sympathie*, Lettre première, p.30 et suiv. La pagination renvoie à la présente édition.

4. On en trouve l'écho dans la Lettre IV, où certaines des raisons avancées contre Adam Smith prennent un relief particulier, si l'on songe aux événements du temps.

5. Sylvain Maréchal, *Manifeste des Egaux*, dans Louis Reybaud, *Etudes sur les réformateurs ou socialistes modernes*, 2 vol. (Paris, 1849), t.2, p.357-62.

entre ses mains, voyant que l'un est prospère tandis que l'autre est dans le besoin, pourrait-il, en se réclamant de la justice, forcer celui-là à verser son superflu à celui-ci? Une telle différence de fortune est-elle tolérable sans injustice, sans atteinte au droit?

La réponse de Sophie de Grouchy est: non. L'emploi de la contrainte par le tiers en de telles circonstances causerait un mal plus grand que n'est le mal qu'il y a à ne point venir en aide à son prochain quand il est dans la détresse. Peut-être s'indignera-t-on: une telle indifférence n'ajoute-t-elle pas le mal moral au mal matériel? Un cœur sensible peut-il retenir un mouvement naturel de bienfaisance devant ce spectacle de la misère d'autrui, qui lui est une souffrance? Mais la morale est plus que le sentiment d'humanité: quoiqu'elle en dérive, elle peut être amenée à l'élargir en de certaines circonstances; quant au droit, il est plus que la morale, quoiqu'il y prenne sa source et qu'il ne puisse la contrarier.

Marquons d'emblée cette dernière différence: tandis que l'homme moral et prospère est seul avec sa conscience pour juger s'il fait le bien ou le mal en refusant de partager son superflu, nous avons affaire ici à un tiers dont on pose par hypothèse qu'il détient la force du droit; de sorte que la question ne concerne pas le riche face à sa conscience, mais ce tiers: sera-t-il juste ou injuste s'il exerce dans de telles circonstances son pouvoir de contrainte? A-t-il le droit d'imposer par la force des relations plus humaines, plus équitables, entre les individus? La question vaut aussi, assurément, quand, dans l'état civil, ce tiers n'est autre que chacun des citoyens, riche ou pauvre, qui, conscient de ses obligations, devient l'acteur du droit. Par ailleurs, alors que faire le bien, c'est servir son prochain sans exclusive, rendre le droit, c'est toujours accorder une préférence à l'un plutôt qu'à l'autre; dans notre exemple, c'est préférer *ou bien* le riche, au nom du droit qu'il a sur un superflu qu'il a obtenu par son labeur (c'est l'argument avancé par Sophie de Grouchy pour justifier sa réponse négative), *ou bien* l'indigent, au nom de sa détresse (à supposer que la misère fasse un droit). La justice rendue sanctionne donc un conflit des droits, tandis que la morale ne connaît que la contrariété entre l'intérêt égoïste et ce que dicte la conscience. Enfin, si la moralité est un mouvement de l'âme, il est vrai, éclairé, la décision du droit et son application, même chez celui qui a la passion de la justice, sont des actes de raison, la préférence devant toujours être justifiée par la représentation et la comparaison des droits de chacun.

Mais pour bien entendre le vrai principe du droit, du juste et de l'injuste, il faut revenir un instant à la morale, au principe du bien et du mal. Dans l'état de nature, pour savoir s'il doit partager son superflu, le riche – employons ce terme par facilité, quoique la question vaille non seulement pour ceux qui vivent dans le luxe, mais aussi pour ceux qui, s'étant affranchis des nécessités de la vie, peuvent jouir des commodités qui la rendent plus aisée, et qui de la sorte entrent dans l'échange des biens marchands – consulte sa conscience. Cette conscience (ou senti-ment moral) est dérivée de la sensibilité, celle-ci étant un mouvement de sympathie tourné vers autrui quand le spectacle de ses maux (ou de ses plaisirs) affecte les sens. Déjà la sensibilité est plus que la simple affection: c'est une passion qui est susceptible de se détacher de la cause qui l'a produite. En effet, la vue de la misère d'autrui est toujours un choc, presque une douleur physique, douleur particulière, parfois insuppor-table: nous fermons les yeux, nous nous bouchons les oreilles, car l'image, car le cri de la souffrance sont intolérables. Mais si violente qu'elle soit, cette charge affective se dissipe rapidement quand d'autres images succèdent aux premières ou que d'autres sons plus mélodieux affectent notre ouïe. L'oubli viendrait si dans de telles circonstances ne restait éveillée ou n'était réveillée en nous une douleur générale, comme une sorte de malaise présent dans toute affection et qui se joint à la douleur particulière que cause l'objet: malaise qui peut durer, qui peut être ranimé et qui est d'une nature homogène, quel que soit le sens affecté. Ainsi s'explique la sympathie, 'cette disposition que nous avons à sentir d'une manière semblable à celle d'autrui'.[6] Le malheur ou le bonheur d'autrui, que nous ne pouvons éprouver en propre, cause néanmoins cette affection générale que nous avons déjà éprouvée quand nous-mêmes étions malheureux ou heureux (Lettre première, p.33-34). Par cette doctrine de la sensation composée, où la douleur générale s'ajoute à la douleur particulière, doctrine qui s'élargit en une genèse de la sensibilité et de la sympathie, Sophie de Grouchy pense pouvoir aller du physique au moral: de la sensation du plaisir et de la douleur propres à la perception indirecte des plaisirs et des douleurs d'autrui; de cette sympathie encore particulière au sentiment d'humanité quand la ré-flexion se joint à la sensibilité et étend jusqu'au genre humain son objet; enfin, de la simple passion à cette sorte d'activité du cœur qu'est la peine ou la joie.

Sans développer ici cette généalogie complexe de la conscience mo-rale[7] que parcourent les Lettres II, III et IV, bornons-nous à retenir que

6.   Lettre première, p.31. Sophie de Grouchy reproche à Adam Smith de ne pas avoir mené assez loin son analyse de la sympathie: 'Smith s'est borné à en remarquer l'existence et à en exposer les principaux effets; j'ai regretté qu'il n'eût pas osé remonter plus haut; pénétrer jusqu'à sa première cause; montrer enfin comment elle doit appartenir à tout être sensible et susceptible de réflexion.' Chez Smith, l'émotion est l'effet de la sympathie aidée de l'imagination; chez la marquise, elle est à sa source.
7.   Sophie de Grouchy adopte donc une explication de type génétique, comme l'avait fait Smith. Mais la différence est considérable: chez Smith, la sympathie est un opérateur, c'est-à-dire une cause qui n'est connue qu'à partir des effets (des phénomènes) qu'elle lie; chez la marquise, c'est une émotion, c'est l'ouverture de la sensibilité à autrui, c'est le

c'est de la sensibilité qu'elle tire son ressort primitif et que, néanmoins, elle est capable de se porter vers des objets plus moraux et plus abstraits que les objets sensibles immédiats, et même de s'affranchir de cette passivité affective qui est à sa source. Retenons aussi que, sentiment intérieur, elle est en même temps et l'épreuve et le facteur des liens concrets qui unissent les hommes, quand ils ne sont pas corrompus par des actions ou des comportements inhumains: d'abord bienveillance, puis amitié, amour même, enfin affection générale pour le genre humain, dans ses plaisirs et ses maux, tant moraux que physiques.[8] Par la sympathie, nous éprouvons du plaisir quand nous en procurons à autrui. Ce plaisir est plus grand et plus fin s'il est goûté avec réflexion, laquelle réflexion introduit une certaine abstraction à la fois dans les mouvements de l'âme et dans ses objets: plaisir par participation sympathique, plaisir tiré de la pensée que l'on fait soi-même le bien; enfin, plaisir d'avoir accompli le bien. Ce contentement se détache même des actions particulières qui l'ont initialement suscité et vient s'ajouter à la conscience que chaque homme a de lui-même. Par là, il est un puissant motif d'action qui prête son énergie à la pure conscience morale. En un mot, notre conscience morale nous détermine à faire le bien envers notre prochain et nous emplit de remords lorsque nous lui causons quelque mal physique ou moral.

Dans le simple sentiment d'humanité, il entre déjà de la réflexion, une réflexion qui en enrichit les objets et en perfectionne les mouvements. Mais portée à son degré le plus haut, la réflexion devient raison et fait distinguer 'le bien auquel on est entraîné par une sympathie particulière, et celui vers lequel nous nous dirigeons par une sympathie générale' (Lettre V, p.73). C'est pourquoi la moralité est le fait de l'homme total: elle est 'l'ouvrage nécessaire de la sensibilité et de la raison' (Lettre VI, p.83), sachant que ces deux principes distincts sont complémentaires. La raison, en effet, éclaire le sentiment et le sentiment prête son mouvement à la raison; sachant aussi qu'ils sont l'un et l'autre susceptibles de perfectionnement et donc d'éducation. Le sentiment moral

---

mouvement même du cœur. On passe ainsi de ce qui est proprement une théorie analytique des sentiments moraux à une étude psychologique fondée sur l'intériorité.

8.   Il n'y a donc pas de sens moral ou intime chez Sophie de Grouchy. L'accusation portée contre Smith de se fonder indûment sur un tel sens pour introduire les idées du juste et de l'injuste (voir Lettre VI, p.84-85) est matériellement surprenante, puisque Smith dénonce expressément une telle notion, avancée par Hutcheson, notion dont le dispense sa doctrine de la sympathie. Voir Adam Smith, *The Theory of moral sentiments*, éd. D. D. Raphael et A. L. Macfie, ainsi que *Théorie des sentiments moraux*, trad. et éd. M. Biziou, C. Gautier et J.-F. Pradeau, septième partie, section 3, ch.3. Mais la critique peut s'expliquer dans la mesure où la marquise ignore le spectateur impartial, sans doute un acteur trop formel à ses yeux, et bute sur l'idée même de la convenance ('propriety').

procède de la sensibilité et de la sympathie; étant de l'ordre de l'émotion, il est une force déterminante, liée à notre nature sensible, dépendante de notre éducation, influencée par les circonstances: puissance concrète, qui agirait, si l'on peut dire, presque 'par hasard' (Lettre V, p.73) si elle ne recevait les lumières de la raison. Car, quelle que soit sa force à nous porter vers le bien de notre prochain, il ne nous dit pas encore ce qu'est ce bien dans des circonstances qui sont toujours particulières (et l'action morale a toujours une fin particulière). C'est à la raison que revient cette tâche, lorsqu'il faut se former les idées déterminées du bien et du mal et décider, après une délibération intérieure, quel est le plus grand bien ou le plus grand mal, ou par quelle chaîne d'actions et de conséquences on contribue au mieux au bonheur d'autrui. Ainsi la raison est-elle fondamentalement la faculté de délibérer et de se déterminer en connaissance de cause: 'Dès lors, nos actions qui n'étaient que bienfaisantes et humaines, acquièrent une bonté et une beauté morales: de là naît l'idée de vertu, c'est-à-dire, *des actions qui font aux autres un plaisir approuvé par la raison*' (Lettre V, p.73; souligné dans le texte). Abstraitement, avec le recul indispensable, notre raison pondère les biens et les maux causés par nos actions selon qu'ils sont légers ou intenses, passagers ou durables, physiques ou moraux. Bref, en éclairant le sentiment, elle le dirige par des principes invariables et le sublime dans une satisfaction pleinement morale.

Le riche a-t-il le devoir moral de se porter au secours de son prochain indigent? Certainement, le spectacle de la misère, d'une chaumière repoussante, des enfants dépenaillés, émeut sa sensibilité; certainement, si l'éducation, l'habitude prise du confort, les modèles en vogue de la société ou les institutions politiques existantes n'ont pas perverti en lui tout sentiment d'humanité, il se sent déterminé à répandre le bien et à faire sa joie du soulagement des miséreux. Mais, nous venons de le dire, la conscience morale ne devient conscience du devoir que par l'acte rationnel par lequel elle se représente le bien et le mal moral; et cela, non point d'une manière générale, comme chez Kant, mais dans le détail des circonstances concrètes qui suscitent la délibération: le laboureur indigent ne serait-il pas la victime de sa paresse et de son ivrognerie? S'il est avéré que son mérite est incontestable, sous quelle forme convient-il l'aider? L'aumône, l'assistance, est-elle la meilleure solution? Faut-il venir en aide à cette personne en particulier ou, de manière collective, à toutes celles du village ou de la nation qui se trouvent dans la même situation? etc. Il ne suffit donc pas d'avoir l'idée de la vertu, encore faut-il la déterminer, ici et maintenant. Ce pour quoi l'âme doit se hausser aux représentations les plus abstraites, les seules qui soient propres à éduquer et affiner durablement le sentiment (Lettre V, p.75-78).

Le riche, le pauvre et la justice

Les idées du juste et de l'injuste, dit Sophie de Grouchy, se tirent des idées abstraites du bien et du mal, quand s'y joint l'idée du droit. Le droit ne peut donc être contraire à la morale. Pourtant il peut s'opposer à la bienfaisance et aller contre le sentiment d'humanité dont, nous l'avons dit, la conscience morale est l'expression la plus haute.[9] La cause en est que le droit va dans l'abstraction plus loin que la morale, en même temps qu'il est concrètement plus contraignant, puisqu'une préférence est établie. On peut même dire que, en un sens, c'est cette préférence déclarée de la raison qui fait le droit: 'Cette préférence que la raison ordonne d'accorder [au laboureur fortuné], même lorsque tous les fruits de sa récolte ne lui sont pas nécessaires, et qu'un autre en a un besoin réel, constitue précisément le *droit*' (Lettre VI, p.79).

Le droit est fondé sur la raison. Non point que la raison comparerait les intérêts respectifs qui sont en jeu ou en conflit: il serait alors évident que l'intérêt du pauvre est plus grand que l'intérêt du riche et que, par une redistribution, même limitée, le sort du pauvre s'améliorerait beaucoup plus que la fortune du riche ne se réduirait. La raison, c'est ici la plus grande abstraction, c'est-à-dire, 'la nécessité d'une loi générale qui serve de règle aux actions, qui soit commune à tous les hommes, qui dispense à chaque action particulière d'en examiner les motifs et les conséquences' (Lettre VI, p.79). Dans le droit, la raison invente la règle. Car si, au mépris de la bienfaisance, le droit du laboureur fortuné prévaut, c'est moins parce que l'on choisit comme fondement de ce droit le travail plutôt que le besoin que parce que l'on peut représenter

---

9. Smith, qui défendait une thèse analogue, raisonnait de la manière suivante lorsqu'il compare les deux vertus de la justice et de la bienfaisance (*The Theory of moral sentiments*, partie 2, section 2, ch.1). Il aborde la moralité par le biais du mérite et du démérite, qualités par lesquelles on se gagne récompenses ou châtiments; et par lesquelles sont suscitées chez le bénéficiaire de l'action la gratitude ou le ressentiment, passions motrices qui ne seront satisfaites que lorsqu'on aura rendu le bien dont on a profité ou le mal dont on a souffert. Cette réponse doit être proportionnée, la gratitude au bien qui a été fait, le ressentiment au mal. Ce qui n'est ainsi d'abord qu'un rapport de passions (bienfaisance/gratitude, malfaisance/ressentiment) devient par sympathie chez le spectateur impartial qui peut sympathiser avec le destinataire, mais aussi avec l'acteur, un objet moral proprement dit, objet d'approbation ou de condamnation, selon une certaine convenance ('propriety') ou juste proportion. Le rapport entre l'action de l'acteur et la réponse du destinataire, en termes de gratitude ou de ressentiment, doit être déterminé selon ce qu'il convient (ch.2). Les actions méritantes ont donc un double caractère: elles dérivent de motifs 'convenables' et elles suscitent par sympathie la gratitude du spectateur, qui partage celle du destinataire. Mais ces deux conditions sont indépendantes l'une de l'autre. Et il arrive souvent que le destinataire ne donne pas de réponse convenable et se montre ingrat. Peut-on le forcer à la gratitude? La réponse est non, car la bienfaisance elle-même est libre. Symétriquement, on ne peut exiger la bienfaisance de l'acteur quand la condition d'un destinataire potentiel semble l'appeler.

dans une loi valide en tout cas, et qui par là importe à la société, le droit de chacun à jouir des fruits de son travail. Une société peut subsister quand une partie de la population reste en dessous du minimum de pauvreté; et l'histoire montre que les émeutes de la faim n'ont jamais été un réel danger. En revanche, une société ne peut longtemps subsister sans que la propriété s'étende aux fruits du travail. Certes, la misère du pauvre est un mal, mais la violation du droit est un plus grand mal, un mal qui s'étend à tout le corps.[10] Dans le bien du riche, c'est le bien commun qui se réfléchit; la misère est toujours un mal particulier. Sophie de Grouchy concède toutefois que, dans des cas de nécessité absolue, il faut ouvrir les greniers de blé pour nourrir le peuple des villes. La morale excusera cet abus; le droit n'y trouvera pas son compte; mais la nécessité fait alors loi.

Reste l'objection que cette conception du droit – qui accorde la préférence au riche en vertu de la règle – est contraire à l'équité ou, plutôt, comme le dit la marquise de Condorcet, contraire à l'égalité naturelle; un argument qui semble s'imposer si l'on considère le droit dans sa réalité effective, c'est-à-dire dans sa satisfaction. Et lorsque l'égalité est blessée, n'est-ce pas à celui qui souffre que doit aller la préférence? (Lettre VI, p.80) Reprenant peut-être une conception d'Adam Smith,[11] la marquise répond par un raisonnement remarquable, quoique brièvement développé. Elle distingue entre deux sortes de droits: les droits positifs, tel que le droit de propriété, et les droits négatifs, tels que la liberté et l'égalité. Un droit est positif quand la préférence, justifiée par la raison, n'ôte rien au droit d'autrui: la liberté du riche de jouir à son gré de son superflu n'ôte rien au pauvre, s'il est vrai qu'elle ne lui apporte rien. En revanche, accorder au pauvre ce superflu contre le gré du riche léserait le droit de ce dernier, de sorte que la justice exigerait une réparation. La richesse peut faire scandale, mais elle n'attaque pas les pauvres.[12] C'est pourquoi, venir à leur secours n'est

10. On n'envisage pas ici ce que l'on appelle aujourd'hui les droits sociaux, c'est-à-dire les droits sans devoir ni réciprocité, qui ne sont pas des devoirs pour les autres citoyens, mais pour la puissance publique elle-même.

11. On ne peut forcer quiconque, dit Smith dans le chapitre cité (*The Theory of moral sentiments*, partie 2, section 2, ch.1, §3), à une action bienfaisante, et donc à une action morale, si cette action est 'convenable'. Le manque de bienfaisance de l'acteur n'est pas un mal positif qui léserait le destinataire potentiel. On peut le haïr pour ne pas agir convenablement, mais on ne peut avoir de ressentiment à son égard et donc exiger justice. Pour que la justice s'exerce, il faut qu'il y ait un réel préjudice, c'est-à-dire un mal réel et positif causé à la personne. La justice est essentiellement réparatrice (et préventrice). C'est pourquoi l'on n'aura pas de gratitude pour une action juste: son auteur ne fait que ce qu'il doit faire. On peut être juste et n'avoir pas de mérite. Simple vertu négative, la justice ne sera pas confondue avec les autres vertus sociales.

12. La marquise de Condorcet, à la différence d'Adam Smith dans *La Richesse des nations*,

pas rétablir un droit qui aurait été lésé, c'est leur accorder une 'faveur' ou, comme l'on dit aujourd'hui, c'est l'assister (un droit à l'assistance étant une contradiction dans les termes). Que le riche soit riche et que le pauvre soit pauvre n'entame en rien l'homéostasie juridique, si l'on peut dire, du corps social. En revanche, lorsque la liberté de l'un est offensée parce qu'elle est attaquée par l'autre, il en résulte un dommage véritable et il appartient à la puissance publique ou, quand celle-ci est défaillante (puisque souvent elle-même opprime la liberté), il appartient à chacun (ou à un groupe ou à une classe) d'agir en sorte que réparation soit faite ou que compensation soit obtenue. Dans ce cas, ce n'est pas le bien qui est positif, c'est le mal, de sorte que la justice sera ici essentiellement réparatrice: elle rétablit la même liberté, la même égalité (l'égalité politique, l'égalité des sexes) pour tous. Dans les deux cas, c'est la raison qui rend son verdict: négativement et universellement ici, positivement et particulièrement là.

Un tel raisonnement n'est assurément pas neutre. D'un côté, la raison commande que la liberté soit rendue aux citoyens et l'égalité enfin instaurée entre eux, de sorte que l'action de la Révolution de 1789 a bien été conforme à la raison et au droit, en ruinant 'ce monstrueux édifice des droits prétendus du despote, du noble, du ministre des autels, de tous les dépositaires d'un pouvoir non délégué' (Lettre VI, p.81). De l'autre côté, elle commande que le droit de propriété soit accordé à chacun, en vertu de son travail, cette inégalité sociale n'attentant pas à l'égalité naturelle entre les hommes; en sorte que le *Manifeste des Egaux* ne saurait s'appuyer sur une juste représentation du droit. La Révolution a été politique; elle n'a pas lieu d'être sociale.

Une société peut-elle n'être fondée que sur la justice?

L'objection vient rapidement: une société peut-elle subsister si l'on adopte une telle conception du droit? En effet, si une société ne peut exister que par un échange réel entre ses membres, de telle sorte qu'ils soient véritablement solidaires, on voit aisément l'insuffisance d'une justice réparatrice: elle restaure une liberté ou une égalité lésée; en quelque sorte, elle fait le minimum. Mais ne point attaquer la liberté d'autrui, ne point le traiter comme son esclave, respecter en lui son humanité, ce n'est point vraiment entrer dans un échange actif avec lui: le droit négatif n'est pas le principe d'un don réciproque, mais seulement d'une mutuelle abstention. Répétons la question sous une autre forme: que vaut-il mieux, de cette inégalité politique qui caractérisait au dix-

---

ignore la dépendance économique du travail envers le capital. Elle continue de raisonner surtout sur les biens de la terre.

huitième siècle la relation sociale entre les nobles et les paysans, mais qui a pu créer entre eux en Bretagne ou en Vendée une solidarité réelle, ou de l'égalité politique des villes nouvellement révolutionnaires où cohabitent en s'ignorant la bourgeoisie et le peuple? En un moment où il importe de refonder durablement un lien social, peut-on se contenter de chasser le roi et ses suppôts?

On connaît la réponse d'Adam Smith. Quand il y a injustice, la personne lésée éprouve en retour du ressentiment et le spectateur moral, partageant par sympathie ce ressentiment et voyant en outre qu'il est proportionné ou convenable, demandera le rétablissement de la justice. Or, si jamais l'injustice règne, si les liens entre les citoyens se déchirent, alors la société est perdue. Même les brigands, dans leurs sociétés éphémères, se donnent une loi. Toutefois, ce faisant, la justice ne fait que rétablir un état d'indifférence où elle n'a plus de motif d'exercer une préférence; et jamais elle ne suscitera par elle seule un début de bienfaisance ou de gratitude – ces passions qui favorisent l'échange positif des biens matériels et moraux entre les membres du corps et qui les réunissent dans une communauté proprement morale, quand les liens ainsi noués sont conformes à ce qu'il convient. Il semble donc que seule la bienfaisance, sa réponse, la gratitude, et son appréciation, le mérite, puissent engendrer cette texture sans laquelle il n'est pas de lien social durable. Les passions sociales et la moralité sont les véritables ciments de la société: heureuse celle dont les membres sont unis par des liens d'amour et d'affection réciproques! Des liens, rappelons-le, qu'elle n'a pas le pouvoir de commander elle-même.

Et cependant Smith déclare: 'Beneficence is less essential, to the existence of society than justice. Society may subsist, though not in the most comfortable state, without beneficence; but the prevalence of injustice must utterly destroy it.'[13] Cette réponse précautionneuse est indirectement motivée par le pessimisme moral de Smith: l'égoïsme des intérêts et la violence des hommes rejettent dans un idéal lointain l'espoir de voir se former une véritable communauté morale. Reste alors la justice; mais nous avons dit qu'elle est surtout réparatrice. Et qui se satisferait de vivre au cœur de la malveillance, dans une société de brigands? Encore une fois, quel sera le lien positif qui déterminera les membres du corps social à une réelle solidarité, qui favorisera entre eux une assistance mutuelle, qui rendra la vie non seulement possible, mais facile, à celui qui vit parmi ses semblables?

Dans un passage très célèbre, Smith esquisse une solution, faute de mieux: 'Society may subsist among different men, as among different merchants, from a sense of its utility, without any mutual love or

---

13. A. Smith, *The Theory of moral sentiments*, partie 2, section 2, ch.3, §3.

affection; and though no man in it should owe any obligation, or be bound in gratitude to any other, it may still be upheld by a mercenary exchange of good offices, according to an agreed valuation.'[14] A défaut du don répondant au don, l'utilité que l'on peut trouver à autrui en échange de ce que l'on peut soi-même offrir ou vendre, selon une valeur convenue, instaure le début d'un lien effectif – d'espèce marchande, il est vrai, c'est-à-dire au service de l'intérêt propre. De là à penser que, faute d'une réelle communauté morale, il faille se contenter d'un groupement marchand reposant sur des échanges économiques, sorte d'aménagement de l'égoïsme par lequel l'intérêt propre entre en relation avec d'autres intérêts, il y a un pas qu'il faut franchir avec prudence, si l'on ne veut pas, comme on le fait trop souvent, recourir abusivement à la main invisible. Sophie de Grouchy est très éloignée de s'engager dans une telle direction. Et cela pour une raison fondamentale: dans l'état civil, la justice est un principe positif qui s'exprime par les lois; dans l'institution politique, certes inspirée par la nécessité de réparer toujours la liberté asservie et l'égalité bafouée, la justice est capable d'instaurer entre les individus des liens qui sont véritables et conformes à la raison et qui réunissent les citoyens par leurs obligations mutuelles.

Pour entendre cette puissance positive des lois, il faut se porter au terme de la longue genèse brossée par les *Lettres sur la sympathie*, quand de l'idée de droit et de justice est enfin tirée l'idée de l'obligation. Car le propre du droit est de faire prévaloir les règles générales au nom de leur généralité même, seul instrument du bien commun qui soit infaillible; de sorte que toute préférence ou tout intérêt personnel étant exclu, il ne reste de déterminant que l'obligation comme telle. Or l'obligation crée des liens véritables: 'On est obligé à faire volontairement tout ce qu'un autre pourrait, sans blesser notre droit, exiger de nous, indépendamment de notre volonté; tel est le sens strict du mot *obligation*, qui se borne aux objets d'une justice rigoureuse' (Lettre VI, p.82). La seule limite de notre devoir est notre droit (défini par la raison); et aucune action, dès lors qu'elle est possible physiquement, ne peut rester indifférente à cette distinction. Ainsi, le riche n'a pas l'obligation de venir en aide à l'indigent en puisant dans son superflu, puisqu'il a le droit de jouir des fruits de son travail et que l'application générale de cette règle est indispensable à la survie et au progrès de la société. Mais cette préférence particulière, ce droit positif, lui ayant été légitimement accordée, rien n'interdit qu'il soit dans l'obligation également positive de payer des impôts, impôts qui peuvent être employés à l'amélioration du sort des citoyens les plus démunis; rien n'interdit que le corps politique s'emploie par des lois judicieuses à réduire cette différence des fortunes qui est source de tant

14. A. Smith, *The Theory of moral sentiments*, partie 2, section 2, ch.3, §2.

de maux. On ne peut imposer au riche d'être bienveillant et bienfaisant, mais on peut exiger de lui qu'il remplisse ses devoirs de citoyen au bénéfice de tous. L'obligation va ainsi au-delà de l'intérêt, qu'il soit celui du pauvre ou du riche.

A la vérité, cet argument est plus ébauché par Sophie de Grouchy qu'il n'est vraiment développé; et sa conception du droit reste passablement floue. En revanche, elle s'attarde longuement dans les Lettres VI et VII sur la réponse à donner à une question désormais inévitable: comment l'obligation qui naît de la généralité des lois peut-elle l'emporter sur l'intérêt? Comment, d'une part, la raison peut-elle parler plus fort que le cœur et, au nom de la loi de justice, détourner l'agent d'accomplir dans certaines circonstances l'acte de bienfaisance auquel il est enclin? Comment, d'autre part, peut-elle dominer l'intérêt propre et le soumettre au bien général?

Si, touchant la première question, il est aisé de rappeler que, déjà dans la vie morale, le sentiment doit être éclairé par la raison, et donc que celle-ci n'est pas sans effet, la seconde question est plus difficile à traiter puisque l'obligation, qui se tire de l'appréhension des règles générales, ne doit rien au sentiment, mais procède seulement de la raison. La raison serait-elle alors pratique par elle-même? Mais Sophie de Grouchy n'est pas Kant. Allons jusqu'à reconnaître que la règle, si elle est générale, exige par elle-même. Mais qu'est-ce que l'exigence de la règle, si l'agent n'assentit pas à son devoir? Or cet assentiment, qui est proprement une disposition active au bien et au juste, ne peut venir que du cœur. En quelque manière, tandis que dans la vie morale la raison prête son assistance au sentiment, c'est ici l'inverse: le sentiment vient en aide à la raison en faisant qu'il *importe* à chaque citoyen de répondre à l'obligation des lois. Et, par bonheur, l'exercice de la justice ne manque pas de s'accompagner de cet amour de la justice qui nous engage personnellement et positivement dans l'action à accomplir.

Ajoutons que, dans certaines circonstances, ce sens de la justice doit être plus fort que le sentiment moral, lequel, à quelque degré, reste attaché au bien particulier d'autrui:

> Dans l'idée du bien ou du mal moral, nous soumettons le sentiment naturel de la sympathie à la raison, qui le dirige vers l'intérêt le plus pressant. Dans celle du juste et de l'injuste, nous le soumettons à la raison, dirigée elle-même par des règles générales, par celle d'une préférence fondée sur des motifs généraux et raisonnés, qui vont au plus grand bien, c'est-à-dire par celle du *droit* (Lettre VI, p.80-81).

Il faut donc que '[l]e sentiment qui nous porte à être juste [soit] plus fort que celui qui nous engage à faire du bien' (Lettre VI, p.82). Comment cela est-il possible?

Le sens de la justice est nécessairement un sentiment d'une nature tout à fait particulière, même si dans sa source il procède, comme tout sentiment, de la sensibilité.[15] Il peut puiser sa force d'abord dans la satisfaction intérieure de faire du bien à autrui – quoique ce plaisir soit plus attaché à l'action bonne qu'à l'action juste. Il y a ensuite 'le plaisir immédiat de suivre la raison' (Lettre VI, p.82), ce plaisir que procure la certitude que nous avons la capacité d'agir selon la justice et d'obéir aux lois, même quand le penchant nous tire dans une voie contraire. Et la marquise trouve des accents quasi-kantiens: 'Le plaisir que nous éprouvons à suivre notre raison, est aussi composé du sentiment de notre liberté, et de celui d'une sorte d'indépendance et de supériorité à l'égard des causes les plus prochaines qui pourraient nous nuire' (Lettre VI, p.83). C'est enfin le plaisir de remplir une obligation et de se savoir ainsi à l'abri du ressentiment ou de la haine, et également du remords d'avoir mal fait.

Conclusion: le règne des lois

Créatures qui restent sensibles jusque dans le plein développement de leurs facultés, les hommes sont capables d'éprouver de l'intérêt non seulement pour les choses ou pour les êtres, mais encore pour les lois elles-mêmes, ils peuvent ressentir de l'amour pour la justice. On trouvera sans doute cette réponse un peu faible, même en conservant à ces plaisirs passablement réflexifs, dont on jouit dans l'exercice de la justice, toute la force de la sensibilité. Mais Sophie de Grouchy ne manque pas de conviction (Lettre VI, p.85):

> Il n'est donc pas nécessaire d'aller chercher hors de la nature et toujours loin d'elle, des motifs d'être bons, aussi incompréhensibles, qu'indépendants de notre intérêt direct et prochain; l'homme n'est donc par sa constitution morale, ni un être méchant et corrompu, ni même un être indifférent au bien, puisqu'il porte en lui-même un motif général d'être bon, et qu'il n'en a aucun d'être méchant.

Ne calomnions pas la nature humaine! Ne médisons pas du genre humain! Dans son plein développement naturel, animé par la sympathie, l'homme éprouve de l'intérêt pour son prochain; son intérêt particulier peut certes le porter au mal, mais il faut qu'aient été affaiblis en lui les motifs qu'il a d'être bon, des motifs qui sont généraux. Voilà un bel optimisme moral, qui doit se montrer encore plus enthousiaste quand

15. C'est ici que Sophie de Grouchy accuse Smith d'en appeler à un sens moral qui nous instruirait intimement de la convenance ou de la disconvenance des vertus ou des vices. Si nous adhérons à la justice et aux bienfaits qui peuvent en résulter, c'est encore un effet de la sympathie.

l'on en vient à la justice, c'est-à-dire, au plus haut accomplissement de la moralité! Mais n'est-ce pas là pure profession de foi?

Peut-être fallait-il garder encore, en 1798, un tel enthousiasme, après tant de troubles, de violences et d'incertitudes; peut-être faut-il honorer la marquise de Condorcet pour avoir su garder intact une telle force d'esprit. Mais elle tente de s'expliquer lorsqu'elle aborde dans la Lettre VII les motifs qui portent les hommes à être injustes et à violer les lois, et qui, en regard de la généralité de la loi, relèvent tous de l'intérêt. La marquise en distingue quatre sortes: l'intérêt d'avoir de l'argent, celui de l'ambition, celui de la vanité et celui de la passion de l'amour. Bornons-nous à examiner le premier.

Chacun recherche l'argent pour satisfaire ses besoins vitaux ou pour jouir de sa richesse. Et sans doute, quand le besoin est réel, l'intérêt est-il pressant: serait-il si pressant qu'il étouffe la voix de la conscience? Considérons la répartition des terres entre les familles: quand bien même l'on prendrait en compte les effets inévitables de l'inégalité naturelle, rien n'interdit qu'une sage répartition fasse que chaque famille ait amplement de quoi assurer sa vie; l'intérêt de l'argent, s'il se développe, n'est donc motivé que par de mauvaises lois qui favorisent l'inégalité des fortunes. Considérons les classes industrieuses: l'insuffisance des salaires a 'presque entièrement pour cause les lois prohibitives qui [gênent] le commerce et l'industrie' et qui concentrent les richesses dans quelques mains (Lettre VII, p.89). Bref, même pour ceux qui sont pressés par le besoin, l'intérêt d'être injuste ne s'impose que sous de mauvaises lois. Changez les lois, faites des lois justes, c'est-à-dire qui soient de véritables règles générales et qui ne favorisent pas l'intérêt de quelques-uns ou d'une classe particulière: non seulement l'amour de la justice pourra se développer sans être corrompu, mais il ne sera plus guère combattu par l'intérêt. Généralisez maintenant le raisonnement à toutes les sortes d'intérêts, changez non seulement les lois, mais aussi les institutions sociales, supprimez les cours et les foires à la vanité, rétablissez la liberté de s'aimer, de divorcer, etc. Bref, faites que la justice règne d'abord dans les lois, alors elle règnera dans les esprits et dans les cœurs. La réflexion et la raison, l'amour du bien et de la justice et l'intérêt bien tempéré se réuniront pour construire la société de demain.

Ah! Ceci est admirable! A la conviction que la nature humaine est bonne et capable de justice, il faut ajouter cette autre croyance que les lois puissent être justes et que, sous leur protection, les hommes, en en devenant tous également responsables, puissent vivre en paix, forts dans leurs droits, attentifs à leurs devoirs et mus par toute la complaisance que le cœur peut leur inspirer en faveur de leurs concitoyens. Quel redoublement d'enthousiasme! Est-il rien de plus hasardeux que de croire que les hommes sont sensibles et raisonnables, est-il rien de plus désespéré que de vouloir admettre et la bonté de la nature humaine et la justice de l'institution politique? C'est prétendre additionner Rousseau et Hobbes. Allons, prenez la meilleure société politique qui soit. Qu'y voyez-vous? Le conflit des intérêts, l'écrasement des faibles, les lois au service des riches, les institutions corrompues, sans parler de l'esprit de destruction et du goût âpre de la violence et de la mort. Au mieux, dans le fouillis des lois et des règlements, plutôt mal que bien appliqués, dans la rivalité des intérêts, peut-être discernerez-vous une sorte d'équilibre précaire, de compensation aveugle, de régularité hésitante dont nul ne se hasarderait à dire qu'elle est l'œuvre de la raison humaine.

Sophie de Grouchy elle-même semble prise de doute. Dans les toutes dernières pages, elle brosse un noir tableau – beaucoup trop violent et beaucoup trop complet pour qu'on croie à des lendemains nouveaux et vierges du passé – du vieil ordre politique qui vient d'être renversé et qui disparaît sous ses propres tares et ses propres maux. L'ordre ancien a trop profondément enraciné sa corruption dans le cœur des hommes pour que quiconque en soit totalement libre. Retenons ce seul dernier trait, le plus navrant (Lettre VIII, p.103):

> Où est celui qui, au lieu d'aller chercher toujours loin de la nature une nouvelle manière de jouir ou d'abuser de ses bienfaits, trouve chaque jour un plaisir nouveau à changer autour de lui tous les liens du devoir et de la servitude, en rapports de bienfaisance, de bonne foi, de bonté, et à faire ainsi de ses dieux pénates un asile où le bonheur qu'on lui doit, le force à goûter avec délices sa propre existence?

Sommes-nous même encore capables d'assez de bienfaisance pour réaliser, dans notre petit monde propre, ce que nous ne savons pas réaliser dans une nation toute entière?

Ce discours final, qui passe tout à coup du passé au présent, est singulier, comme si la réalité rattrapait la philosophie. La philosophie ne saurait donc aussi facilement disposer de l'histoire, il ne suffirait pas de penser rationnellement la justice. Hélas, nous savons que l'espérance est une pauvre chose. Mais nous savons aussi qu'il est difficile de vivre sans espérer. Et s'il est encore possible de 'vivre souvent avec soi' et de mêler à ses méditations les 'jouissances de la sagesse et de la philosophie' (Lettre première, p.29-30), ne désespérons point tout à fait: à défaut de changer l'histoire, les idées peuvent l'éclairer, que dis-je, elles peuvent en être l'intelligence vive. Et même la promesse.

Rhétorique et politique des émotions physiques de l'âme chez Sophie de Grouchy

MARC ANDRÉ BERNIER

En 1795, Sophie de Grouchy assure la publication de l'*Esquisse d'un tableau historique des progrès de l'esprit humain*, dernière œuvre de son époux, le marquis de Condorcet, qui en avait entrepris la rédaction peu de temps avant sa mort, dans la solitude de la proscription. L'ouvrage est, pour l'essentiel, animé par l'ambition de montrer que le perfectionnement des facultés humaines est lié à celui du langage, les progrès de l'esprit supposant ceux d'une langue appelée à devenir plus rationnelle en recourant au calcul ou, du moins, en fixant avec plus de rigueur le sens des termes qu'elle utilise. Aussi ce texte doit-il d'abord se comprendre en fonction de son refus, partout proclamé, de la rhétorique. Ici, aussi bien le discours philosophique que le débat politique sont invités à se libérer d'une parole oratoire qui, soumise à l'empire des passions et des préjugés, de l'opinion et du vraisemblable, se joue des mots pour mieux manipuler les consciences et égarer le jugement. Cette thèse, que reprend sans cesse Condorcet, explique notamment l'importance décisive qu'il accorde à l'invention de l'imprimerie, laquelle marque l'entrée de l'humanité dans la huitième époque de son histoire. Non seulement cette invention fait-elle des lumières 'un objet de commerce'[1] propre à assurer la publicité des idées, elle-même si nécessaire au progrès des connaissances, mais elle correspond encore à l'avènement, chez les Modernes, d'une République des lettres qui se distingue radicalement de celle des Anciens en soustrayant la raison à l'exigence rhétorique de séduire et d'émouvoir. Avec l'imprimerie, soutient Condorcet (p.342),

> on vit s'établir une nouvelle espèce de tribune d'où se communiquaient des impressions moins vives mais plus profondes, d'où l'on exerçait un empire moins tyrannique sur les passions, mais en obtenant sur la raison une puissance plus sûre et plus durable, où tout l'avantage était pour la vérité puisque l'art n'avait perdu sur les moyens de séduire qu'en gagnant sur ceux d'éclairer.

---

1. Condorcet, *Tableau historique des progrès de l'esprit humain*, éd. J.-P. Schandeler et P. Crépel (Paris, 2004) p.342.

Grâce à cette nouvelle tribune où le philosophe des Lumières succède à l'orateur antique, les règles de l'art de persuader ne peuvent, chez les Modernes, que se transformer en profondeur au profit d'un sens accru de l'exactitude. Une formule brillante, à laquelle avait déjà recouru Condorcet dans un *Rapport sur l'instruction publique* soumis à l'Assemblée nationale en 1792, illustre d'ailleurs à merveille en quoi l'invention de l'imprimerie marque, dans le rapport au langage, une rupture décisive entre Anciens et Modernes: 'Il était alors permis, utile peut-être, d'émouvoir le peuple. Nous lui devons de ne chercher qu'à l'éclairer.'[2]

Si Condorcet résume de la sorte l'une des tendances fondamentales d'une époque soucieuse de garantir le raisonnement des subterfuges d'une rhétorique prompte à corrompre le jugement à force d'allusions et de gesticulations, les quelques observations sur l'éloquence qu'esquisse au même moment Sophie de Grouchy me semblent mériter d'autant plus l'examen qu'elles engagent la réflexion dans une autre voie. Dans la quatrième de ses huit *Lettres sur la sympathie*, Grouchy insiste peu, en effet, sur la nécessité de rationaliser l'usage des signes linguistiques, comme le souhaitait Condorcet, et bien davantage sur les liens qui unissent la puissance du langage aux impressions naturelles de la sensibilité. Certes, ces pages se font l'écho des critiques dont la rhétorique est alors presque universellement l'objet. Instrument auquel recourt la superstition ou le despotisme pour mieux éblouir et asservir les hommes, l'art oratoire tire bien souvent son prestige et sa puissance du fait que 'le besoin de croire l'emporte, chez presque tous les hommes, sur la raison qui prescrit de ne croire que ce qui est prouvé', si bien

> que l'on persuade quelquefois seulement par l'emploi de certains mots consacrés, qui inspirent une sorte de vénération et d'enthousiasme par les grandes idées qu'ils réveillent. L'art de placer ces mots de manière à tenir lieu de raisons et de pensées, à produire sur les âmes des lecteurs et des auditeurs un effet qui leur ôte le pouvoir d'examiner, est un des secrets les plus sûrs de la fausse éloquence, et a fait de nos jours la réputation éphémère de plus d'un orateur politique.[3]

Toutefois, chez Sophie de Grouchy, dénoncer cette 'fausse éloquence' n'invite pas tant à disserter sur une langue dont la précision toute géométrique bannirait erreurs et préjugés, mais plutôt à évoquer ce langage qui, comme l'écrira bientôt sa contemporaine, Germaine de Staël, provoque 'l'exaltation la plus pure et la plus douce émotion' en se

---

2. Condorcet, 'Rapport sur l'instruction publique' (1792), dans Philippe-Joseph Salazar, *L'Art de parler: anthologie de manuels d'éloquence* (Paris, 2003), p.248.
3. Sophie de Grouchy, Lettre IV, p.67. La pagination renvoie à la présente édition des *Lettres sur la sympathie*.

rêvant comme le 'style de l'âme'[4] elle-même. Dans ce contexte se dessine désormais, chez Grouchy, l'intuition d'une parole dont la force, à l'exemple des signes extérieurs des passions aperçus à la surface du corps, serait susceptible d'affecter 'sympathiquement nos organes' (Lettre IV, p.58). Or, comme on le verra, l'originalité d'une telle rhétorique, qui doit moins à l'art qu'aux émotions physiques de l'âme, tient également au fait qu'elle s'inscrit dans une réflexion politique plus générale, où l'idéal républicain de fraternité appelle lui aussi à réformer l'usage du discours au profit d'une parole qui, un peu à la manière de l'éloquence de Rousseau, œuvre à refonder le lien social en se faisant l'expression d'une société des cœurs.

Refus et critique de la rhétorique classique

Pourtant, il importe d'emblée d'insister sur le caractère non seulement fragmentaire, mais aussi ambivalent des observations de Sophie de Grouchy sur l'éloquence, ne serait-ce que dans la mesure où, comme on l'a souligné, ces remarques sont, pour une bonne part du moins, des réflexions qui visent à mettre en garde contre la 'fausse éloquence'. C'est ainsi que, si '[l]'empire que certains hommes exercent sur ceux qui les écoutent ou qui les lisent en profitant des dispositions de leur âme, tient aussi à la sympathie', il n'en demeure pas moins que cet empire est souvent 'le résultat d'un art moins difficile que dangereux' (Lettre IV, p.66). En ce sens, l'art oratoire enseigne d'abord à tirer adroitement parti de ces

> esprits que le doute fatigue: que les uns, pour quelques objets, les autres pour tous, ne trouvent le repos que dans le sein d'une croyance tranquille [...]. Alors, il ne faut que leur proposer une opinion avec force, et avec persuasion, cacher avec art ce qui peut la rendre incertaine; et satisfaits d'être délivrés du doute, ils embrassent cette opinion avec plus d'ardeur, et elle les frappe davantage à proportion qu'elle leur rend plus de tranquillité. (Lettre IV, p.66)

Fidèle à l'héritage de Condorcet et aux leçons des idéologues, Grouchy congédie ici la rhétorique, n'hésitant pas à considérer qu'en manipulant avec un peu d'adresse tous les signes linguistiques auxquels répondent des idées vagues, on transforme dès lors de simples vraisemblances en autant de certitudes. A cet égard, tout l'effort de l'esprit critique doit consister à dévoiler les procédés sophistiques de cet 'art de tromper les hommes'[5] qu'évoquait déjà l'*Esquisse d'un tableau historique des progrès de l'esprit humain*, et que s'appliquent à démystifier à leur tour les *Lettres sur la sympathie*:

4. Germaine de Staël, *De la littérature* (1800), éd. Axel Blaeschke (Paris, 1998), p.391-92.
5. Condorcet, *Tableau historique des progrès de l'esprit humain*, p.254.

Un autre moyen de gagner les esprits (et peut-être le plus efficace de tous), c'est d'attacher à des principes généralement reconnus, surtout à des opinions adoptées avec enthousiasme, d'autres opinions qui n'en sont nullement les conséquences. Ces dernières se présentent alors avec une escorte qui les fait respecter. On est porté à croire sur le reste un écrivain qui, sur des objets importants, s'accorde avec nous, qui professe des opinions qui nous sont chères. (Lettre IV, p.67)

Sur cette base, il ne resterait donc plus à la raison qu'à anéantir toutes les prétentions de la rhétorique au profit d'une méthode permettant de délibérer, sur un fondement dorénavant rationnel, des opinions pro-bables, voire des jugements de valeur, comme le proposait Condorcet et, avec lui, tous les idéologues de la fin du siècle des Lumières.

Certes, la Révolution française avait bien su rappeler le lien nécessaire qu'entretiennent entre elles liberté démocratique et éloquence politique, surtout si l'on songe, comme l'écrivait récemment Eric Négrel, à quel point elle avait été 'un événement oratoire' instaurant 'une logique du *débat* qui fait de chaque citoyen un acteur politique potentiel'.[6] Cependant, si citoyens et orateurs inventent dans les clubs ou à la tribune de l'Assemblée nationale une pratique inédite du débat démocratique et si l'éloquence révolutionnaire renoue avec l'idéal an-tique d'une parole capable d'infléchir les volontés pour mieux agir sur le cours des affaires publiques, en même temps, la Révolution rejette la rhétorique en affichant un mépris ostensible pour cet art jugé artificieux. La recherche actuelle a bien su décrire cette posture. De manière générale, en effet, le dix-huitième siècle finissant accentue, à l'égard de la rhétorique, une attitude d'hostilité qui s'était développée tout au long du siècle 'dans deux voies principales, l'une qui réduit l'art de parler à bien penser, et l'autre à bien sentir, fixant deux sens à l'exigence de vérité, l'un objectif l'autre subjectif'.[7] Dans ce contexte, la rhétorique apparaît, d'une part, comme un art de l'artifice favorisant la pratique d'une parole inauthentique ou courtisane qu'entend contester une littérature qui, depuis Rousseau, cherche, pour ainsi dire, à s'écrire sous la dictée des mouvements les plus intimes de la nature. D'autre part, aussi bien le rationalisme du dix-septième siècle que l'empirisme du siècle suivant invitaient, à l'exemple de Locke dans son célèbre *Essai philosophique concernant l'entendement humain*, à valoriser l'usage d'un *plain language* peignant 'la vérité toute sèche'[8] et refusant du même souffle

6.   Eric Négrel, 'L'*Essai sur l'art oratoire* de Joseph Droz', *Dix-huitième Siècle* 35 (2003), p.499-518 (p.499).
7.   Jean-Paul Sermain, 'Une rhétorique républicaine: l'*Essai sur l'art oratoire* de Joseph Droz (1799)', dans *Une Expérience rhétorique de la parole: l'éloquence de la Révolution*, éd. Eric Négrel et J.-P. Sermain (Oxford, 2002), p.264.
8.   John Locke, *Essai philosophique concernant l'entendement humain*, trad. Pierre Coste, éd. Emilienne Naert (Paris, 1972), Livre 3, ch.10, §34, p.412.

toute rhétorique, ce 'puissant instrument d'erreurs et de fourberie',[9] suivant encore là l'expression même du philosophe anglais. Mais qu'elle enfante un langage destitué de toute authenticité ou de toute vérité scientifique, dans les deux cas, la rhétorique, et avec elle cet art de la feinte et du détour calculé qu'elle semblait professer, voyait tous ses méfaits résumés dans l'œuvre de la Compagnie de Jésus.[10] Fidèles à la tradition de l'humanisme rhétorique, les pères de la Compagnie avaient toujours accordé aux arts du discours un rôle fondamental qu'affirmait avec éclat le plan d'éducation en vigueur dans les collèges jésuites et qui, précisément, faisait de l'art oratoire le couronnement du cursus scolaire. Mais chez plusieurs philosophes et, bientôt, chez la plupart des acteurs de la Révolution, célébration jésuite de l'éloquence et jésuitisme ne firent qu'un, la rhétorique s'étant irrémédiablement compromise à leurs yeux dans de fastueuses cérémonies de la parole destinées à tromper le cœur et l'esprit en faveur de l'imposture religieuse ou monarchique. C'est pourquoi, en 1795, la Révolution remplace les collèges d'Ancien Régime par des Ecoles centrales, où elle marginalise la rhétorique dans l'enseignement, adoptant ainsi une politique inspirée des projets de réformes pédagogiques de Condorcet lui-même.[11] Dans ce climat général d'hostilité, s'il faut s'étonner, en somme, ce ne sont donc pas des observations critiques de Sophie de Grouchy contre la 'fausse éloquence', mais bien de ses considérations favorables aux 'succès du véritable talent' oratoire, auquel on doit de 'nous faire sentir avec force ce que nous n'aurions vu que froidement' (Lettre IV, p.67).

Inventer le 'style de l'âme'

Il faut dire que Grouchy n'est pas seule, parmi ses contemporains, à élever la voix contre une condamnation sans nuance de l'éloquence. A la même époque, Mme de Staël avait plaidé, dans *De la littérature*, la cause de l'art oratoire, dont elle faisait l'une des expressions par excellence de la plénitude du langage. Elle remarquait:

> Quand une fois la puissance de la parole est admise dans les intérêts politiques, elle devient de la plus haute importance. Dans les Etats où la

9. J. Locke, *Essai*, p.412 et p.413. Sur l'hostilité de Locke envers la rhétorique, voir Thomas M. Conley, *Rhetoric in the European tradition* (Chicago, MI, et Londres, 1994), p.191, qui développe les motifs pour lesquels 'the New Philosophers – Locke in particular – were for the most part hostile to rhetoric'.
10. Voir, sur ces questions, Françoise Douay et J.-P. Sermain, 'Présentation', dans *Une Expérience rhétorique de la parole*, en particulier, p.2 et suiv.
11. Voir tout particulièrement Brigitte Schlieben-Lange et Jochen Hafner, 'Rhétorique et grammaire générale dans les Ecoles centrales', dans *Une Expérience rhétorique de la parole*; voir aussi Claude Désirat et Tristan Hordé, 'Les Ecoles normales: une liquidation de la rhétorique?', *Littérature* 18 (1975), p.31-50.

loi despotique frappe silencieusement sur les têtes, la considération appartient précisément à ce silence [...]; mais quand le gouvernement entre avec la nation dans l'examen de ses intérêts, la noblesse et la simplicité des expressions qu'il emploie, peuvent seules lui valoir la confiance nationale.

Sans doute les plus grands hommes connus n'ont pas tous été distingués comme écrivains; mais il en est certainement très peu qui n'aient exercé l'empire de la parole. Tous les beaux discours, tous les mots célèbres des héros de l'antiquité, sont les modèles des grandes qualités du style: ce sont ces expressions inspirées par le génie ou la vertu que le talent s'efforce de recueillir ou d'imiter.[12]

Si ce passage se porte à la défense de l'éloquence en ravivant le souvenir magnifié de la magistrature civique exercée par les grands orateurs de l'antiquité, Germaine de Staël y introduit en même temps un thème où perce ce qu'elle-même aurait appelé l''esprit général'[13] des lettres françaises sous la Révolution. Ce thème, cette formule qui lui est chère le résume: 'la noblesse et la simplicité des expressions'. En cette fin du dix-huitième siècle, la simplicité et la noblesse, ce sont aussi bien les emblèmes de la liberté et du goût néoclassique que ceux d'une éloquence qui, en refusant la brillante futilité des traits d'esprit cultivés par le salon aristocratique de l'Ancien Régime, aspire désormais à l'élévation de la parole. Le style nouveau, précise en effet Mme de Staël, c'est celui que doivent pratiquer 'des hommes qui sont appelés à gouverner l'Etat', un 'style mesuré, solennel et quelquefois touchant'.[14] En ce sens, chez elle tout comme chez Cicéron jadis, l'éloquence est indissociable d'une *dignitas* et d'une *gravitas*, c'est-à-dire d'une élévation du discours, elle-même fondée sur un sens de la dignité et de l'autorité d'une parole qui, proférée du haut de la tribune et appelée à fédérer la nation, se veut grave et responsable.

Si Mme de Staël résume à merveille l'une des tendances essentielles d'une époque soucieuse de mettre à l'écart persiflage mondain et jeux de mots frivoles au profit d'un idéal civique d'élévation, les plus récents travaux de Jean-Paul Sermain ont également permis de faire entendre à nouveau une autre de ces interventions dissidentes: celle de Joseph Droz, auteur d'un *Essai sur l'art oratoire* publié en 1799, seul 'traité de rhétorique paru pendant la période révolutionnaire'.[15] Tout comme Mme de Staël, Droz se porte à la défense de l'art oratoire en réactivant le souvenir du *Dialogue des orateurs* de Tacite, d'autant plus précieux qu'il permet d'envisager une 'rhétorique républicaine' seule capable de renouer le 'lien de l'éloquence et de la démocratie qu'on avait dit perdu avec les

---

12. G. de Staël, *De la littérature*, p.393-94.
13. Sur cette expression, voir G. de Staël, *De la littérature*, p.148 et suiv.
14. G. de Staël, *De la littérature*, p.394.
15. J.-P. Sermain, 'Une rhétorique républicaine', p.257.

monarchies'.[16] De même, Droz entend ramener l'éloquence 'à son état de grandeur qu'on ne lui trouve que dans les Etats libres',[17] suivant un esprit où, encore là, la dignité de l'orateur s'épanouit dans la majesté d'une parole démocratique et responsable qui, par définition, est appelée à s'ouvrir sur un espace, celui du forum, qu'il évoque de la sorte: 'lorsque les hommes sont réunis en grand nombre, ils sont plus susceptibles de recevoir les impressions vives, les objets qui les environnent les y préparant; c'est qu'un peuple assemblé est pour lui-même le plus beau spectacle qui puisse s'offrir aux yeux, et que l'âme de l'orateur doit en être agrandie'.[18] Ici, la scène de la tribune prépare aussi bien le peuple rassemblé que l'orateur à l'exercice d'un magistère civique qui agrandit et élève les âmes. Or, on retrouve également, chez Sophie de Grouchy, la description de cette même scène; voici toutefois en quels termes elle le fait (Lettre IV, p.65-66):

> On peut compter, parmi les effets de la sympathie, le pouvoir d'une assemblée nombreuse pour exciter nos émotions, et celui qu'ont quelques hommes de nous inspirer leurs opinions. Voici, ce me semble, quelques causes de ces phénomènes.
>
> D'abord, la présence seule d'une multitude d'hommes agit sur nous par les impressions que réveillent leur figure, leurs discours, le souvenir de leurs actions; leur attention, en outre, appelle la nôtre, et leur empressement qui avertit notre sensibilité des émotions qu'elle va recevoir, les commence déjà. C'est aussi le plaisir [...] d'acquérir sur-le-champ une idée ou un sentiment, plaisir qui, lorsqu'il est très vif, fait, qu'admettant sans réflexion cette idée ou ce sentiment, nous prenons subitement de l'admiration pour celui qui les excite en nous. [...]
>
> Enfin, comme nous sympathisons avec les passions des autres, les signes de ces passions nous émeuvent, et suffisent pour nous les faire éprouver. Lors donc que nous les éprouvons déjà avec un certain degré de force, la vue de ces passions doit les augmenter encore, et comme nous agissons également sur autrui, il doit en résulter une exaltation toujours croissante de passion, jusqu'à ce qu'elle atteigne le plus haut degré auquel la nature de chacun peut la porter. Telle est la cause de l'énergie des crimes et des vertus dans les tumultes populaires.

Ce que donne à penser ce passage, c'est moins l'élévation des esprits que suscite la beauté du spectacle offert par une foule rassemblée, que l'action immédiate de ces émotions physiques qui gagnent l'âme et emportent la persuasion; c'est moins la dignité d'un magistère civique qu'une chimie des cœurs qui procède de la sympathie et qu'opère jusqu'à l'exaltation la perception des signes extérieurs des passions. Autrement

16. J.-P. Sermain, 'Une rhétorique républicaine', p.260.
17. Joseph Droz, *Essai sur l'art oratoire*; cité par J.-P. Sermain, 'Une rhétorique républicaine', p.266.
18. J. Droz, *Essai sur l'art oratoire*; cité par J.-P. Sermain, 'Une rhétorique républicaine', p.262.

dit, si Sophie de Grouchy partage avec Germaine de Staël ou Joseph Droz
le projet d'une réhabilitation de l'éloquence, elle reste néanmoins
étrangère à la célébration d'un style solennel et viril, drapé dans une
vertu à l'antique. D'une éloquence dont la grandeur rénovée se nourrit
de modèles anciens, on passe, en somme, à une conception qui enracine
la puissance de la parole dans une émotion physique, voire organique,
dont le trouble se communique immédiatement à l'âme. A un art
oratoire dominé par la théâtralisation du discours, la multitude
assemblée devenant chez Droz un spectacle et la tribune de l'orateur
une scène, s'oppose enfin un univers où l'exercice de la parole éloquente
sollicite d'abord les sentiments immédiats du corps, qui occasionnent à
leur tour des mouvements à la fois énergiques et pathétiques.

Qu'on en juge d'après les descriptions que fait Grouchy de la manière
dont la véritable éloquence agit sur les cœurs et les esprits (Lettre IV,
p.67):

> Si un écrivain ou un orateur s'exprime d'une manière passionnée, nous
> éprouvons nécessairement cette émotion, qu'excite en nous la vue d'un
> homme agité d'un sentiment vif et profond; et cette émotion, qui répond
> machinalement à la sienne, nous dispose à la partager, pourvu que la cause
> nous en paraisse suffisante. [...] et de là naît une plus grande facilité à croire
> ce qui nous émeut, et celle d'adopter les opinions des écrivains passionnés.

Ces observations, où s'affirme l'idée d'une action nécessaire et machinale
de l'émotion sur la persuasion et qui plaident en faveur d'un style
passionné s'écrivant sous la dictée du sentiment, doivent l'essentiel de
leur inspiration à la conception que se fait Grouchy des phénomènes de
sympathie, qu'elle considère sans cesse à la lumière des principales thèses
du matérialisme pour mieux insister sur leur caractère physique, vécu et
immédiat.[19] C'est ce dont témoigne, par exemple, l'écho qu'auront ses
réflexions chez les idéologues, et notamment chez Cabanis qui, dans ses
Rapports du physique et du moral de l'homme, reprend justement l'idée suivant
laquelle les phénomènes de sympathie commandent une éloquence du
corps et une sorte de langage secret, eux-mêmes fondés sur une identification immédiate au sentiment d'autrui:

> La sympathie morale offre encore des effets bien dignes de remarque. Par la
> seule puissance de leurs signes, les impressions peuvent se communiquer
> d'un être sensible, ou considéré comme tel, à d'autres êtres qui, pour les
> partager, semblent alors s'identifier avec lui. On voit les individus s'attirer
> [...]: leurs idées et leurs sentiments [...] se répondent par un langage secret,
> aussi rapide que les impressions elles-mêmes.[20]

---

19. Voir, ci-dessus, Marc André Bernier, 'Présentation', p.13 et suiv.
20. Cabanis, *Rapports du physique et du moral de l'homme*, p.47.

De ce point de vue, la théorie des sentiments moraux, que développent plusieurs représentants du matérialisme philosophique et de l'idéologie dans la seconde moitié du dix-huitième siècle français, contribue puissamment à bouleverser 'le projet traditionnel de la rhétorique d'agir sur les passions de l'auditoire en faisant de l'orateur celui qui éprouve les sentiments qu'il manipule, et de son discours l'expression spontanée, authentique de ses émotions, excluant ainsi tout art'.[21] Pour Grouchy, toutefois, apercevoir dans la sympathie une propriété de la matière organique qui dispose chaque individu 'à sentir d'une manière semblable à celle d'autrui' (Lettre première, p.31) ne se borne pas, comme plus tard chez Cabanis, à un projet où il importe avant tout de ramener les échanges entre individus à 'certaines propriétés communes à tous les êtres vivants' et, par delà, aux 'lois fondamentales de la sensibilité';[22] chez elle, les thèses du matérialisme nourrissent de surcroît l'aspiration à une forme de communication enchantée (Lettre III, p.47):

> Les premiers mouvements de cette sympathie naissent à l'instant même où les objets qui peuvent l'exciter s'offrent à nos regards. Quand nous voyons un homme pour la première fois, nous observons ses traits, nous cherchons son âme sur son visage [...]. Bientôt l'impression de la physionomie est augmentée [...] par celle des mouvements, des manières, des paroles, par l'accord ou le contraste de ses discours et de ses actions. Lorsque nous croyons trouver dans le regard où l'âme cherche à s'échapper, dans la parole qui en développe les mouvements, dans la physionomie qui en décèle les habitudes, dans les manières qui les trahissent, le caractère et les marques de quelques qualités qui nous intéressent particulièrement [...]; alors il s'élève en nous un mouvement de bienveillance pour celui qui nous en paraît doué; nous nous sentons portés vers lui.

Ainsi, avec ces émotions, ces affections sympathiques et ces idées dérivant toujours d'impressions physiques, cette description suppose non seulement des conceptions matérialistes, mais encore le souvenir de Rousseau qui, comme le souligne Philip Knee, avait amorcé cette quête d'un langage procédant d'un 'échange direct et silencieux de signes, qui ont ceci de particulier qu'ils sont vrais *dès qu'ils sont sentis*'.[23] A l'évidence, les *Lettres sur la sympathie* doivent beaucoup à un tel projet où l'expressivité du langage émane de la vérité de l'expérience vécue, comme l'atteste d'ailleurs cet éloge de 'l'art de Rousseau', auteur qui, précisément, 'vous pénètre de sa propre persuasion, et excite en un moment, au fond de votre cœur, une émotion aussi entraînante vers

21. J.-P. Sermain, 'Une rhétorique républicaine', p.264.
22. Cabanis, *Rapports du physique et du moral de l'homme*, p.47.
23. Philip Knee, 'Les mésaventures politiques de la sympathie chez Rousseau', p.438-39; c'est l'auteur qui souligne.

l'opinion qu'il veut établir, que pourrait l'être le sentiment habituel de tout ce qui est capable de justifier cette opinion' (Lettre IV, p.67-68).

Bref, aux détours étudiés d'une rhétorique traditionnelle, qui conviait l'écrivain ou l'orateur à méditer ses stratégies, à manipuler les passions et à mesurer leurs effets, s'oppose désormais l'idéal d'une parole qui éveille d'autant plus machinalement des émotions fortes qu'elle est dictée par un 'sentiment vif et profond', et qu'elle se rêve dès lors comme 'le style de l'âme' elle-même. Mais en insistant sur cette émotion que 'nous éprouvons nécessairement' en entendant un orateur qui 's'exprime d'une manière passionnée', Sophie de Grouchy ouvre en même temps la voie à une éloquence du pathétique, enracinée dans des mouvements organiques qu'excite naturellement la sympathie et qui investissent immédiatement le discours.

Examinons, par exemple, ce tableau qu'elle propose de l'éducation citoyenne qu'il importe d'assurer aux enfants, alors que répétitions, exclamations et exhortations servent manifestement à rendre im-pressions sensibles et affections sympathiques, émotions physiques et indignation politique (Lettre première, p.35-36):

> Pères, mères, instituteurs, vous avez presque entre vos mains la destinée de la génération qui vous suivra! Ah! que vous êtes coupables, si vous laissez avorter, dans vos enfants, ces précieux germes de sensibilité qui n'attendent, pour se développer, que la vue de la douleur, que l'exemple de la com-passion, que les larmes de la reconnaissance, qu'une main éclairée qui les échauffe et les remue! Que vous êtes coupables, [...] si vous êtes plus impatients de les voir plaire dans un cercle, que de voir leurs cœurs bouillonner d'indignation à l'aspect de l'injustice, leurs fronts pâlir devant la douleur, leurs cœurs traiter tous les hommes en frères! [...] En faut-il moins pour qu'au milieu de cette foule de barrières oppressives, élevées entre l'homme et l'homme, par le besoin, la force et la vanité, ils tremblent à chaque pas de blesser ses droits [...]! Que la douce habitude de faire le bien leur apprenne que c'est par leur cœur qu'ils peuvent être heureux, et non par leurs titres, par leur luxe, par leurs dignités, par leurs richesses!
> Vous me l'avez appris, respectable mère, dont j'ai tant de fois suivi les pas sous le toit délabré du malheureux, combattant contre l'indigence et la douleur! [...] Oui, c'est en voyant vos mains soulager à la fois la misère et la maladie; c'est en voyant les regards souffrants du pauvre se tourner vers vous et s'attendrir en vous bénissant, que j'ai senti tout mon cœur, et que le vrai bien de la vie sociale expliquée à mes yeux, m'a paru dans le bonheur d'aimer les hommes et de les servir.

Du moment où des 'regards souffrants [...] expliquent' aux yeux et que la douleur d'autrui fait immédiatement sentir son propre cœur, on s'aperçoit à quel point, désormais, la sympathie devient l'une des sources par excellence de l'invention verbale et le principe d'une prose où se dit et s'accomplit tout à la fois une société des cœurs. De ce fait, on passe d'un art de dire où vont de pair représentation étudiée des passions et mise en scène calculée de son propre sentiment, à une sorte de rhétorique des émotions physiques de l'âme, qu'illustrent, presque à chaque page des *Lettres sur la sympathie*, ces fronts qui pâlissent 'devant la douleur', ces bras qui se tendent 'avec agitation' vers un malheureux que les flots vont engloutir, ces larmes qu'arrache à la multitude l'horreur des échafauds (Lettre première, p.35; Lettre II, p.43 et 45) ou encore ces regards qui 'expliquent' au cœur le vrai bien. En somme, à ces mouvements touchants d'un corps sensible répond une succession d'images pathétiques où l'immédiateté des impressions s'accomplit dans l'énergie d'une parole qui illumine toutes les formes du rapport à autrui.

C'est pourquoi ce déplacement essentiel de la réflexion sur le langage au profit d'une promotion du pathétique est, enfin, solidaire d'une reconfiguration générale de l'économie des rapports entre l'éloquence et le nouvel ordre politique républicain. A la même époque, Germaine de Staël avait également considéré cette question et examiné, dans *De la littérature*, le statut dont devrait jouir une parole éloquente et citoyenne au sein d'une république moderne. Voici en quels termes elle posait le problème: 'Mais si les vérités morales parviennent un jour à la démonstration, et que la langue qui doit les exprimer arrive presque à la précision mathématique, que deviendra l'éloquence?' Si les prémisses sont ici les mêmes que chez Condorcet et les idéologues, puisque Mme de Staël envisage comme une possibilité réelle de rationaliser l'usage des signes linguistiques, la réponse qu'elle propose introduit pourtant un tout autre point de vue:

> Tout ce qui tient à la vertu, dérivant d'une autre source, ayant un autre principe que le raisonnement, l'éloquence régnera toujours dans l'empire qu'elle doit posséder. Elle ne s'exercera plus sur tout ce qui a rapport aux sciences politiques et métaphysiques, sur toutes les idées abstraites de quelque nature qu'elles soient; mais elle n'en sera que plus honorée: car on ne pourra plus la présenter comme dangereuse si elle se concentre dans son foyer naturel, dans la puissance des sentiments sur notre âme.[24]

Autrement dit, l'expérience politique ne relève pas seulement de la science, car elle procède encore d'un sentiment dont seule une parole éloquente est à même de révéler la vérité qu'il comporte et, sur ce point, les observations de Germaine de Staël et celles de Sophie de Grouchy concordent parfaitement. Aussi la puissance d'un langage porté par l'émotion est-elle appelée, chez Grouchy, à servir les valeurs républicaines et, en particulier, celles qu'inspire une sensibilité résolument moderne: la bienfaisance et l'humanité. Ce sont même ces valeurs, si caractéristiques au demeurant des Lumières finissantes, qui

---

24. G. de Staël, *De la littérature*, p.407.

justifient à ses yeux la constitution républicaine, dont les principes seraient tirés des lois de la sensibilité, c'est-à-dire de ces mouvements spontanés de la sympathie qui, en suscitant des rapports fraternels entre les hommes, les rapprochent par delà les distinctions de rang ou de fortune. Chez elle, l'esprit d'égalité que répand la sympathie au sein du corps politique suppose même un accord entre les cœurs étranger à toutes les hiérarchies de la société d'Ancien Régime. Devant le sentiment de sympathie qui se communique entre les êtres (Lettre VI, p.81):

> ne voyez-vous pas, mon cher C***, tomber en poussière et s'évanouir, en un instant, ce monstrueux édifice des droits prétendus du despote, du noble, du ministre des autels, de tous les dépositaires d'un pouvoir non délégué? Prérogatives qui avaient cependant banni d'entre nous la liberté et l'égalité naturelle, et que l'ignorance ou la faiblesse mettent encore chez tant de nations au rang des droits! Comme si la raison pouvait approuver de ne laisser à un souverain [...] d'autre frein que ses remords, le progrès des lumières, ou le désespoir de ses victimes? [...] Comme si elle autorisait que le ministre de la religion (en existât-il une vraie), possédât des richesses oppressives, et que l'intolérance pût jamais être une suite de son ministère!

C'est ainsi qu'à la fin, la conception que se fait Sophie de Grouchy de la communauté politique culmine dans les élans d'une parole citoyenne, qui se conçoit comme un langage propre à célébrer la communion des sentiments et la fraternité des cœurs sur les ruines d'une monarchie dont les valeurs apparaissent désormais comme la source, suivant sa belle expression, de tous les 'sentiments anti-sympathiques' (Lettre VI, p.86).

Cette éloquence républicaine ne contribue pourtant à renouer les liens naturels unissant les hommes que dans la mesure où, par delà tout raisonnement, elle se fait d'abord l'écho d'affections sympathiques, un peu à la manière de Rousseau qui, comme l'observe Grouchy, 'par la force de sa sensibilité [...] renouvellera d'âge en âge l'enthousiasme de la liberté et de la vertu' (Lettre IV, p.68). De ce point de vue, les *Lettres sur la sympathie* donnent aussi à lire la manière dont les Lumières finissantes ont cherché à inventer la langue d'un plaidoyer républicain, celui que profère Sophie elle-même dans cette prosopopée qui proclame qu'au 'milieu du choc de tant de passions qui oppriment le faible [...], l'humanité plaide en secret pour lui au fond des cœurs, et le venge de l'injustice du sort, en y réveillant le sentiment de l'égalité naturelle' (Lettre première, p.37).

Droits de la femme et droit au bonheur

DEIDRE DAWSON

Paris, December 26th, 1792.

About nine o'clock this morning, the king passed by my window, moving silently along (excepting now and then a few strokes on the drum, which rendered the stillness more awful) through empty streets, surrounded by the national guards, who, clustering round the carriage, seemed to deserve their name. The inhabitants flocked to their windows, but the casements were all shut, not a voice was heard, nor did I see anything like an insulting gesture. – For the first time since I entered France, I bowed to the majesty of the people, and respected the propriety of behaviour so perfectly in unison with my own feelings. I can scarcely tell you why, but an association of ideas made the tears flow insensibly from my eyes, when I saw Louis sitting, with more dignity than I expected from his character, in a hackney coach, going to meet his death, where so many of his race have triumphed.

Mary Wollstonecraft,
The Collected letters, lettre à Joseph Johnson

18 décembre [1792].

Voici une lettre de Mme de Condorcet qui vous apprendra qu'elle croit que vous avez voulu désigner la *Chronique* en parlant du *Postillon de la guerre*. Je serais d'avis que vous lui écrivissiez un mot fort honnête de désaveu [...]. Mais pourquoi suis-je si triste? Ce n'est pas l'affreux spectacle de la mort de ce roi, c'est le sentiment que vous m'avez assez peu aimée pour préférer l'éclat à ma vie, c'est le sentiment que je ne puis vous faire aimer votre existence et que vous la prodiguez sans cesse avec une exaltation presque ridicule.

Germaine de Staël,
'Lettres inédites à Louis de Narbonne'

C'est la fin de l'année 1792. Mary Wollstonecraft, philosophe et auteure anglaise, vient de publier son traité féministe, *A Vindication of the rights of woman*, et de s'installer à Paris pour observer de ses propres yeux le déroulement des événements révolutionnaires. En 1790, elle avait fait paraître *A Vindication of the rights of men, in a letter to the Right Honorable Edmund Burke*, pour réfuter les *Reflections on the Revolution* de l'auteur du plus célèbre et du plus virulent des textes anti-révolutionnaires anglais, publié la même année et considéré comme le manifeste du conservatisme. En ce même mois de décembre 1792, Germaine de Staël s'inquiète pour son amant, Louis de Narbonne, réfugié en Angleterre, à Juniper Hall, près de la famille de la romancière anglaise Fanny Burney,[1] depuis son renvoi du ministère de la Guerre. Condorcet et certains Girondins avaient appuyé Narbonne afin qu'il obtienne le portefeuille de la guerre et, maintenant que la fureur jacobine commençait à menacer tous ceux qui n'étaient pas de leur parti, il importait que le ministre disgracié lève les soupçons qu'éveillaient les journaux auxquels il aurait donné des subventions puisées à même les coffres du ministère. La crainte de l'avenir explique aussi la lettre que Sophie de Grouchy envoie à Germaine de Staël, car Condorcet était l'un des rédacteurs de la *Chronique*, journal que Narbonne avait nommé à tort dans sa lettre de justification à l'Assemblée.[2] En effet, quelques mois plus tard, le destin de ces trois femmes prendra un nouveau cours, que déterminent les hommes avec lesquels elles s'étaient liées d'amour. Le décret d'arrestation de Condorcet, le 2 juin 1793, forcera Sophie de Grouchy à divorcer d'avec lui, pour sauver sa vie et celle de sa fille; à la fin du mois de juin, Germaine de Staël se trouve avec son mari à Coppet, en Suisse, alors qu'elle a dû laisser son amant en Angleterre, où elle a séjourné quatre mois avec lui à Juniper Hall et à Londres; enfin, en août 1793, Mary Wollstonecraft sera enceinte de Gilbert Imlay, un auteur et aventurier américain qui faisait partie d'un complot destiné à reprendre

1. En septembre 1792, Fanny Burney reçoit une lettre de sa sœur, Mme Philips, annonçant l'arrivée des rescapés de la Révolution: 'We shall shortly, I believe, have a little colony of unfortunate (or rather fortunate, since they are safe) French noblesse in our neighborhood.' Cette 'colonie française' comprenait, entre d'autres, M. de Narbonne, M. de Montmorency, le comte de Jaucourt, la marquise de la Châtre, Mme de Broglie et le général Alexandre d'Arblay, un ami de Narbonne; voir Constance Hill, *Juniper Hall: a rendezvous of certain illustrious personages during the French Revolution, including Alexandre d'Arblay and Fanny Burney* (Londres, 1904), p.37. Romancière anglaise, auteure d'*Evelina or History of a young lady's entrance into the world* (1778), *Cecilia, or Memoirs of an heiress* (1782), *Camilla* (1796) et *The Wanderer, or Female difficulties* (1814), Frances Burney (1752-1840) se lie d'amitié avec Germaine de Staël, qu'elle admire et qui vient à Juniper Hall en février 1793 retrouver Narbonne. En août 1793, Burney épouse le général d'Arblay.
2. G. de Staël, 'Lettres inédites à Louis de Narbonne', dans *Correspondance générale*, éd. Béatrice W. Jasinski (Paris, 1960), tome II, première partie, p.85, n.2.

les colonies espagnoles de la vallée du Mississippi au nom de la France.[3] Philosophes et écrivaines pleinement engagées dans les grands événements et les grandes questions de leur époque, ces féministes avant la lettre écrivaient aussi en tant qu'amantes, amies, épouses et mères. Bien qu'issues de milieux différents, elles avaient en commun la vivacité de leur intelligence, la profondeur de leurs connaissances et leur penchant pour la lecture et l'écriture. Leur intérêt pour la politique procède autant des modes de sociabilité auxquels elles participent et de leur sympathie pour leurs semblables que de leurs capacités analytiques.

A la veille de la Révolution, Sophie de Grouchy et Germaine de Staël étaient déjà connues pour leurs activités politiques, le brio de leur conversation et le monde qui fréquentait leur salon, dans un contexte où la seconde commençait à se distinguer par ses écrits.[4] Peu après leur mariage en 1786, Condorcet et Sophie de Grouchy s'installent à l'Hôtel des Monnaies, et leur salon – qui s'ouvre en même temps que celui de Mme de Staël, comme le note Antoine Guillois – 'ne tarda pas à devenir le rendez-vous des philosophes, des savants et des littérateurs'.[5] Parmi les habitués de leur salon se trouvent les poètes André Chénier et Antoine Roucher, Beaumarchais, Cabanis, Chamfort, l'abbé Morellet, Marmontel, les Suard et 'les Américains': Brissot de Warville, Chastellux,[6] Lafayette et Thomas Paine, dont Sophie de Grouchy traduira certains tracts et

3. Un des Français impliqués dans cette conspiration est Jacques Pierre Brissot de Warville (1754-1793), journaliste, publiciste girondin proche des Condorcet, qui avait publié, en 1791, un *Nouveau Voyage dans les Etats-Unis de l'Amérique septentrionale, fait en 1788*. La correspondance de Brissot avec Pierre Lebrun, ministre des Affaires étrangères, indique que l'Américain Imlay s'apprêtait à partir avec une expédition militaire secrète en Louisiane en 1793. Wollstonecraft ignorait tout des activités politiques clandestines de son amant, mais parle dans ses lettres de son désir de fonder un foyer en Louisiane avec Imlay. Voir Eleanor Flexner, *Mary Wollstonecraft: a biography* (New York, 1972), p.181-84.

4. Madeleine Gutwirth note que Necker avait interdit à sa femme de terminer un ouvrage sur Fénelon qu'elle avait entrepris et qu'il faisait tout pour empêcher sa fille d'écrire; voir *Mme de Staël, novelist: the emergence of the artist as woman* (Chicago, MI, 1978), p.40-42. Malgré ce peu d'encouragement, la jeune Germaine Necker est déjà l'auteure, quand elle épouse M. de Staël, des nouvelles *Pauline* (1785), *Adélaïde et Théodore* (1786) et *Mirza* (1786), ainsi que d'une pièce de théâtre, *Sophie, ou les Sentiments secrets* (1786). Elle commence à se faire remarquer sur la scène littéraire parisienne avec sa pièce de théâtre *Jane Grey* (1787) et ses *Lettres sur les ouvrages et le caractère de J.-J. Rousseau* (1788).

5. Antoine Guillois, *La Marquise de Condorcet*, p.73.

6. Comme Brissot de Warville, le marquis de Chastellux publie un ouvrage sur un voyage récent aux Etats-Unis, *Voyages de M. le marquis de Chastellux dans l'Amérique septentrionale: dans les années 1780, 1781 et 1782*, 2 vol. (Paris, Prault, 1786). Dans les années précédant la Révolution française, on suivait de près, en France, le développement de la nouvelle nation, et tous les ouvrages sur ce sujet suscitaient des discussions passionnées dans les salons. Voir Durand Echevarria, *Mirage in the West: a history of the French image of American society to 1815* (Princeton, NJ, 1968).

discours.[7] Elisabeth Badinter souligne l'importance de ce salon que singularise le fait qu'il soit tenu par 'un couple qui pratique l'égalité des sexes'.[8] Ce ne sera pas le cas chez les Staël. Anne-Louise-Germaine Necker épouse en 1786 un Suédois dont la figure est belle, mais la fortune et l'esprit assez médiocres: il s'agit d'Eric-Magnus de Staël-Holstein, ambassadeur du roi de Suède, Gustave III, à Paris. Le salon de l'ambassade de Suède, situé rue du Bac, est fréquenté par des personnages comme Talleyrand, Narbonne, l'abbé Delille, la duchesse de Lauzun, le comte de Clermont-Tonnerre, La Rochefoucauld-Liancourt, le gouverneur Morris (l'agent de Georges Washington à Paris), Necker et Condorcet.[9] Le diplomate suédois s'efface devant le personnage imposant de son beau-père, le puissant banquier Jacques Necker, devenu en 1777 le directeur des Finances de Louis XVI, et la personnalité dominante de son épouse.

La jeune Anne-Louise-Germaine avait appris l'art de la conversation dans le célèbre salon de sa mère, Mme Necker, quand elle était à peine sortie de l'adolescence. La mère de Germaine ne lui pardonnera jamais de ne pas avoir préféré l'Anglais William Pitt, qui deviendra premier ministre de Grande-Bretagne en 1784, à l'âge de vingt-quatre ans. L'intelligence, la fortune et l'ambition politique de Pitt dépassent de loin celles de son rival suédois, mais Germaine ne veut pas quitter Paris pour s'exiler dans la campagne anglaise; elle ne veut surtout pas être 'obligée de se taire devant les hommes, quand il est question de politique'.[10] Dans une lettre adressée à M. de Staël, écrite quelques années après leur mariage et où elle réagit à ses récriminations et à ses crises de jalousie, Germaine observe:

> Tu dois me connaître parfaitement. Je ne serai point ce qu'on appelle une femme anglaise. Peut-être le temps prouvera-t-il que j'ai reçu de la nature quelques dons qui m'excusent; mais enfin, si l'on voulait m'y forcer après avoir tout tenté pour me délivrer du joug qu'on m'imposerait, je sens que je me jetterais dans le lac au bord duquel on voudrait enchaîner ma vie. Mais tout ce que l'amitié d'une femme honnête peut inspirer d'attachement, de dévouement pour l'homme qu'elle adopte librement pour son époux, après l'avoir reçu du hasard, tu peux l'attendre de moi.[11]

---

7. Voir Elisabeth Badinter et Robert Badinter, *Condorcet: un intellectuel en politique* (Paris, 1988), p.244-46 et Bernard Vincent, *Thomas Paine, ou la Religion de la liberté* (Paris, 1987), p.206-10.
8. Voir ci-dessus Elisabeth Badinter, 'Esquisse d'un portrait', p.111-12.
9. Voir Maria Fairweather, *Mme de Staël* (New York, 2005), p.81 et 98.
10. G. de Staël, 'Considérations sur les principaux événements de la Révolution française', dans *Œuvres complètes de Mme la baronne de Staël, publiées par son fils*, 17 vol. (Paris, 1820) t.12, p.383; cité dans 'Lettres de jeunesse', *Correspondance générale* (1962), première partie, p.xxv.
11. G. de Staël, 'Lettres de jeunesse', deuxième partie, p.471; cette lettre est datée du 30 juillet 1791.

Lorsque Germaine de Staël écrit cette lettre à son mari, il y a déjà trois ans qu'elle est l'amante de Narbonne; elle a eu un fils, Auguste, dont il est probablement le père.[12] Pourtant, M. de Staël, qui avait fait la cour par intérêt à Germaine depuis qu'elle avait l'âge de treize ans, se découvre franchement amoureux de son épouse peu après leur mariage.[13] Son tort est d'exiger les mêmes sentiments de sa part et, au surplus, d'être jaloux, ce qui ne manque pas d'agacer une femme aussi indépendante que Germaine de Staël. Au tout début de leur mariage, la jeune mariée écrit d'un ton impérieux à son mari: 'Si tu m'aimes en amant, fuis donc ces airs de mari qui étouffent l'amour et font bien mal à l'amitié.'[14] Le ton à la fois outragé et impérieux semble presque annoncer l'arrivée, sur la scène littéraire, d'une marquise de Merteuil: 'Savez-vous, vicomte, pourquoi je me suis jamais remariée? [...] c'est uniquement pour que personne n'ait le droit de trouver à redire à mes actions [...]. Et voilà que vous m'écrivez la lettre la plus maritale qu'il soit possible de voir!'[15] Mais la jeune baronne n'a rien de la cruauté ni du 'caractère affreux' du personnage créé par Choderlos de Laclos;[16] elle est plutôt idéaliste et, de ce fait, sera vite déçue quand elle découvrira que l'amour conjugal est incapable de la combler et de répondre à ses vœux, à la fois sur le plan du sentiment et de l'intellect. A vrai dire, il lui aurait fallu un mari comme Condorcet.

Quant à la 'femme anglaise', dont Germaine de Staël déplorait tellement le sort, elle n'avait pas de défenseur plus passionné que Mary Wollstonecraft. Celle-ci était née en 1759, seulement quelques années avant Sophie de Grouchy, mais dans des circonstances bien différentes. Deuxième de sept enfants, elle passe ses premières années dans une famille bourgeoise dont le père est abusif et dépensier. Soucieux d'améliorer le statut social de sa famille, M. Wollstonecraft abandonne une manufacture de soie pour se jeter dans l'agriculture, imitant ainsi les manières du 'gentleman farmer'. La famille sera obligée de se déplacer

12. Le premier enfant de Germaine de Staël, Gustavine, naît le 22 juillet 1787 et meurt le 7 avril 1789.
13. M. de Staël reçoit une dot de 30 000 livres lorsqu'il épouse Mlle Necker.
14. G. de Staël, 'Lettres de jeunesse', première partie, p.81; cette lettre, adressée à M. de Staël, aurait été composée au printemps de 1786.
15. Pierre-Ambroise-François Choderlos de Laclos, 'Lettre CLII', *Les Liaisons dangereuses*, dans *Œuvres complètes*, éd. Laurent Versini (Paris, 1979), p.348.
16. Auteure de romans qu'Adam Smith louait pour la peinture des sentiments moraux, qu'il s'agisse des *Lettres de Mistriss Fanni Butlerd* (1757) ou des *Lettres de Milady Juliette Catesby* (1759-1760), Mme Riccoboni avait polémiqué avec Laclos au sujet des femmes après la publication des *Liaisons dangereuses* en 1782: 'C'est en qualité de femme, Monsieur, de Française, de patriote zélée pour l'honneur de ma nation, que j'ai senti mon cœur blessée du caractère de Mme de Merteuil. Si, comme vous l'assurez, ce caractère affreux existe, je m'applaudis d'avoir passé mes jours dans un petit cercle et je plains ceux qui étendent assez leurs connaissances pour se rencontrer avec de pareils monstres'; cette lettre, datée d'avril 1782, est reproduite dans Choderlos de Laclos, *Œuvres complètes*, p.759.

plusieurs fois, car le père manque d'expérience dans ce domaine et, par surcroît, a du mal à gérer ses comptes. Pendant toute sa vie d'adulte, Mary Wollstonecraft se sentira responsable du bien-être économique de sa famille, leur envoyant de l'argent quand elle le peut, et aidant ses sœurs à trouver des postes de gouvernante. Les Wollstonecraft n'ayant pas les moyens d'engager des gouvernantes pour leurs enfants, Mary, qui avait pu s'inscrire à une école locale dans la petite ville de Beverely pendant quelque temps, assume ce rôle pour ses petits frères et sœurs. Sa formation scolaire étant très limitée, elle est obligée d'être autodidacte et elle lit tout ce qu'elle peut. Quand Mary Wollstonecraft quitte enfin, sans beaucoup de regrets, le foyer familial, ce sera pour être dame de compagnie auprès de la femme d'un riche commerçant, qui passe ses loisirs à Bath, une ville d'eaux où se retrouvent beaucoup de vieilles familles aristocratiques ainsi que plusieurs nouveaux riches. Dans ce milieu qui sert, pour ainsi dire, d'agence matrimoniale aux familles cherchant à marier leurs filles, Wollstonecraft affirme son opposition à l'idée même de mariage, le sort malheureux de sa mère, dont elle avait été témoin, ayant contribué à renforcer ce sentiment chez elle. Lorsqu'elle écrit *A Vindication of the rights of men* en réponse à Burke en 1790, elle dénonce l'institution du mariage comme une sorte de 'pros-titution légale', qui mène les hommes au libertinage et les femmes, à la coquetterie, au détriment de la société:

> The same system has an equally pernicious effect on female morals. – Girls are sacrificed to family convenience, or else to marry to settle themselves in a superior rank, and coquet, without restraint, with the fine gentleman, whom I have already described. And to such lengths has this vanity, this desire of shining, carried them, that it is not now necessary to guard girls against imprudent love matches; for if some widows did not now and then fall in love, Love and Hymen would seldom meet, unless at a village church [...]. Affection in the marriage state can only be founded on respect – and are these weak beings respectable? Children are neglected for lovers, and we express surprise that adulteries are so common![17]

Dans *A Vindication of the rights of woman*, que Wollstonecraft écrira deux ans plus tard, elle répond spécifiquement aux écrits de deux moralistes écossais contemporains d'Adam Smith, les *Sermons to young women* (1765) de James Fordyce (1726-1796), un pasteur presbytérien, et *A Father's legacy to his two daughters*, du docteur John Gregory (1724-1773), un médecin qui fut le cousin du philosophe Thomas Reid.[18] Les *Sermons* de Fordyce étaient

---

17. Mary Wollstonecraft, *A Vindication of the rights of men*, dans *The Political writings of Mary Wollstonecraft*, éd. Janet Todd (Londres, 1993), p.22-23.
18. Pour une analyse plus détaillée de la critique des écrits de Fordyce et Gregory à laquelle se livre Wollstonecraft, voir Daniel O'Neill, *The Burke-Wollstonecraft debate: savagery, civilization and democracy* (University Park, PA, 2007), p.100-103.

recommandés aux jeunes filles et même lus dans les écoles, alors que Wollstonecraft les trouve nuisibles au développement de l'entendement et de la faculté de juger, sans compter qu'ils encouragent les jeunes filles à dompter leur instinct et leur intelligence naturels et à cultiver l'artifice:

> I should instantly dismiss them from my pupil's, if I wished to strengthen her understanding by leading her to form sound principles on a broad basis [...]. I should not allow girls to peruse them, unless I designed to hunt every spark of nature out of their composition, melting every human quality into female meekness and artificial grace. I say artificial, for true grace arises from some kind of independence of mind.[19]

Quant au docteur Gregory, Wollstonecraft admire la 'paternal solicitude' qui a inspiré les conseils qu'il donne à ses filles mais, tout en soulignant son 'affectionate respect' pour ce père bien intentionné, elle dénonce les arguments 'that so speciously support opinions which, [she] think[s], have had the most baneful effect on the morals and manners of the female world'.[20]

Dans un livre récent sur la polémique entre Burke et Wollstonecraft, Daniel O'Neill soutient que les idéaux de civilisation formulés par l'école écossaise de philosophie morale étaient au cœur même du débat sur la Révolution française, les droits de l'homme et ceux de la femme. Pour les philosophes et les écrivains des Lumières écossaises, cultiver des sentiments moraux en vue d'améliorer la société civile était lié au culte de la sensibilité; malheureusement, cette valorisation de la sensibilité les mène le plus souvent à une vision essentialiste de la femme. Certes, la 'nature sensible' des femmes les privilégiait en tant qu'arbitres moraux, mais leur sphère d'influence devait se limitait au foyer: 'The Scots therefore sought to cultivate a new view of women as the catalysts and managers of sensibility within the private sphere, the familial or domestic circle',[21] remarque ainsi O'Neill. Toutefois, si la famille est perçue comme un microcosme de la société, dans lequel les femmes doivent jouer un rôle déterminant, il importe dès lors que leur raison, aussi bien que leur sensibilité, soit cultivée; il ne peut y avoir de sentiments moraux sans capacité de réflexion. Négliger le développement de l'intellect des jeunes filles est donc aussi néfaste pour les mœurs qu'il est dangereux pour les filles elles-mêmes: 'I may be accused of arrogance; still I must declare what I firmly believe, that all the writers who have written on the subject of female education and manners from Rousseau to Dr Gregory have contributed to render women more artificial, weak characters, than they would otherwise have been; and consequently, more useless members of

---

19. M. Wollstonecraft, *A Vindication of the rights of woman*, p.174.
20. M. Wollstonecraft, *A Vindication of the rights of woman*, p.178.
21. D. O'Neill, *The Burke-Wollstonecraft debate*, p.94.

society.'[22] L'éducation morale des jeunes filles et la formation de leur jugement ne devraient donc pas se borner à cette éducation indigente que leur procurent traditionnellement les institutions d'enseignement et à quelques lectures censées les préparer à être des épouses dociles et ignorantes mais, au contraire, devraient faire partie intégrante d'une société où la femme est traitée comme un agent moral pouvant pleinement assumer ses droits et ses responsabilités. Wollstonecraft s'avère pessimiste à cet égard et souligne les nombreux obstacles qui s'opposent à l'épanouissement intellectuel et moral des femmes: 'Many are the causes that, in the present corrupt state of society, contribute to enslave women by cramping their understanding and sharpening their senses.'[23] Comme l'avait noté Laclos dans sa réponse à la question posée par l'Académie de Châlons-sur-Marne ('Quels seraient les meilleurs moyens de perfectionner l'éducation des femmes?'), 'Partout où il y a esclavage, il ne peut y avoir d'éducation: dans toute société, les femmes sont esclaves; donc la femme sociale n'est pas susceptible d'éducation'.[24]

Et Adam Smith? Wollstonecraft est beaucoup plus critique à son égard que sa contemporaine Sophie de Grouchy. Pour commencer, elle rejette le fondement même de sa théorie, à savoir que nous approuvons ou condamnons les actions des autres selon notre capacité à nous identifier avec les sentiments qui les animent, parce qu'elle trouve que cette explication de l'origine des sentiments moraux ne tient pas suffisamment compte des différences culturelles et sociales: 'It is not sufficient to view ourselves as we suppose that we are viewed by others, though this has been ingeniously argued as the foundation of our moral sentiments. Because each by-stander may have his own prejudices, beside the prejudice of his age or country.'[25] Cela dit, il n'y a pas de meilleur exemple du mécanisme de la sympathie tel que Smith le concevait que la description que fait Wollstonecraft du cortège solennel qui accompagnait Louis XVI à son procès, le 26 décembre 1793, et par ailleurs évoqué au début de cet article: 'For the first time since I entered France, I bowed to the majesty of the people, and respected the propriety of behaviour so perfectly in unison with my own feelings.' Wollstonecraft est aussi émue par le comportement respectueux – 'the propriety of behaviour' – des Parisiens qui se collent contre les fenêtres pour regarder le passage du roi que par le roi lui-même. C'est parce que le comportement du peuple français est en parfait accord avec les sentiments éprouvés par Wollstonecraft elle-même qu'elle peut approuver cette attitude. Mais même si la réaction de

---

22. M. Wollstonecraft, *A Vindication of the rights of woman*, p.92.
23. M. Wollstonecraft, *A Vindication of the rights of woman*, p.93.
24. Choderlos de Laclos, *De l'éducation des femmes*, éd. Chantal Thomas (Grenoble, 1991), p.49.
25. M. Wollstonecraft, *A Vindication of the rights of woman*, p.224. Voir aussi la discussion de Wollstonecraft et Smith dans D. O'Neill, *The Burke-Wollstonecraft debate*, p.103-107.

Wollstonecraft envers le roi et celle des spectateurs de cette scène confèrent, malgré elle, une certaine validité à la théorie de Smith, elle s'en prend vigoureusement aux distinctions qu'avait introduites le philosophe écossais relativement aux vertus 'masculines' et 'féminines', comme le fera, quelques années plus tard, la traductrice française de *The Theory of moral sentiments*.

Dans sa deuxième lettre sur la sympathie, Sophie de Grouchy fait du sentiment d'humanité l'essence même de l'être humain, et de la sympathie raffinée par la réflexion, 'un sentiment actif et permanent qui, brûlant de s'exercer, va sans attendre qu'on l'excite, chercher le bonheur des hommes dans les travaux des sciences, dans les méditations de la nature, de l'expérience, et de la philosophie, ou qui, s'attachant à la douleur et à l'infortune, la suit partout, et en devient le consolateur, le dieu'.[26] En revanche, Smith relègue l'humanité au deuxième rang des vertus, non seulement parce qu'elle exige un moins grand contrôle de soi ('The most humane actions require no self-denial, no self-command, no great exertion of the sense of propriety'),[27] mais aussi parce que, selon Smith, 'Humanity is the virtue of a woman, generosity of a man. The fair-sex, who have commonly much more tenderness than ours, have seldom so much generosity'.[28] Du moment que l'humanité se rattache à la catégorie des vertus féminines, elle perd, on s'en aperçoit, de sa valeur.

Il n'est pas étonnant que Wollstonecraft rejette une pareille distinction, qui renvoie à une conception simpliste et essentialiste de la différence des sexes, et néglige au surplus de prendre en considération en quoi l'éducation et la diversité des possibilités qui leur sont offertes séparent les deux sexes. Elle répond à Smith d'un ton presque sarcastique, feignant d'abord d'être d'accord avec ce qu'il dit:

> Women are supposed to possess more sensibility, and even humanity, than men, and their strong attachments and instantaneous emotions of compassion are given as proofs, but the clinging affection of ignorance has seldom any thing noble in it, and may mostly be resolved into selfishness, as well as the affection of children and brutes [...]. I therefore agree with the moralist who asserts, 'that women have seldom so much generosity as men'; and that their narrow affections, to which justice and humanity are often sacrificed, render the sex apparently inferior, especially, as they are commonly inspired by men; but I contend that the heart would expand as the understanding gained strength, if women were not depressed from their cradles.[29]

26. Voir ci-dessus Sophie de Grouchy, Lettre II, p.38-39.
27. *TMS*, p.191.
28. *TMS*, p.190.
29. M. Wollstonecraft, *A Vindication of the rights of woman*, p.288-89; cité par D. O'Neill, *The Burke-Wollstonecraft debate*, p.104.

La vertu n'a pas de sexe; qu'on élève les jeunes filles de la même façon qu'on éduque les garçons dès leur naissance, et cette prétendue distinction entre vertus 'masculines' et 'féminines' s'évanouirait.

Il en va de même avec la passion de l'amour, que Smith considère comme une passion 'ridicule' et potentiellement dangereuse, surtout pour les femmes: 'though it may be ridiculous, it is not naturally odious; and though its consequences are often fatal and dreadful, its intentions are seldom mischievous'.[30] Sophie de Grouchy, en revanche, décrit l'amour comme 'ce sentiment tendre, profond, souvent généreux et toujours délicat, dont le premier plaisir est celui d'aimer; le premier but la douceur de l'être; le soin le plus constant, celui du bonheur et du repos de son objet'.[31] Tandis que Smith admet que l'amour peut être porteur de certaines vertus ('There is in love a strong mixture of humanity, generosity, kindness, friendship, esteem; passions with which, of all others, [...] we have the greatest propensity to sympathize'),[32] Sophie de Grouchy voit dans ces qualités l'essence même de l'amour; d'après elle,

> cette passion [...] suppose une sympathie mutuelle, difficile à rencontrer, plus difficile encore à reconnaître; un caractère généreux, enfin une force de sensibilité rare, et presque toujours accompagnée de quelques qualités supérieures: ce n'est pas non plus cette passion qui doit porter souvent à l'injustice; car ce dévouement réciproque qui inspire des deux côtés tous les sacrifices, et qui ne permet cependant d'en accepter aucun de vraiment nuisible à l'un des deux, cet oubli involontaire de soi-même pour se transporter dans l'existence et dans le bonheur de ce qu'on aime, en est la suite et le caractère.[33]

Smith met plutôt le lecteur en garde contre les risques de cette passion. Les vertus qui accompagnent l'amour sont, hélas, moins nombreuses que 'all the vices which commonly go along with it; [...] in one sex it necessarily leads to the last ruin and infamy; and [...] in the other, where it is apprehended to be least fatal, it is almost always attended with an

---

30. *TMS*, p.33.
31. S. de Grouchy, Lettre VII, p.92.
32. *TMS*, p.33.
33. S. de Grouchy, Lettre VII, p.92. Dans son édition critique des *Lettres*, Karin Brown note également qu'il existe une différence fondamentale entre Sophie de Grouchy et Adam Smith à propos du concept d'amour. Si le second insiste sur l'importance d'être aimé par les autres, comme résultat de l'approbation que suscitent nos actions, la première met davantage en valeur la capacité d'aimer les autres: 'Love, for de Grouchy, is more about giving than receiving [...]. Smith emphasizes happiness as stemming from being loved, while de Grouchy emphasizes happiness as stemming from loving. The discussion of love and happiness follows their ethical theory, because for Smith the most important and desired aspect in a relationship is approval, and so being loved follows. For de Grouchy our goal is to feel sympathy, and so feeling love follows' (*Sophie de Grouchy, Letters on sympathy (1798): a critical edition*, éd. Karin Brown, trad. James E. McClellan, Philadelphia, PA, 2008, p.61).

incapacity for labour, a neglect of duty, a contempt of fame, and even of common reputation'.[34] Sans nier les conséquences qui peuvent résulter de la passion amoureuse, pour le meilleur ou pour le pire, Germaine de Staël, quant à elle, distingue ces dernières de son essence:

> Dans quelques situations qu'une profonde passion nous place, jamais je ne croirai qu'elle éloigne de nous la véritable route de la vertu; tout est sacrifice, tout est oubli de soi dans le dévouement exalté de l'amour, et la personnalité seule avilit. Tout est bonté, tout est pitié, dans l'être qui sait aimer, et l'inhumanité seule bannit toute moralité du cœur de l'homme.[35]

S'il est vrai, comme le soutient Smith, que la passion amoureuse peut nous entraîner sur le chemin du vice, pareille conséquence résulte également, objecte à son tour Sophie de Grouchy, des institutions et des lois qui sont injustes, et ne doit rien à la nature même de cette passion. Si l'affirmation de Smith, à savoir que l'amour 'mène presque toujours à la honte et à l'infamie', renferme quelque vérité, cela est dû, précise ainsi Sophie de Grouchy, au désir de posséder une femme ou de l'avoir possédée, et surtout au fait que cette passion soit exacerbée par

> des institutions vicieuses, l'orgueil et la vanité; nous trouverons d'abord que l'inégalité produite par les lois, et qui leur survivra longtemps, a seule créé cette classe oisive pour laquelle la galanterie est une occupation, un amusement et un jeu; qu'elle seule amène la facilité d'immoler des victimes à leur passion, la rend instrument et complice de l'ambition de la cupidité.[36]

De la même façon, Germaine de Staël note amèrement que la société recourt à des critères moraux profondément différents lorsqu'il s'agit de juger du comportement masculin, celui que les hommes adoptent envers d'autres hommes n'obéissant pas aux mêmes règles que celles régissant les rapports qu'ils entretiennent avec les femmes:

> les lois de la moralité même, selon l'opinion d'un monde injuste, semblent suspendues dans le rapport des hommes avec les femmes; ils peuvent passer pour bons, et leur avoir causé la plus affreuse douleur qu'il soit donné à l'être mortel de produire dans l'âme d'un autre; ils peuvent passer pour vrais, et les avoir trompées; enfin ils peuvent avoir reçu d'une femme les marques de dévouement qui lieraient ensemble deux amis, deux compagnons d'armes, qui déshonoreraient l'un d'eux s'il se montrait capable de les oublier; ils peuvent les avoir reçues d'une femme, et se dégager de tout, en attribuant tout à l'amour, comme si un sentiment, un don de plus, diminue les prix des autres.[37]

34. *TMS*, p.33.
35. G. de Staël, 'De l'influence des passions', dans *Œuvres complètes*, t.3, p.118.
36. S. de Grouchy, Lettre VII, p.93.
37. G. de Staël, 'De l'influence des passions', p.131.

Mary Wollstonecraft, sans partager toutes les préventions de Smith à l'égard de l'amour, convient néanmoins qu'il s'agit d'une passion qui peut nous détourner de tout autre responsabilité:

> In order to fulfil the duties of life, and to be able to pursue with vigour the various employments which form the moral character, a master and mistress of a family ought not to continue to love each other with passion. I mean to say, that they ought not to indulge those emotions which disturb the order of society, and engross the thoughts that should be otherwise employed. The mind that has never been engrossed by one object wants vigour – if it can be so, it is weak.[38]

Semblable vision du mariage, où la passion amoureuse ne doit plus régler les rapports entre les époux, peut sembler un peu austère. En fait, elle résulte des réflexions de Wollstonecraft concernant l'éducation des jeunes filles, qui était censée les préparer au mariage mais ne leur apprenait, en vérité, qu'à devenir des objets de plaisir dont s'amusent les hommes; quand le passage du temps altère la beauté et les charmes artificiels de la femme, celle-ci n'aurait plus, dès lors, les ressources intellectuelles requises pour être une maîtresse de maison avertie et une épouse dont le mari saura apprécier les qualités morales:

> Youth is the season for love in both sexes; but in those days of thoughtless enjoyment provision should be made for the more important years of life, when reflection takes place of sensation [...]. But Rousseau, and most of the male writers [...], have warmly inculcated that the whole tendency of female education ought to be directed to one point: to render them pleasing [...]. The woman who has only been taught to please will soon find that her charms are oblique sunbeams, and that they cannot have much effect on her husband's heart when they are seen every day, when the summer is passed and gone [...]. When the husband ceases to be a lover – and the time will inevitably come, her desire of pleasing [...] will become a spring of bitterness.[39]

Au reste, tout au long de sa courte vie, Wollstonecraft reçoit plusieurs offres de mariage, souvent de la part de lecteurs qui admirent ses écrits, mais elle continuera à y résister par principe. Lorsqu'elle découvre qu'elle porte l'enfant de Gilbert Imlay, celui-ci l'inscrit à l'ambassade des Etats-Unis comme sa femme, sans l'épouser officiellement. Wollstonecraft accepte de passer pour 'madame Imlay', pour éviter d'être rapatriée en Angleterre à la suite des lois adoptées par les Jacobins, qui soupçonnaient les Anglais résidant en France de complicité avec des Girondins. Imlay finira par abandonner Mary Wollstonecraft. Ce sera le réformateur et philosophe anglais William Godwin qui élèvera la petite

---

38. M. Wollstonecraft, *A Vindication of the rights of woman*, p.102.
39. M. Wollstonecraft, *A Vindication of the rights of woman*, p.98-99.

Fanny, fille d'Imlay, comme sa propre fille après la mort de Mary Wollstonecraft. C'est qu'après son retour en Angleterre, en 1795, Wollstonecraft s'était liée d'amitié et ensuite d'amour avec Godwin, qui professait, comme elle, une même opposition au mariage pour des raisons politiques et philosophiques. Pourtant, il demande à Wollstonecraft de l'épouser quand il apprend qu'elle est enceinte de lui. Mais une difficulté survient alors: Mary Wollstonecraft, dont la renommée est encore plus grande quand elle publie, en 1794, *An Historical and moral view of the origin and progress of the French Revolution and the effect it has produced in Europe*, est, aux yeux du public, l'épouse légitime de Gilbert Imlay, bien qu'elle n'ait jamais caché la vérité sur sa situation. En épousant William Godwin, son vrai statut sera enfin révélé. Décidant de braver la censure sociale, Godwin et Wollstonecraft se marient en 1797. Dans ses *Memoirs of the author of 'A Vindication of the rights of woman'*, Godwin exprime son indignation à propos de l'hypocrisie des gens, qui feignaient de croire que Wollstonecraft était mariée à Imlay pour ne pas être obligés d'admettre dans leur cercle une mère célibataire:

> Observe the consequence of this! While she was, and constantly professed to be, an unwed mother, she was fit society for the squeamish and the formal. The moment she acknowledged herself a wife, the case was altered. Mary and myself, ignorant as we were of these elevated refinements, supposed that our marriage would place her upon a surer footing in the calendar of polished society, than ever. [...] Mary retained the most numerous portion of her acquaintance, and the majority of those whom she principally valued. It was only the supporters and subjects of the unprincipled manners of a court that she lost [...]. The tendency [...] would have been to proscribe her from all valuable society. And who was the person proscribed? The firmest champion [...] the greatest ornament, her sex ever had to boast![40]

Wollstonecraft regrettait surtout les réactions de ses amies, Elizabeth Inchbald et Sarah Siddons, qui désormais ne la fréquentent plus.[41] Godwin explique cette attitude de Siddons par 'the necessity, which she conceived to be imposed on her by the peculiarity of her situation, to conform to the rules I have described'.[42] Qu'une amie soit obligée d'en abandonner une autre par peur de nuire à sa propre réputation, que la société condamne une femme qui a eu un enfant en dehors des liens du mariage, alors que l'homme qui l'épouse accepte même d'élever cet

---

40. William Godwin, *Memoirs of the author of 'A Vindication of the rights of woman'*, 2e éd. (Londres, J. Johnson, 1798), p.165-67.
41. Sarah Siddons (1755-1831) était l'une des tragédiennes anglaises les plus célèbres de son époque. Elizabeth Inchbald (1753-1821) fut l'auteure de plusieurs pièces de théâtre, y compris *A Mogul tale* (1784), *I'll tell you what* (1785) et *Such things are* (1787).
42. W. Godwin, *Memoirs*, p.168.

enfant comme le sien, voilà autant de faits illustrant à quel point les mœurs et les lois étaient en désaccord avec les sentiments moraux ressentis par les individus et combien une philosophie morale fondée sur la subjectivité sensible avait d'obstacles à renverser. C'est d'ailleurs pour cette raison que, dans ses *Lettres sur la sympathie*, Sophie de Grouchy consacre autant de pages à réfuter les admonitions de Smith contre la passion de l'amour. Le couple que forment Grouchy et Condorcet, comme celui qui réunit Godwin et Wollstonecraft, proposait d'amender l'éducation que recevaient les femmes et de réformer en profondeur les lois régissant les relations entre les sexes. Dans sa Lettre VII, Sophie de Grouchy suggère ainsi d'abolir la dot et promeut même le droit au divorce tout comme les unions libres, qui pourraient être dissoutes dès lors qu'un couple n'est plus uni par le sentiment de l'amour (p.93):

> Supposons ensuite que cette même inégalité et les lois imaginées pour la soutenir, cessent de réduire la plupart des mariages à n'être que des conventions et des marchés de fortune, dont la conclusion rapide ne permet de reconnaître que longtemps après, si les convenances personnelles s'y rencontrent, et ou le prix de l'amour, commandé plutôt qu'obtenu, est adjugé en même temps que la dot, avant que l'on sache si l'on peut aimer, et surtout s'aimer [...] supposons que le divorce soit permis chez tous les peuples; supposons même qu'en faveur de la faiblesse humaine [...] il soit possible, comme à Rome, de former des unions passagères que la loi ne flétrisse point [...]; dès lors, on voit à la fois, et que la plupart des actions injustes que l'amour (ou plutôt la dégradation de l'amour) peut faire commettre, n'auront plus de motifs; et que cette passion elle-même perdrait, par la facilité de se satisfaire, la force dangereuse qu'elle recevait des obstacles mêmes.

Les citoyennes américaines, anglaises et françaises devront attendre bien longtemps avant d'obtenir pleinement ce droit de former des mariages selon leurs vœux ou encore des unions libres. Assujetties aux lois et aux mœurs de leur époque, Sophie de Grouchy, Germaine de Staël et Mary Wollstonecraft durent, chacune à sa manière, trouver le moyen de vivre selon leurs principes, malgré les condamnations ou les réticences de leurs contemporains.[43] Grouchy vit quelques années de bonheur conjugal avec Condorcet et, après son décès, formera des unions libres avec Maillia Garat et Claude Fauriel, mais ne se remariera pas. Germaine de Staël vivra plusieurs grandes passions tout en étant

---

43. Wilhelm von Humboldt, qui rencontra Sophie plusieurs fois pendant son séjour à Paris et à qui l'on doit le 'portrait le plus détaillé' de Sophie (voir ci-dessus E. Badinter, 'Esquisse d'un portrait', p.108), n'appréciait guère les idées libérales à propos du mariage exprimées dans les *Lettres sur la sympathie*, et trouvait l'auteure elle-même 'si dénuée de féminité, qu'elle souhaite même favoriser par la loi, les relations passagères entre les deux sexes' (*Journal parisien*, p.77; cité par M. Arnold-Tétard, *Sophie de Grouchy, marquise de Condorcet*, p.65).

mariée, mais essaie néanmoins d'être l'amie de son mari, et elle sera à son chevet au moment de sa mort. Mary Wollstonecraft luttera contre la dépression que lui occasionnent ses chagrins d'amour – elle tente même de se suicider deux fois – mais elle finit sa vie avec un homme qui partage ses convictions, la traite en égale à tous les égards, et qui l'aime en tant qu'amie, épouse et mère.[44]

Ce qu'Adam Smith et d'autres philosophes qui tentaient d'expliquer l'origine de nos sentiments moraux et les ressorts essentiellement passionnels de nos actions ne semblaient pas comprendre, c'était la recherche même du bonheur: aussi devait-il revenir à trois femmes de la fin du siècle des Lumières d'inventer une philosophie morale réhabilitant véritablement et pleinement l'affectivité. Pourtant, cette quête du bonheur était évoquée dans la Déclaration d'indépendance des Etats-Unis d'Amérique comme l'un des 'droits inaliénables' de l'homme: le droit d'aimer n'en faisait-il pas partie? Germaine de Staël semble l'affirmer quand elle écrit, dans l'introduction de son essai *De l'influence des passions sur le bonheur des individus et des nations*: 'Oui, c'est dans ce siècle, c'est lorsque l'espoir ou le besoin du bonheur a soulevé la race humaine; c'est dans ce siècle surtout qu'on est conduit à réfléchir profondément sur la nature du bonheur individuel et politique';[45] et on remarquera que, dans le titre même de son ouvrage, le bonheur des individus précède celui des nations. Dans les pages qu'elle consacre à l'amour dans ses *Lettres sur la sympathie*, Sophie présente même la capacité à aimer comme une qualité essentielle de la moralité citoyenne, et elle montre en quoi les émotions individuelles, mises en jeu sur la scène privée aussi bien que sur la scène publique, peuvent élever jusqu'au sublime. William Godwin écrivait, à propos de Mary Wollstonecraft: 'She had always possessed, in an unparalleled degree, the art of communicating happiness.'[46] Même si les vicissitudes de la politique et la dureté des lois de leur époque ne permirent pas à ces trois femmes philosophes de réaliser pleinement leur droit au bonheur, leurs écrits ont contribué au nôtre.

---

44. Mary Wollstonecraft meurt en 1797, après avoir mis au monde la fille qu'elle a eue avec Godwin, la future Mary Wollstonecraft Shelley, l'auteure de *Frankenstein, or, the modern Prometheus*, (1818).
45. G. de Staël, 'De l'influence des passions', p.5-6.
46. W. Godwin, *Memoirs*, p.171.

Résumés

Esquisse d'un portrait
Elisabeth Badinter

Sophie de Grouchy reste aujourd'hui fort mal connue. La petite dizaine de livres et à peine plus d'articles qui lui ont été consacrés depuis Michelet ne sont pas exempts d'erreurs manifestes (la présence d'Adam Smith dans son salon) ou d'affirmations non vérifiées (elle aurait connu personnellement Beccaria). Aussi cet article examine-t-il tout ce qui se révèle dans les conversations intimes que sont les correspondances et les Mémoires de l'époque, afin de mieux tracer le portrait d'une 'fille des Lumières' qui s'est essayée à tous les genres littéraires susceptibles de valoir quelque gloire à une femme.

Un double service rendu à la postérité: la *Théorie des sentiments moraux* par Adam Smith, suivie des *Lettres sur la sympathie*
Catriona Seth

La nouvelle traduction que Sophie de Grouchy propose de la *Théorie des sentiments moraux* a le mérite, comme l'écrivait un journaliste de la *Décade*, 'd'une scrupuleuse fidélité et d'une élégance de style'. En étudiant la réception, fort élogieuse, de cette traduction, cet article éclaire également la manière dont travaille Sophie de Grouchy. Elle recourt notamment à des tournures moins abstraites et plus proches de l'expérience vécue que celles de Smith, si bien que la langue de la marquise de Condorcet tend, pour ainsi dire, à incarner les idées.

Une éducation sentimentale: sympathie et construction de la morale dans les *Lettres sur la sympathie* de Sophie de Grouchy
Daniel Dumouchel

De l'aveu même de Sophie de Grouchy, c'est la volonté de compléter et d'approfondir les considérations d'Adam Smith sur la question de la sympathie, sur laquelle s'ouvre la *Théorie des sentiments moraux*, qui a donné naissance aux *Lettres sur la sympathie*. Aussi importe-t-il de mesurer la distance qui sépare le projet de la philosophie morale écossaise de celui de la marquise de Condorcet, qui renvoie à une entreprise analytique de type condillacien, où nos sentiments moraux les plus complexes s'enracinent, sans discontinuité, dans nos sensations physiques.

Justice et société chez Sophie de Grouchy
Michel Malherbe

Cet article s'intéresse aux principes d'une philosophie du droit que développent notamment les Lettres V, VI et VII. Au lendemain de la Terreur et de la guerre civile, la nécessité de rétablir le lien social place au cœur de la réflexion de Sophie de Grouchy cette question désormais cruciale: la justice commande-t-elle une égalisation de la vie et de la fortune des citoyens? C'est dans ce contexte que se fait jour, chez elle, l'idée d'une puissance positive des lois, en vertu de laquelle le corps politique est en droit de légiférer en vue d'instaurer un ordre social plus juste.

Rhétorique et politique des émotions physiques de l'âme chez Sophie de Grouchy
Marc André Bernier

Chez Sophie de Grouchy se dessine l'intuition d'une parole dont l'éloquence, à l'exemple des signes extérieurs des passions, serait susceptible d'affecter 'sympathiquement nos organes'. L'originalité d'une telle rhétorique tient au fait qu'elle s'inscrit dans une réflexion politique plus générale, où l'idéal républicain de fraternité appelle à réformer l'usage du discours au profit d'une parole qui œuvre à refonder le lien social en se faisant l'expression d'une société des cœurs. Aussi les *Lettres sur la sympathie* donnent-elles à lire la manière dont les Lumières cherchèrent à inventer la langue d'un plaidoyer républicain.

Droits de la femme et droit au bonheur
Deidre Dawson

La fécondité théorique d'un principe comme la sympathie permet non seulement de fonder le caractère émancipateur de l'action politique sur un sentiment d'amour pour la justice, mais encore de repenser les liens qui se nouent entre deux individus au sein d'un couple qu'unit le désir amoureux. Sur cette base, cet article montre qu'à la différence de l'école écossaise, Sophie de Grouchy, mais aussi Germaine de Staël et Mary Wollstonecraft, parviennent à inventer une philosophie qui, en s'ouvrant à la quête du bonheur, réhabilite pleinement et véritablement l'affectivité dans la pensée morale des Lumières.

Bibliographie

Par SÉBASTIEN DROUIN, *en collaboration avec*
ISABELLE LACHANCE

i. Œuvres de Sophie de Grouchy
(éditions et traductions)

Grouchy, Sophie de, 'Avertissement', dans Condorcet, *Esquisse d'un tableau historique des progrès de l'esprit humain* (Paris, Agasse, An III [1794]).

–, 'Avertissement', dans Condorcet, *Esquisse d'un tableau historique des progrès de l'esprit humain, Œuvres complètes* (Brunswick et Paris, An XIII [1804]). La page titre de l'*Esquisse d'un tableau historique* contenue dans cette édition diffère toutefois de celle des *Œuvres complètes*. Elle indique plutôt: Brunsvic, Lepisic, F. Vieweg et Paris, Fuchs, An IX [1800].

–, *Letters on sympathy (1798): a critical edition*, éd. Karin Brown, trad.

James E. McClellan (Philadelphie, PA, 2008).

–, *Lettres sur la sympathie*, suivies de *Lettres d'amour*, éd. Jean-Paul de Lagrave (Montréal et Paris, 1994).

–, traduction de Adam Smith, *Théorie des sentiments moraux, ou Essai analytique sur les principes des jugements que portent naturellement les hommes, d'abord sur les actions des autres, et ensuite sur leurs propres actions, suivi d'une dissertation sur l'origine des langues*, trad. sur la 7e éd., 2 vol. (Paris, F. Buisson, An VI [1798]). La page de titre précise: 'Elle y a joint huit lettres sur la sympathie', qui se trouvent t.2, p.353-507.

–, traduction de Adam Smith,

Théorie des sentimens moraux ou Essai analytique sur les principes des jugements que portent naturellement les hommes, d'abord sur les actions des autres, et ensuite sur leurs propres actions. Suivi d'une dissertation sur l'origine des langues (Paris, 1830). La page de titre précise: 'Elle y a joint huit Lettres sur la sympathie' (p.311-442) et 'seconde édition revue et corrigée'.

–, traduction de Adam Smith, *Théorie des sentiments moraux ou Essai analytique sur les principes des jugements que portent naturellement les hommes d'abord sur les actions des autres, et ensuite sur leurs propres actions, suivi d'une Dissertation sur l'origine des langues* (Paris, 1860). La page de titre précise que la *Dissertation* est 'précédée d'une introduction et accompagnée de notes par H[enri] Baudrillart, professeur suppléant au Collège de France'. Les *Lettres sur la sympathie* de la traductrice se trouvent p.434-514.

–, traduction de James Mackintosh, *Apologie de la Révolution française, et de ses admirateurs anglais, en réponse aux attaques d'Edmund Burke, avec quelques remarques sur le dernier ouvrage de M. de Calonne*, trad. de l'anglais sur la 3ᵉ éd. (Paris, F. Buisson, 1792).

ii. Biographies, notices biographiques et études sur Sophie de Grouchy

Ando, Takaho, 'Mme de Condorcet et la philosophie de la sympathie', *SVEC* 216 (1983), p.335-36.

Arnold-Tétard, Madeleine, *Sophie de Grouchy, marquise de Condorcet: la dame de cœur* (Paris, 2003).

Badinter, Elisabeth et Robert Badinter, *Condorcet, un intellectuel en politique* (Paris, 1988).

Belley, Camille Isnard de (pseud. Camille d'Arvor), *Les Femmes illustres de la France* (Paris, 1897).

Bénezit, Emmanuel, *Dictionnaire des peintres, sculpteurs, dessinateurs et graveurs de tous les temps et de tous les pays* (Paris, 1976).

Bernier, Marc André, 'Eloquence du corps et sympathie: les "tableaux de sensations" de Sophie de Condorcet', dans *Les Discours de la sympathie: enquête sur une notion de l'âge classique à la modernité*, éd. Thierry Belleguic, Eric Van der Schueren et Sabrina Vervacke (Québec, 2007).

–, 'Sophie de Condorcet, lectrice française d'Adam Smith', *Travaux de littérature* 21 (2009), p.227-36.

Bertaud, Jules, 'La marquise de Condorcet', *Revue de France* 5 (1922), p.644-49.

Bigot, Alexandre Pierre Désiré, *Mme de Condorcet et ses relations normandes* (Caen, 1951).

Boissel, Thierry, *Sophie de Condorcet, femme des Lumières, 1764-1822* (Paris, 1988).

Boringe, Bernard, 'Le grand amour de Mme de Condorcet', *Historia* 244 (1967), p.54-59.

Buffenoir, Hippolyte, 'La marquise de Condorcet', dans *Hommes et demeures célèbres: de Marc-Aurèle à Napoléon* (Paris, 1914).

Bouissounouse, Janine, 'Marie-Louise-Sophie de Grouchy', dans *Condorcet, le philosophe dans la Révolution* (Paris, 1962).

Brookes, Barbara, 'The feminism of Condorcet and Sophie de Grouchy', *SVEC* 189 (1980), p.297-361.

Brown, Karin, 'Mme de Condorcet's

"Letters on Sympathy"', dans *Presenting women philosophers*, éd. Cecile Tougas et Sara Ebenreck (Philadelphie, PA, 2000).

–, 'Sophie Grouchy de Condorcet on moral sympathy and social progress', thèse de doctorat, City University of New York, 1997.

Chaussinand-Nogaret, Guy, 'La marquise de Condorcet, la Révolution et la République', *Histoire* 71 (1984), p.30-38.

Condorcet O'Connor, Eliza, 'Notes biographiques sur Mme de Condorcet et sur Mme Vernet', dans Jean-François Robinet, *Condorcet, sa vie, son œuvre* (Paris, 1893; Genève, 1968).

Dawson, Deidre, 'From moral philosophy to public policy: Sophie de Grouchy's translation and critique of Smith's *Theory of moral sentiments*', dans *France and Scotland in the Enlightenment*, éd. Deidre Dawson et Pierre Morère (Lewisburg et Londres, 2004).

–, 'La Passion sublime de Sophie de Grouchy', dans *Des Lumières à l'Europe romantique des nations: les paradoxes du sublime*, éd. Patrick Chezaud et Dennis Bonnecase (Paris, 2007).

Delisle, Jean, 'La marquise de Condorcet: l'aristocrate républicaine, la traductrice militante et la philosophe', dans *D'une écriture à l'autre: les femmes et la traduction sous l'Ancien Régime*, éd. Jean-Philippe Beaulieu (Ottawa, 2004).

–, 'Sophie de Grouchy: traductrice de Condorcet, Paine, Mackintosh et Smith', *Circuit* 84 (2004), p.22-23.

Dictionnaire de biographie française, éd. Jean-Charles Roman d'Amat (Paris, 1961), t.9, p.459-60.

Dictionnaire des femmes célèbres, éd. Adrien Jourcin et Philippe Van Tieghem (Paris, 1969), p.66.

Doumic, René, 'Lettres d'un philosophe et d'une femme sensible: Condorcet et Mme Suard d'après une correspondance inédite', *Revue des deux mondes* 5 (1911), p.302-25 et p.835-60, *Revue des deux mondes* 7 (1912), p.37-81.

–, 'La marquise de Condorcet', dans *Etudes sur la littérature française* (Paris, 1898). Alexandre Cioranescu, *Bibliographie de la littérature française du dix-huitième siècle* (Paris, 1969-), soutient que les *Etudes* reprennent l'article d'abord paru dans la *Revue des deux mondes* 139 (1897), p.921-32.

–, 'La marquise de Condorcet', *Revue hebdomadaire* 1 (1913), p.5-21.

Duval, Gaston, 'La marquise de Condorcet: à propos d'un livre récent', *Revue de la société des études historiques* 63 (1897), p.205-10. Il s'agit d'un compte rendu d'Antoine Guillois, *La Marquise de Condorcet: sa famille, son salon, ses amis* (Paris, 1897).

Farinetti, Giuseppe, 'Condorcet, Sophie de Grouchy e la compassione: una vicenda moderna', *La Societa degli individu* 18 (2003), p.39-56.

Feller, François-Xavier de, *Biographie universelle ou Dictionnaire historique des hommes qui se sont fait un nom par leur génie, leurs talents, leurs erreurs ou leurs crimes* (Paris, 1847-1850).

Ferraz, Martin, 'Mme Condorcet', dans *Histoire de la philosophie pendant la Révolution* (Paris, 1889).

Forget, Evelyn L., 'Cultivating sympathy: Sophie Condorcet's *Letters on sympathie*', *Journal of the history of economic thought* 23 (2001), p.319-37.

Gervais, Sylvie, 'L'Ailleurs des Lumières ou comment l'homme nouveau devient un monstre dans le roman noir', dans *Authorship, authority / Auteur, autorité*, éd. Vincent Desroches et Geoffroy Turnovsky (New York, 1995).

Grand Dictionnaire encyclopédique Larousse (Paris, 1982).

Guillois, Antoine, *La Marquise de Condorcet: sa famille, son salon, ses amis* (Paris, 1897).

–, 'Mme de Condorcet à Auteuil', *Bulletin de la société historique d'Auteuil et de Passy* 2 (1896), p.166-70. Cet article présente des extraits d'A. Guillois, *La Marquise de Condorcet: sa famille, son salon, ses amis* (Paris, 1897).

–, 'Un chapitre noble de dames au XVIIIᵉ siècle: la jeunesse de Mme de Condorcet', *Revue hebdomadaire* 9 (1910), p.39-70.

Kermina, Françoise, 'Des salons à l'échafaud', *Histoire magazine* 11 (1980), p.23-26.

Lagrave, Jean-Paul de, 'A propos de Sophie de Grouchy', dans *Manuscrits de la Révolution*, éd. Béatrice Didier et Jacques Neefs (Saint-Denis, 1992). Ce volume des *Manuscrits de la Révolution* porte le titre 'Chantiers révolutionnaires: science, musique, architecture'.

–, 'Les *Lettres sur la sympathie* de Sophie de Condorcet', dans *Nature, droit, justice*, éd. Georges Lamoine (Toulouse, 1991).

–, 'L'influence de Sophie de Grouchy sur la pensée de Condorcet', dans *Condorcet: mathématicien, économiste, philosophe, homme politique*, éd. Pierre Crépel et Christian Gilain (Paris, 1989).

–, 'Sophie de Condorcet, marquise des Lumières et adepte de la sympathie', dans Sophie de Grouchy, *Lettres sur la sympathie, suivies de Lettres d'amour*, éd. Jean-Paul de Lagrave (Montréal et Paris, 1994).

–, 'Sophie de Grouchy: l'égérie du bonheur', *Dix-huitième Siècle* 36 (2004), p.87-97.

La Prade, Guy de, *L'Illustre Société d'Auteuil (1772-1830) ou la Fascination de la liberté* (Paris, 1989).

Léger, Charles, *Captives de l'amour, d'après des documents inédits: lettres intimes de Sophie de Condorcet, d'Aimée de Coigny et de quelques autres cœurs sensibles* (Paris, 1933).

Lemay, Pierre, 'Le cœur passionné de Mme de Condorcet', *Progrès médical* 19 (1943), p.355-61.

Mauclaire, Placide, 'Notions historiques ou peu connues sur M. et Mme de Condorcet', *La Thiérache. Bulletin de la société archéologique de Vervins* 2 (1940), p.194-230.

Michaud, Louis-Gabriel, *Biographie universelle, ancienne et moderne* (Paris, 1854), t.10, p.25-26.

Monceaux, Paul, 'La marquise de Condorcet', *Revue bleue* 1 (1897), p.149-53.

Niklaus, Robert, 'Condorcet's feminism: a reappraisal', dans *Condorcet's studies*, éd. David Williams (New York, Berne, Francfort et Paris, 1987), t.2, p.119-40.

Nouvelle Biographie générale: depuis les temps les plus reculés jusqu'à 1850-1860 (Paris, 1855; Copenhague, 1965), t.11, p.472-75.

Rieucau, Jean-Nicolas, 'Quatorze lettres inédites de Sophie de Grouchy et des éditeurs des *Œuvres* dites *complètes* de Condorcet', *Recherches sur Diderot et sur l'Encyclopédie* 39 (2005), p.125-55.

Robinet, Jean-François-Eugène, *Dictionnaire historique et biographique de la Révolution et de l'Empire, 1789-1815* (Paris, 1898; New York, 1975), p.467-68.

Schattschneider, Laura, 'Propriety and convenance: Smith and de Grouchy', *The Center and Clark Newsletter* 41 (2003) http://www.humnet.ucla.edu/humnet/c1718cs/ /old_site/Nltr41.htm#Schattschneider (document consulté le 7 juin 2010).

Stenger, Gilbert, 'La société et les

amis de la marquise de Condorcet', *Nouvelle Revue* 29 (1904), p.196-210.

Valentino, Henri, *Mme de Condorcet, ses amis et ses amours, 1764-1822* (Paris, 1950).

Vauthier, Gabriel, 'Notes sur la citoyenne Condorcet (1793-1798)', *Bulletin de la société historique d'Auteuil et de Passy* 11 (1928), p.148-51.

iii. Etudes sur la sympathie et la philosophie morale au XVIIIe siècle

Abramson, Kate, 'Sympathy and the project of Hume's *Second enquiry*', *Archiv für Geschichte der Philosophie* 83:1 (2001), p.45-80.

Audi, Paul, 'La pitié est-elle une vertu?', *Dix-huitième Siècle* 38 (2006), p.463-80.

Belleguic, Thierry, Eric Van der Schueren et Sabrina Vervacke (éd.), *Les Discours de la sympathie: enquête sur une notion de l'âge classique à la modernité* (Québec, 2007).

–, Emmanuel Bury, 'La sympathie et le discours savant dans la République des lettres: rhétorique et heuristique'.

–, Patrick Dandrey, 'Entre *medicinalia* et *moralia*: la double ascendance de la sympathie'.

–, Philip Knee, 'Les mésaventures politiques de la sympathie chez Rousseau'.

–, Monique Moser-Verray, 'Le discours de la sympathie dans *Les Affinités électives*'.

–, Jacques Proust, 'Les chemins méconnus de la sympathie chez Diderot et les encyclopédistes'.

–, Gerhardt Stenger, 'Amour et sensualisme dans le *Dictionnaire philosophique* de Voltaire'.

–, Charles T. Wolfe, 'La Crypto-normativité d'Adam Smith'.

Brahami, Frédéric, 'Sympathie et individualité dans la philosophie politique de David Hume', *Revue philosophique de la France et de l'étranger* 2 (1992), p.201-27.

Bray, Michael, 'Sympathy, disenchantment, and authority: Adam Smith and the construction of moral sentiments', *Graduate faculty philosophy journal* 28:1 (2007), p.159-93.

Cagle, Randy, 'Becoming a virtuous agent: Kant and the cultivation of feelings and emotions', *Kant-Studien* 96:4 (2005), p.452-67.

Chanial, Philippe et Alain Caillé (éd.), *L'Homme est-il un animal sympathique? Le contr'Hobbes*, *Revue du MAUSS* 31 (2008). Numéro disponible en ligne à l'adresse www.revuedumauss.com.

Cuneo, Terence, 'Signs of value: Reid on the evidential role of feelings in moral judgement', *British journal for the history of philosophy* 14:1 (2006), p.69-91.

Darwall, Stephen, 'Sympathetic liberalism: recent work on Adam Smith', *Philosophy and public affairs* 28:2 (1999), p.139-64.

Domenech, Jacques, *L'Ethique des Lumières: les fondements de la morale dans la philosophie française du XVIIIe siècle* (Paris, 1989).

Evensky, Jerry, *Adam Smith's moral philosophy: a historical and contemporary perspective on markets, law, ethics and culture* (Cambridge et New York, 2005).

Forget, Evelyn L., 'Evocations of sympathy: sympathetic imagery in eighteenth-century social theory and physiology', *History of political economy* 35 (2003), p.282-308.

Harper, Anthony J., 'Mysterium conjunctionis: on the attraction of chemical weddings', *German life and letters* 47:4 (1994), p.449-55.

Jaffro, Laurent (éd.), *Le Sens moral: une histoire de la philosophie morale de Locke à Kant* (Paris, 2000).

Lipkin, R. J., 'Altruism and sympathy in Hume's ethics', *Australasian journal of philosophy* 65:1 (1987), p.18-32.

Marshall, David, *The Surprising effects of sympathy: Marivaux, Diderot, Rousseau, and Mary Shelley* (Chicago, IL, 1988).

New voices on Adam Smith, éd. Leonidas Montes et Eric Schliesser (Londres et New York, 2006).

Radcliffe, E. van, 'Revolutionary writing, moral philosophy, and universal benevolence in the eighteenth century', *Journal of the history of ideas* 54:2 (1993), p.221-40.

Raphael, David Daiches, *The Impartial spectator: Adam Smith's moral philosophy* (Oxford, 2007).

Rosen, F., 'The idea of utility in Adam Smith's *The Theory of moral sentiments*', *History of European ideas* 26:2 (2000), p.79-103.

Rothschild, Emma, *Economic sentiments: Adam Smith, Condorcet, and the Enlightenment* (Cambridge, MA, et Londres, 2001).

Rutkowski, M., 'La notion de "sympathie" dans l'éthique de D. Hume', *Studia filozoficzne* 266 (1988), p.13-25.

Turco, Luigi, 'Sympathy and moral sense: 1725-1740', *British journal for the history of philosophy* 7:1 (1999), p.79-101.

iv. Editions des œuvres de Condorcet

Dialogue entre Diogène et Aristippe, suivi d'un Discours inédit prononcé par Condorcet à l'Académie des sciences (Paris, 1812).

Discours sur les sciences mathématiques, prononcé au Lycée, le 15 février 1786 (Paris, 1812).

'Eléments du calcul des probabilités et son application aux jeux de hasard, à la loterie et aux jugements des hommes', dans *'Sur les élections' et autres textes*, éd. Olivier de Bernon ([1805]; Paris, 1986).

Eloges des académiciens de l'Académie royale des sciences morts depuis 1666 jusqu'en 1790, suivis de ceux de Lhopital et de Pascal, 5 vol. (Brunswick, Vieweg et Paris, Henrichs, Fuchs, Koenig, Levrault, Schoell, An VII [1799]).

Esquisse d'un tableau historique des progrès de l'esprit humain (Paris, Agasse, An III [1794]).

Esquisse d'un tableau historique des progrès de l'esprit humain. Nouvelle édition précédée d'une notice biographique sur l'auteur et suivie de fragments inédits (Paris, 1822).

Moyens d'apprendre à compter sûrement et avec facilité (Paris, Moutardier, An VII [1799]). Selon le catalogue de la BnF, l'avertissement serait de Dominique Joseph Garat.

Œuvres complètes, 21 vol. (Brunswick et Paris, An XIII [1804]).

Tableau historique des progrès de l'esprit humain: projets, esquisse, fragments et notes, éd. Jean-Pierre Schandeler et Pierre Crépel (Paris, 2004). L'ouvrage fournit une liste étendue des manuscrits laissés par Condorcet.

Vie de Voltaire, suivie des avertissements et notes insérés par Condorcet dans l'édition complète, 2 vol. (Brunswick et Paris, An XIII [1804]).

v. Correspondance de Condorcet

'Correspondance de Condorcet et Voltaire', dans Condorcet, *Œuvres*, éd. François Arago et Eliza Condorcet O'Connor (Paris, 1847-1849; Stuttgart-Bad Cannstatt, 1968), t.1.

'Correspondance générale', dans Condorcet, *Œuvres*, éd. François Arago et Eliza Condorcet O'Connor (Paris, 1847-1849; Stuttgart-Bad Cannstatt 1968), t.1.

Correspondance inédite de Condorcet et Mme Suard, 1771-1791, éd. Elisabeth Badinter (Paris, 1988).

Correspondance inédite de Condorcet et de Turgot 1770-1779, éd. Charles Henry (Paris, 1883; Genève, 1970).

'Lettres inédites de Condorcet', éd. Jean Pelseneer, *Osiris* 10 (1952), p.322-27.

Lettres de Julie de Lespinasse à Condorcet, suivi du Portrait de Condorcet, éd. Jean-Noël Pascal (Paris, 1990).

'Correspondance de Lagrange avec Condorcet, Laplace, Euler et divers savants', dans Joseph-Louis Lagrange, *Œuvres*, éd. Ludovic Lalanne (Paris, 1892), t.14.

vi. Femmes et Révolution (documents)

Publications anonymes

Adresse au beau sexe relativement à la Révolution présente (s.l., s.n., 1790).

Adresse aux dames parisiennes (Paris, J. Jegueu, 1790).

Adresse individuelle à l'Assemblée nationale le 6 mars 1791 (Paris, s.n., 1791).

Adresse individuelle à l'Assemblée nationale, par des citoyennes de Paris (Paris, s.n., 1792).

Avis aux dames (s.l., s.n., 1788).

L'Avocat des femmes à l'Assemblée nationale, ou le Droit des femmes enfin reconnu (s.l., s.n., s.d.).

Cahier de doléances des demoiselles aux états généraux de France, de 1789 (s.l., s.n., 1789).

Cahier de doléances des femmes en 1789 et autres textes, éd. Madeleine Réberioux et Paule-Marie Duhet (Paris, 1981).

Cahier des représentations et doléances du beau sexe, au moment de la tenue des états généraux (s.l., s.n., 1789).

Compliment des dames poissardes à leurs frères du tiers état, avec des couplets (s.l., s.n., s.d.).

Compliment des poissardes de Paris, à MM. les électeurs, qui ont été à Versailles, pour solliciter l'amnistie des gardes-françaises, sortis de l'abbaye Saint-Germain, comme l'on sait, sans que le guichetier ait ouvert la porte (s.l., s.n., s.d.).

De l'influence des femmes dans l'ordre civil et politique (Eleuthéropolis, s.n., 1789).

Décret de la Convention nationale du 9.me jour du 2.e mois de l'an 2. de la République Françoise, une et indivisible, qui défend les clubs et sociétés populaires de femmes (s.l., Mercier, 1793).

Discours adressé au roi par les dames de la Halle, membres de la société fraternelle (Paris, Lottin l'aîné, 1791).

Discours d'une femme de la capitale, présenté au roi. Réponse du roi (s.l., s.n., s.d.).

Discours de Mme de *** prononcé le 2 avril, dans une société de dames (s.l., s.n., 1789).

Discours des citoyennes d'Avallon, armées de piques, aux amis de la Constitution lors de l'installation du buste de Mirabeau (Avallon, Antoine Aubry, 1791).

Discours des citoyennes françoises,

prononcé à la Société des amis de la Constitution, séante aux Jacobins, à Paris (Paris, Imprimerie du patriote françois, 1791).

Discours des dames de l'Orient, à la présentation des drapeaux aux troupes de la garnison, le 24 juillet 1791 (s.l., s.n., 1791).

Discours prononcé à la société des citoyennes républicaines révolutionnaires: en lui donnant un guidon sur lequel est la Déclaration des droits de l'homme (s.l., s.n., s.d.).

Discours prononcé par M. André Bres, dans l'assemblée des dames dijonnoises, amies de la Constitution, peu de jours après le serment fédératif de la troisième année de la liberté françoise (s.l., P. Caussel, s.d.).

Les Femmes françoises à la Convention nationale (s.l., s.n., 1795).

Grand Débat entre deux dames, sur les affaires du temps (Paris, Crapart, s.d.).

Les Héroïnes de Paris, ou l'Entière liberté de la France par les femmes, le 5 octobre 1789 (Paris, Knapen fils, 1789).

Hommage rendu aux dames françaises, sur leur patriotisme pour accélérer la fête civique (Paris, Valleyre, 1790).

Invitation aux dames françoises (s.l., s.n., 1789).

Lettres d'une citoyenne à son amie, sur les avantages que procureroit à la nation le patriotisme des dames (Paris, Veuve Lambert, 1789).

Lettres de ces dames à M. Necker, suivies de doléances très-graves (s.l., s.n., 1789).

Lettres des citoyennes typographes, à tous les représentants du peuple, excepté Poultier (s.l., s.n., s.d.).

Lettres des dames de Paris, à messieurs les officiers du camp (s.l., s.n., 1789).

Liste des citoyennes femmes ou filles d'artiste, qui ont fait hommage de leurs bijoux à l'Assemblée nationale, le lundi 7 septembre 1789, à titre de contribution volontaire, destinée à l'acquittement de la dette publique (Versailles, Imprimerie royale, 1789).

Motion curieuse des dames de la place Maubert (Paris, Veuve Guillaume, 1789).

Motion de la pauvre Javotte, députée des pauvres femmes, lesquelles composent le second ordre du royaume depuis l'abolition de ceux du clergé et de la noblesse (Paris, s.n., 1790).

Motion des dames à l'Assemblée nationale, sur la sanction royale (s.l., s.n., s.d.).

Motions adressées à l'Assemblée nationale en faveur du sexe (s.l., Veuve Delaguette, 1789).

Nouvelle Proclamation pour lever et enroler dans toute l'étendue de la République, 300 000 filles et femmes, pour aller aux frontières (Paris, P. Provost, s.d.).

Offre généreuse des dames françaises du tiers état, ou Moyen de rétablir les finances en vingt-quatre heures (s.l., s.n., 1789).

Opinions de femmes: de la veille au lendemain de la Révolution française, éd. Geneviève Fraisse (Paris, 1990).

Pétition à la Convention nationale pour l'école typographique des femmes (s.l., Ecole typographique des femmes, 1794).

Pétition des citoyennes républicaines révolutionnaires lue à la barre de la Convention nationale (Paris, Imprimerie de l'égalité, 1793).

Pétition des femmes du tiers état au roi (s.l., s.n., 1789).

Protestation des dames françoises, contre la tenue des états prétendus généraux, convoqués à Versailles, pour le 27 avril 1789 (s.l., s.n., 1789).

Réclamation de toutes les poissardes, avec un petit mot à la gloire de notre bonne duchesse d'Orléans (Paris, Guillaume junior et P. Elmy, s.d.).

Recueil d'anecdotes biographiques, historiques et politiques sur les personnages les plus remarquables et les événements les plus frappants de la

Révolution française (Paris, J.-B. du
Sault, 1798).

*Règlement de la Société des citoyennes
républicaines révolutionnaires de Paris*
(Paris, s.n., s.d.).

*Remontrances, plaintes et doléances des
dames françoises, à l'occasion de
l'Assemblée des états généraux* (s.l.,
s.n., 1789).

*Requête des dames, à l'Assemblée
nationale* (s.l., s.n., s.d.).

*Requête des femmes pour leur admission
aux états généraux, à messieurs
composant l'assemblée des notables* (s.l.,
s.n., s.d.).

Les Tracts féministes au XVIIIe siècle,
éd. Colette Michael (Genève,
1986).

*Très-humbles Remontrances des femmes
françaises* (s.l., s.n., 1788).

*Women in revolutionary Paris: selected
documents translated*, éd. Darline
Gay Levy, Harriet Branson
Applewhite et May Durham
Johnson (Urbana, Chicago, IL, et
Londres 1979).

Publications avec nom d'auteur

Boulanger, Louis, *Discours de M.
Boullanger, à mesdames du fauxbourg
Saint-Antoine, avant la lecture de la
Lettre que M. Reveillon lui a adressée,
en le chargeant de faire à ces dames
l'hommage du drapeau de la Commune*
(s.l., s.n., s.d.).

Chéret, Femme, *Evénement de Paris et
de Versailles, par une des dames qui a
eu l'honneur d'être de la députation à
l'Assemblée générale* (Paris, Garney
et Volland, s.d.).

Clément-Hémery, Albertine,
Souvenirs de 1793 et 1794
(Cambrai, 1832).

Coicy, Mme de, *Les Femmes comme il
convient de les voir ou Aperçu de ce
que les femmes ont été, de ce qu'elles
sont et de ce qu'elles pourroient être*
(Paris, Barcot, 1785).

–, *Demande des femmes aux états
généraux, par l'auteur des 'Femmes*

comme il convient de les voir' (s.l.,
s.n., 1789).

Coigny, Aimée de, *Journal*, éd.
André-Marc Grangé (Paris, 1981).

Elbée, Louis-Alexandre d', *Plan d'un
chapitre de nobles femmes, qui seroit en
même temps une maison d'éducation
pour les jeunes personnes faites pour
jouer le plus grand rôle dans la société,
afin d'y rétablir les bonnes mœurs
autant qu'il est possible* (Paris,
Planche, 1789).

Fumelh, Mme de, *Discours à la nation
françoise* (s.l., s.n., 1789).

–, *Second discours à la nation françoise*
(Paris, Lacloye, 1789).

Gouges, Olympe de, *Action héroïque
d'une françoise, ou la France sauvée
par les femmes* (Paris, Guillaume
junior, 1789).

–, *Adresse au roi; Adresse à la reine;
Adresse au prince de Condé;
Observation à M. Duveyrier, sur sa
fameuse ambassade* (s.l., s.n., 1791).

–, *Avis pressant à la Convention, par
une vraie républicaine* (s.l., s.n., s.d.).

–, *Le Bon Sens françois, ou l'Apologie
des vrais nobles, dédiée aux Jacobins*
(s.l., s.n., 1792).

–, *Le Bonheur primitif de l'homme, ou
les Rêves patriotiques* (Paris, Royez,
Bailly, 1789).

–, *Le Cri du sage. Par une femme* (s.l.,
s.n., s.d.).

–, *Départ de M. Necker et de Mme de
Gouges, ou les Adieux de Mme de
Gouges aux François et à M. Necker*
(Paris, s.n., 1790).

–, *Lettre à monseigneur le duc d'Orléans,
premier prince du sang* (s.l., s.n.,
1789).

–, *Lettres à la reine, aux généraux de
l'armée, aux amis de la Constitution, et
aux Françaises citoyennes. Description
de la fête du 3 juin* (Paris, Société
typographique, 1792).

–, *Remarques patriotiques, par la
citoyenne auteur de la 'Lettre au
peuple'* (s.l., s.n., s.d.).

Hollier, Claude, *Discours sur les
bienfaits de la constitution française,*

envers les femmes (Bordeaux, Société des amis de la Constitution, s.d.).

Jodin, Marie-Madeleine, *Vues législatives pour les femmes adressées à l'Assemblée nationale* (Angers, Mame, 1790).

Jollivet, Jean-Baptiste-Moïse, *Le Coup de grâce des Jacobins: conseils aux braves citoyennes pour qu'elles laissent les tribunes de la pétaudière, et veillent à retourner à leur ménage* (Paris, Imprimerie des Amis de la Vérité, 1794).

Lacombe, Claire, *Discours prononcé à la barre de l'Assemblée nationale, par Mme Lacombe, le 25 juillet 1792* (Paris, Imprimerie de l'Assemblée nationale, 1792).

Moitte, Adélaïde-Marie-Anne, *L'Ame des Romaines dans les femmes françaises* (Paris, Gueffier le jeune, 1789).

–, *Suite de 'L'Ame des Romaines dans les femmes françaises'* (Paris, Knapen fils, 1789).

Moreau, Jacques-Louis, *Histoire naturelle de la femme* (Paris, 1803).

Palm d'Aelders, Etta, *Appel aux Françoises sur la régénération des mœurs et nécessité de l'influence des femmes dans un gouvernement* (Paris, Cercle social, s.d.).

Reynaud, Marc-Antoine, *Lettre à une religieuse sortie de son couvent, et qui a prétendu justifier sa sortie par le décret de l'Assemblée nationale* (Auxerre, L. Fournier, 1790).

Samson, Françoise, *Discours prononcé par Françoise Samson, veuve Duval, dans la séance publique des Amis de la Constitution, le 15 avril 1791* (Caen, P. Chalopin, 1791).

Suard, Amélie, *Dernier écrit de Condorcet, précédé d'une notice sur ses derniers momens, par Mme Suard* (Paris, 1825).

–, *Louis seize, son testament, sa mort, par une femme* (Paris, 1814).

Wollstonecraft, Mary, *Défense des droits de la femme*, trad. Marie-François Cachin (Paris, 2005).

vii. Femmes et Révolution (études)

1789-1799: Combats de femmes: la Révolution exclut les citoyennes, éd. Evelyne Morin-Rotureau (Paris, 2003).

Albistur, Maïté et Daniel Armogathe, *Histoire du féminisme français* (Paris, 1978).

Bessand-Massenet, Pierre, *Femmes sous la Révolution* (Paris, 2005).

Bessière, Yves et Patricia Niedzwiecki, *Les Femmes dans la Révolution française* (Bruxelles, 1991).

Bibliothèque Marguerite Durand, *Les Femmes et la Révolution française: Bibliographie* (Paris, 1989).

Blanc, Olivier, *Marie-Olympe de Gouges: une humaniste à la fin du XVIIIe siècle* (Belaye, 2003).

Boulad-Ayoub, Josiane, 'Le plus grand bonheur pour le plus grand nombre', *Etudes françaises* 25 (1989), n° 2-3, p.131-51.

Bruhat, Yvonne, *1789-1939: Les Femmes et la Révolution française* (Paris, 1939).

Capitan, Colette, *La Nature à l'ordre du jour, 1789-1793* (Paris, 1993).

Centre de promotion de la recherche scientifique, *Les Femmes et la Révolution française: propositions de lecture. Une exposition documentaire* (Toulouse, 1989).

Cerati, Marie, *Le Club des citoyennes républicaines révolutionnaires* (Paris, 1966).

Chabannes, Jacques, *Amours sous la Révolution* (Paris, 1967).

Challamel, Augustin, *Les Clubs contre-révolutionnaires: cercles, comités, sociétés, salons, réunions, cafés, restaurants et librairies* (Paris, 1895).

Chaussinand-Nogaret, Guy, *Mme Roland, une femme en Révolution* (Paris, 1985).

Craciun, Adriana, *British women and the French Revolution: citizens of the world* (Basingstoke, 2005).

Dufriche Desgenettes, René-Nicolas, *Souvenirs de la fin du XVIIIe siècle et du commencement du XIXe*, 2 vol. (Paris, 1835).

Duhet, Paule-Marie, *Les Femmes et la Révolution, 1789-1794* (Paris, 1971).

Dreyfous, Maurice, *Les Grandes Femmes de la Révolution française* (Paris, 1903).

Fauré, Christine, 'Condorcet et la citoyenne', *Corpus* 2 (1986), p.129-37.

Les Femmes et la Révolution française, éd. Marie-France Brive, 3 vol. (Toulouse, 1989-1991).

Freiheit, Gleichheit, Weiblichkeit. Aufklärung, Revolution und die Frauen in Europa, éd. Marieluise Christalder (Opladen, 1990).

Godineau, Dominique, *Citoyennes tricoteuses: les femmes du peuple à Paris pendant la Révolution française* (Aix-en-Provence et Paris, 2004).

Gordon, Daniel, *Citizens without sovereignty: equality and sociability in French thought, 1670-1789* (Princeton, NJ, 1994).

Gordon, Felicia et Philip Nicholas Furbank, *Marie-Madeleine Jodin, 1741-1791: actress, philosophe and feminist* (Aldershot, 2001).

Grubitzsch, Helga et Roswitha Bockholt, *Théroigne de Méricourt: die Amazone der Freiheit* (Pfaffenweiler, 1991).

Gutwirth, Madelyn, *The Twilight of the goddesses: women and representation in the French revolutionary era* (New Brunswick, 1992).

Hesse, Carla, 'French Women in print, 1750-1800: an essay in historical bibliography', *SVEC* 359 (1998), p.65-82.

–, *Pamphlets, periodicals, and songs of the French revolutionary era in the Princeton Library* (New York et Londres, 1989).

Hufton, Olwen Hazel, *Women and the limits of citizenship in the French Revolution* (Toronto, 1992).

Kelly, Gary, 'Expressive style and the "female mind": Mary Wollostoncraft's *Vindication of the rights of woman*', *SVEC* 193 (1980), p.1942-49.

Kelly, Linda, *Women of the French Revolution* (Londres, 1987).

Laflandre-Linden, Louise, *1789-1793: Les Femmes* (Paris, 1994).

Lairtullier, Edouard, *Les Femmes célèbres de 1789 à 1795, et leur influence dans la Révolution* (Paris, 1840).

Landes, Joan B., *Women and the public sphere in the age of the French Revolution* (Ithaca, NY, 1988).

Larue-Langlois, François, *Claire Lacombe, citoyenne révolutionnaire* (Paris, 2005).

Laval, Alexandre de, *Femmes célèbres de la Révolution* (Paris, 1856).

Leroux de Lincy et Antoine Jean Victor, *Femmes célèbres de l'ancienne France. Mémoires historiques sur la vie publique et privée des femmes françaises, depuis le Ve siècle jusqu'au XVIIIe*, 2 vol. (Paris, 1847-1858).

Letzter, Jaqueline et Robert Adelson, *Women writing opera: creativity and controversy in the age of the French Revolution* (Berkeley, CA, et Londres, 2001).

Maison de la culture de Loire-Atlantique, *Les Femmes de la Révolution. Exposition* (Nantes, 1989).

Marand-Fouquet, Catherine, *La Femme au temps de la Révolution* (Paris, 1989).

Marciano-Jacob, Christiane, *Théroigne de Méricourt, 1762-1817 ou la Femme écrasée* (Paris, 2001).

Die Marseillaise der Weiber. Frauen, die Französische Revolution und ihre

Rezeption, éd. Inge Stephan et
Sigrid Weigel (Hambourg, 1989).

McNair Wilson, Robert, *Women of the
French Revolution* (Londres, 1936).

Melzer, Sara E. et Leslie W. Rabine
(éd.), *Rebel daughters: women and the
French Revolution* (New York,
1992).

Michalik, Kerstin, *Der Marsch der
Pariser Frauen nach Versailles am 5.
und 6. Oktober 1789: eine Studie zu
weiblichen Partizipationsformen in der
Frühphase der Französischen
Revolution* (Pfaffenweiler, 1990).

Michelet, Jules, *Les Femmes de la
Révolution* (1855), éd. Françoise
Giroud (Paris, 1988).

Montfort, Catherine (éd.), *Literate
women and the French Revolution of
1789* (Birmingham, 1994).

Morin-Rotureau, Evelyne, *Olympe de
Gouges* (Mouans-Sartoux, 2002).

Mousset, Sophie, *Olympe de Gouges et
les droits de la femme* (Paris, 2003).

Noack, Paul, *Olympe de Gouges 1748-
1793: courtisane et militante des droits
de la femme*, trad. Isabelle Duclos
(Paris, 1993).

Opitz, Claudia, *Aufklärung der
Geschlechter, Revolution der
Geschlechterordnung. Studien zur
Politik- und Kulturgeschichte des 18.
Jahrhunderts* (Münster, New Kork,
Munich et Berlin, 2002).

Peters, Kathrin, '*Der Menschheit Hälfte
blieb noch ohne Recht*' dans *Frauen
und die Französische Revolution*, éd.
Helga Brandes (Wiesbaden, 1991).

Petersen, Susanne, *Frauen in der
Französischen Revolution: Dokumente,
Kommentare, Bilder* (Berlin, 1987).

Proctor, Candice E., *Women, equality*
and the French Revolution (New
York, 1990).

Racz, Elizabeth, 'The Women's
rights movement in the French
Revolution', *Science and society* 16
(1952), p.152-57.

Rosa, Annette, *Citoyennes: les femmes
et la Révolution française* (Paris,
1988).

Roessler, Shirley Elson, *Out of the
shadows: women and politics in the
French Revolution, 1789-1795* (New
York, Paris et Francfort, 1996).

Roudinesco, Elisabeth, *Théroigne de
Méricourt: une femme mélancolique
sous la Révolution* (Paris, 1989).

Schmidt-Linsenhof, Viktoria (éd.),
*Sklavin oder Bürgerin? Französische
Revolution und Neue Weiblichkleit
1760-1830* (Marbourg et
Francfort, 1989).

Soprani, Anne, *La Révolution et les
femmes, 1789-1796* (Paris, 1988).

Thomas, Chantal, *La Reine scélérate:
Marie Antoinette dans les pamphlets*
(Paris, 1989).

Trouille, Mary, 'Conflicting views of
marriage and spousal abuse in
pre-Revolutionnary France', *SVEC*
12 (2001), p.233-65.

Van Hove, Susane, *Muses, que je
consacre à ma noble Patrie.
Dramatikerinnen zur Zeit der
Französichen Revolution* (New York,
Paris et Francfort, 2003).

Vray, Nicole, *Les Femmes dans la
tourmente* (Rennes, 1988).

Winifred, Stephens, *Women of the
French Revolution* (Londres, 1922).

Yalom, Marilyn, *Blood sisters: the
French Revolution in women's memory*
(New York, 1993).

viii. Femmes et salons (documents)

Abrantès, Laure Permon-Junot,
duchesse d', *Mémoires de Mme la
duchesse d'Abrantès ou Souvenirs
historiques sur Napoléon*, 18 vol.
(Paris, 1831-1835).

Bachaumont, Louis Petit de, *Les
Salons des 'Mémoires secrets', 1767-
1787*, éd. Bernadette Fort (Paris,
1999).

Barras, Paul, *Mémoires*, éd. Jean-Pierre Thomas (Paris, 2005).

Charrier, Charlotte, *Les Salons au XVIIIe siècle: choix de lettres* (Paris, 1925).

Garat, Dominique-Joseph, *Mémoires historiques sur la vie de M. Suard, sur ses écrits et sur le XVIIIe siècle*, 2 vol. (Paris, 1820).

Ginguené, Pierre-Louis, *Journal de Ginguené, 1807-1808*, éd. Paul Hazard (Paris, 1910).

Grouchy, Emmanuel de, *Mémoires du maréchal de Grouchy*, 5 vol. (Paris, 1873-1874).

La Platière, Jeanne-Marie Roland de, *Appel à l'impartiale postérité, par la citoyenne Roland, femme du ministre de l'intérieur*, 4 vol. (Paris, Louvet, An III [1794-1795]).

–, *Mémoires de Mme Roland; avec une notice sur sa vie, des notes et des éclaircissements historiques*, éd. Saint-Albin Berville et Simon-Nicolas-Henri Barrière, 2 vol. (Paris, 1820).

Morellet, André, *Mémoires de l'abbé Morellet, de l'Académie française, sur le dix-huitième siècle et sur la Révolution*, 2 vol. (Paris, 1822); éd. Jean-Pierre Guicciardi (Paris, 1988).

Pontécoulant, Gustave Le Doulcet de, *Souvenirs historiques et parlementaires du comte de Pontécoulant, ancien pair de France*, 4 vol. (Paris, 1861-1865).

Suard, Amélie, 'Essais de mémoires sur M. Suard', dans *Mémoires biographiques et littéraires*, éd. Adolphe Mathurin de Lescure (Paris, 1881), t.4.

Staël, Germaine de, *Correspondance inédite, 1786-1817*, éd. Robert de Luppé (Genève, 1970).

ix. Femmes et salons (études)

Abrantès, Laure Permon-Junot, duchesse d', *Histoire des salons de Paris*, 4 vol. (Paris, 1893). Voir notamment t.2, p.201-202, 206, 216-17.

Ancelot, Virginie, *Les Salons de Paris: foyers éteints* (Paris, 1858).

Badinter, Elisabeth, *Emilie, Emilie: l'ambition féminine au XVIIIe siècle* (Paris, 1983). La dernière réédition de cet ouvrage est parue sous le titre *Mme Du Châtelet, Mme d'Epinay ou l'Ambition féminine au XVIIIe siècle* (Paris, 2006).

Bertaud, Jules, *Egéries du XVIIIe siècle* (Paris, 1928).

Boiteux, Louis-Augustin, *Au Temps des cœurs sensibles* (Paris, 1948).

Boudet, Micheline, *Julie Talma: l'ombre heureuse* (Paris, 1989).

Calvet, Jean, *Les Salons de Marguerite de Navarre (1492-1549) à Suzanne Necker (1740-1794)*, éd. Maurice Lebel (Québec, 2000).

Chapuisat, Edouard, *Salons et chancelleries au XVIIIe siècle* (Lausanne, Genève et Neufchâtel, 1943).

Craveri, Benedetta, *L'Age de la conversation*, trad. Eliane Deschamps-Pria (Paris, 2002).

–, *Mme du Deffand et son monde*, trad. Sibylle Zavrieu (Paris, 1999).

Dalton, Susan, 'Engendering the Republic of letters: reconnecting public and private spheres in eighteenth-century Europe', thèse de doctorat, Université de Montréal, 1999.

François, Etienne (éd.), *Sociabilité et société bourgeoise en France, en Allemagne et en Suisse, 1750-1850* (Paris, 1986).

Haussonville, Gabriel-Paul-Othenin d', *Le Salon de Mme Necker, d'après les documents tirés des archives de Coppet*, 2 vol. (Paris, 1882).

Hippeau, Célestin, *Les Salons de Paris au XVIIIe siècle* (Caen, 1876).

Glotz, Marguerite et Madeleine Maire, *Salons du XVIIIe siècle* (Paris, 1949).

Guillois, Antoine, *Le Salon de Mme Helvétius, Cabanis et les idéologues* (Paris, 1894).

Grimm, Jacob et Wilhem Grimm, *Les Salons de Paris* (s.l., s.n., s.d.).

Gyenis, Vilmos, 'Le changement du rôle des femmes dans la vie littéraire au milieu du XVIIIe siècle', *SVEC* 193 (1980), p.2002-2009.

Heyden-Rynsch, Verena von der, *Salons européens: les beaux moments d'une culture féminine disparue*, trad. Gilberte Lambrichs (Paris, 1993).

Johnson-Cousin, Daniel, 'Les "leçons" de déclamation de Germaine Necker: note sur le "mystère Clairon"', *SVEC* 183 (1980), p.161-64.

Kale, Steven, *French salons: high society and political sociability from the Old Regime to the Revolution of 1848* (Baltimore, MD, 2004).

Lagrave, Jean-Paul de, Marie-Thérèse Inguenaud et David Smith (éd.), *Mme Hélvétius et la société d'Auteuil* (Oxford, 1999).

Lilti, Antoine, *Le Monde des salons: sociabilité et mondanité à Paris au XVIIIe siècle* (Paris, 2005).

Marchal, Roger, *Mme de Lambert et son milieu* (Oxford, 1991).

–, (éd.), *Vie des salons et activités littéraires de Marguerite de Valois à Mme de Staël* (Nancy, 2001).

McNiven Hine, Ellen, 'Mme de Lambert, her sources and her circle', *SVEC* 192 (1973), p.173-90.

Pekacz, Jolanta T., *Conservative tradition in pre-Revolutionary France: Parisian salon women* (New York, 1999).

–, 'The French salon of the Old Regime as a spectacle', *Lumen* 22 (2003), p.83-102.

Picard, Roger, *Les Salons littéraires parisiens et la société française, 1610-1789* (New York, 1943).

Russo, Elena, 'From *précieuse* to mother figure: sentiment, authority and the eighteenth-century *salonnière*', *SVEC* 12 (2001), p.179-98.

x. Femmes et traduction au XVIIIe siècle (études)

Agorni, Mirella, 'A marginal(ized) perspective on translation history: women and translation in the eighteenth century', *Journal des traducteurs / Translators' journal* 50:3 (2005), p.817-30.

–, *Translating Italy for the eighteenth-century: British women, translation, and travel writing, 1739-1797* (Manchester, 2002).

–, 'The voice of the "translatress": from Aphra Behn to Elizabeth Carter', *Yearbook of English studies* 28 (1998), p.181-95.

–, 'Women manipulating translation in the eighteenth century: the case of Elizabeth Carter', dans *The Knowledges of the translator: from literary interpretation to machine classification*, éd. Malcolm Coulthard *et al.* (New York, 1996).

Allen, Lydia Dryden, 'Physics, frivolity, and 'Mme Pompon-Newton': the historical reception of the marquise Du Châtelet from 1750 to 1996', thèse de doctorat, University of Cincinnati, 1998).

Beaulieu, Jean-Philippe (éd.), *D'une écriture à l'autre: les femmes et la traduction sous l'Ancien Régime* (Ottawa, 2004).

Brown, Andrew et Ulla Kölving, 'Qui est l'auteur du *Traité de métaphysique*?', *Cahiers Voltaire* 2 (2003), p.85-93. Cet article porte sur Emilie Du Châtelet traductrice de Newton.

Brown, Hilary, 'Women and classical translation in the eighteenth century', *German life and letters* 59:3 (2006), p.344-60.

Brown, Sarah Anne, 'Women translators', dans *The Oxford history of literary translation in English*, éd. Stuart Gillespie (Oxford, 2005), t.3. Le troisième volume de ce dictionnaire porte sur les années 1660-1790.

Buijnsters, Piet J., 'Betje Wolff als vertaalster: opvattingen en praktijk', dans *Ars & Ingenium. Studien zum Übersetzen*, éd. Hans Ester et Guillaume van Gemert (Maarssen, 1983).

Caroll, Berenice, 'The politics of "originality": women and the class system of the intellect', *Journal of women's history* 2:2 (1990), p.136-63.

Chamberlain, Lori, 'Gender and the metaphorics of translation', *Signs. Journal of women in culture and society* 13 (1988), p.454-72.

Clair Wharram, Charles, 'Labors of translation, 1750-1850: reconsidering the Romantic movement in relation to translation theory and practice', mémoire de maîtrise, University of Minnesota, 2005.

Cohen, I. Bernard, 'The French translation of Isaac Newton's *Philosophiae naturalis principia mathematica* (1756, 1759, 1966)', *Archives internationales d'histoire des sciences* 21 (1968), p.261-90. Cet article porte en partie sur Emilie Du Châtelet traductrice de Newton.

Cossy, Valérie, 'Austen and her French readers: gender and genre again', dans *Re-drawing Austen: picturesque travels in Austenland*, éd. Diego Saglia (Naples, 2004).

Courcelle, Olivier et Judith P. Zinsser, 'A remarkable collaboration: the marquise Du Châtelet and Alexis Clairaut', *SVEC* 12 (2003), p.107-20.

Debever, Robert, 'La marquise Du Châtelet traduit et commente les *Principia* de Newton', *Bulletin d'histoire des sciences* 23 (1970), p.175-80.

Delisle, Jean, 'Albertine Necker de Saussure, traductrice de transition, "sourcière" du romantisme', dans *Portraits de traductrices*, éd. Jean Delisle (Ottawa, 2002).

Dow, Gillian (éd.), *Translators, interpreters, mediators: women writers 1700-1900* (Oxford, 2007).

–, Katherine Astbury, 'Translating the Revolution: Therese Huber and Isabelle de Charrière's *Lettres trouvées dans des portes-feuilles d'émigrés*'.

–, Hilary Brown, 'Luise Gottsched and the reception of French Enlightenment literature in Germany'.

–, Séverine Genieys-Kirk, 'Eliza Haywood's translation and dialogic reading of Madeleine-Angélique de Gomez's *Journées amusantes* (1722-1731)'.

–, Adeline Johns-Putra, 'Anna Seward's translations of Horace: poetic dress, poetic matter and the lavish paraphrase'.

–, Laura Kirkley, 'Elements of the other: Mary Wollstonecraft and translation'.

Emch-Dériaz, Antoinette et Gérard G. Emch, 'On Newton's French translator: how faithful was Mme Du Châtelet?', dans *Emilie Du Châtelet: rewriting Enlightenment philosophy and science*, éd. Judith P. Zinsser et Julie Candler Hayes (Oxford, 2006).

Ezell, Margaret J. M., '"By a lady": the mask of the feminine in restoration, early eighteenth-century print culture', dans *The Faces of anonymity: anonymous and pseudo-anonymous publication from the*

sixteenth to the twentieth century, éd.
Robert J. Griffin (New York, 2003).

Garnier, Bruno, 'Anne Dacier, un
esprit moderne au pays des
anciens', dans *Portraits de
traductrices*, éd. Jean Delisle
(Ottawa, 2002).

–, 'La Traduction de la tragédie
grecque en France: le tournant
décisif de la période 1660-1780',
Traduction, terminologie, rédaction
11:1 (1998), p.33-64. Cet article
porte en partie sur Anne Dacier
traductrice.

Hayes, Julie Candler, 'Gender,
signature, authority', dans
*Translation, subjectivity and culture in
France and England, 1600-1800*
(Stanford, CA, 2009).

Healy, Michèle, 'The cachet of the
"invisible" translator:
Englishwomen translating science
(1650-1850)', mémoire de maîtrise,
Université d'Ottawa, 2004.

Iverson, John et Marie-Pascale
Pieretti, 'Une gloire réfléchie: Du
Châtelet et les stratégies de la
traductrice', *Paragraphes* 17 (1998),
p.135-44.

Johns-Putra, Adeline, 'Gendering
Telemachus: Anna Seward and
the epic rewriting of Fénelon's
Télémaque', dans *Approaches to the
Anglo and American female epic,
1621-1982*, éd. Bernard Schweizer
(Burlington, VT, 2006).

Kadish, Doris et Françoise
Massardier-Kenney (éd.),
*Translating slavery: gender and race in
French women's writing, 1783-1823*
(Kent, OH, 1994).

–, Maryann DeJulio, 'On translating
Olympe de Gouges'.

–, Françoise Massardier-Kenney,
'Staël, translation, and race'.

–, Françoise Massardier-Kenney,
Sharon Bell et Doris Kadish,
'Translations of Staël'.

–, Sylvie Molta et Maryann DeJulio,
'Translation of Gouges'.

Knellwolf, Christa, 'Women

translators, gender and the
cultural context of the scientific
revolution', dans *Translation and
nation: towards a cultural politics of
Englishness*, éd. Roger Ellis et Liz
Oakley-Brown (Clevedon, 2001).

Knight, R. C., 'Anne Dacier and
gardens ancient and modern',
SVEC 185 (1980), p.119-29.

Lewis, Jayne Elizabeth, 'Invading the
"transparent labyrinth": Anne
Finch and the poetics of
translation', dans *Literature criticism
from 1400 to 1800*, éd. Thomas J.
Schoenberg et Lawrence Trudeau
(Farmington Hills, MI, 2007).

Lloyd, Caryl, 'Anne Le Fèvre Dacier
(1647-1720)', dans *Writers of the
French Enlightenment*, éd. Samia
Spencer (New York, 2005).

Lorenzo-Modia, María Jesús,
'Charlotte Lenox's *The Female
Quixote* into Spanish: a gender-
biased translation', *Yearbook of
English studies* 36:1 (2006), p.103-14.

Mason, Adrienne, '"L'Air du climat
et le goût du terroir": translation
as cultural capital in the writings
of Mme Du Châtelet', dans *Emilie
Du Châtelet: rewriting Enlightenment
philosophy and science*, éd. Judith P.
Zinsser et Julie Candler Hayes
(Oxford, 2006).

Mazon, Paul, *Mme Dacier et les
traductions d'Homère en France*
(Oxford, 1936).

Mazzotti, Massimo, 'Newton for
ladies: gentility, gender, and
radical culture', *British journal for
the history of science* 37 (2004),
p.119-46.

Perkins, Merle L., 'The Mme Dacier-
Houdar de La Motte dispute',
French review 30 (1956), p.59-60.

Pieretti, Marie-Pascale,
'Construction de l'identité
auctoriale de Mme Thiroux
d'Arconville', dans *La Traduction
des genres non romanesques au XVIIIᵉ
siècle*, éd. Annie Cointre (Metz,
2003).

–, 'Women writers and translation in eighteenth-century France', *French review* 75:3 (2002), p.474-88.

–, 'Women writers and translation in eighteenth-century France', thèse de doctorat, New York University, 1998.

Purdy, Daniel, 'Sophie Mereau's authorial masquerades and the subversion of romantic poésie', *Women in German yearbook. Feminist studies in German literature and culture* 13 (1997), p.29-48.

Sanz, Amelia, 'Entre cultures, entre temps: les femmes traduisent l'histoire', *Papers on French seventeenth-century literature* 32:62 (2005), p.99-112.

Sirois, André, 'Les femmes dans l'histoire de la traduction: de la Renaissance au XIXᵉ siècle', mémoire de maîtrise, Université d'Ottawa, 1997.

Smith, Theresa Ann, 'Writing out of the margins: women, translation, and the Spanish Enlightenment', *Journal of women's history* 15:1 (2003), p.116-43.

Taton, René, 'Isaac Newton, *Principes mathématiques de la philosophie naturelle*, traduction de la marquise Du Châtellet augmentée des *Commentaires* de Clairaut', *Revue d'histoire des sciences* 23 (1970), p.175-80.

–, 'Mme Du Châtelet, traductrice de Newton', *Archives internationales d'histoire des sciences* 22 (1969), p.185-209.

Terrall, Mary, 'Emilie Du Châtelet and the gendering of science', *History of science* 33 (1995), p.283-310.

Van Dijk, Suzan, '"Gender" et traduction: Mme de Genlis traduite par une romancière hollandaise, Elisabeth Bekker (Betje Wolff)', dans *La Traduction des genres non romanesques au XVIIIᵉ siècle*, éd. Annie Cointre (Metz, 2003).

Van Strien-Chardonneau, Madeleine, 'Betje Wolff (1738-1804), traductrice de Mme de Genlis (1746-1830)', dans *D'une écriture à l'autre: les femmes et la traduction sous l'Ancien Régime*, éd. Jean-Philippe Beaulieu (Ottawa, 2004).

Whitfield, Agnès, 'Emilie Du Châtelet, traductrice de Newton, ou la "traduction-confirmation"', dans *Portraits de traductrices*, éd. Jean Delisle (Ottawa, 2002).

Zinsser, Judith P., 'Translating Newton's *Principia*: the marquise Du Châtelet's revisions and additions for a French audience', *Notes and records of the Royal Society of London* 55 (2001), p.227-45.

–, et Julie Candler Hayes (éd.), *Emilie Du Châtelet: rewriting Enlightenment philosophy and science* (Oxford, 2006).

Index

E. Kant, 162
correspondante de G. de Staël,
180
éveil intellectuel et politique, 123
hommes qui ont partagé sa vie,
114
intelligence de S. de G' reconnue
par ses contemporains, 109
intrigante, 112
jeunesse et éducation, 122
jugements sur elle après la
Révolution, 109, 110, 111, 126
Lettres d'amour, 118 et n, 119 et n
liaisons avec,
Fauriel *voir* Fauriel, Charles
Claude
M. Garat *voir* Garat, Maillia
mariage avec Condorcet *voir*
Condorcet, Nicolas de –
mariage avec S. de Grouchy
notice biographique par sa fille E.
O'Connor, 113 et n
rareté des sources biographiques,
107
roman inédit, 124, 137
salonnière, 111, 112, 123, 127,
181, 182
stéréotypes biographiques, 107
traductrice,
de la *Theory* d'A. Smith suivie
des *Lettres*, 12 et suiv, 27, 124,
125, 127, 129, 130, 131, 134,
132, 133 et n, 135, 136, 137
et n, 139, 151 et n, 152
de T. Paine, 181 et 182n
généralités, 5

habitude,
concept-clé de l'analyse
idéologique, 94n
de l'injustice, 94
force de l'h', 32
alliée à celle de l'enthousiasme
et de la sympathie
particulière dans l'acquisition
du sens moral, 71, 72
chez les partisans du
sensualisme, 42n
et acquisition du sens moral
chez Cabanis et S. de
Grouchy, 69n

nature et h' chez Voltaire, 42n
plus forte que l'intérêt personnel,
42
Hegel, Georg Wilhelm Friedrich,
92n
Helvétius, Claude-Adrien, *De l'Esprit*,
73n, 100n
Hobbes, Thomas,
logique de l'intérêt contestée au
nom de la sympathie chez
Hume et A. Smith, 7, 9, 31n
humanité, sentiment d',
chez A. Smith, 187
définition dans l'*Encyclopédie*, 38n
définition dans le *Dictionnaire* de
Furetière, 38n
droit peut s'opposer au sentiment
d'h', 157
essence même de l'être humain
selon S. de Grouchy, 187
langage porté par l'émotion sert
l'h' chez S. de Grouchy, 177
manifestation selon les classes
sociales, 40
morale et sentiment d'h', 153
passage de la sympathie naturelle
au sentiment de l'h', 144
raison et h' face au droit à la
propriété et au profit, 79, 80
rapport au sentiment de l'égalité
naturelle, 61
réflexion entre dans le sentiment
d'h', 155
sentiment naturel à l'homme, 39
Humboldt, Wilhelm von,
Journal parisien, 108 et n, 109, 110
et n, 112 et n, 113n, 124n, 126
et n, 131n
réception de la traduction par S.
de Grouchy de la *Theory* d'A.
Smith et des *Lettres*, 125 et n
Hume, David,
contagion des passions, 11
commentaire d'A. Smith, 140 et
n
Enquête sur les principes de la morale,
140n
expérience médiatisée du
sentiment d'autrui chez D. H'
et chez A. Smith, 140
Letters, 151n

pour les plaisirs cause de la s'
    morale, 142
pitié et compassion fondées
    sur, 9, 10
sentiment moral procède de la
    sensibilité et de la sympathie,
    156
société (vie en) et s', 2
source du sentiment immédiat du
    juste et de l'injuste, 84
subite,
    conditions d'existence, 50, 51
    enthousiasme et s' s', 49, 50 et n
    imagination et s' s', 50
    réflexion et s' s', 50
suscitée par l'assemblée, 65
'sympathiser avec' distingué de
    'avoir de la s' pour', 32n
systématisée par A. Smith, 9
traitement du sujet par A. Smith
    selon S. de Grouchy, 30 et suiv.

Tacite, *Dialogue des orateurs*, 172, 173
Talleyrand, Charles Maurice de, 114
Talma, Julia, *Lettres de J' T' à*
Benjamin Constant, 110 et n, 113 et
    n, 120 et n, 126 et n
théâtre *voir aussi* fiction, spectacle,
    tragédie,
    dynamique théâtrale de la
        sympathie,
        anéantit les sentiments moraux
            chez J.-J. Rousseau, 15
        chez A. Smith, 10, 11
        dans les Lumières écossaises, 15
    théâtralisation du discours chez S.
        de Grouchy et J. Droz, 174
Thierry, Augustin, opinion sur les
    travaux de Fauriel, 120
Tracy, Destutt de, *Eléments d'idéologie*,
    73n, 94n
traduction, motifs économiques de
    la t',
    au XVIIIe siècle, 129, 131
    pour S. de Grouchy, 131, 132
    pour Morellet, 131, 132
tragédie *voir aussi* fiction,
    imagination *et* spectacle,
    imitation des douleurs corporelles
        dans la t' source de ridicule
        chez A. Smith, 58

réfuté par S. de Grouchy, 58
plaisir du spectacle et idée de la
    douleur inhérente à la t', 43, 45
travail, droit de l'homme à réclamer
    le fruit de son t', 79 et n

vanité *voir aussi* amour-propre,
    causes, 91
    motive l'intérêt d'être injuste, 90
    motive l'usage du paradoxe en
        tant que fausse éloquence, 66
    source de plaisirs trompeurs, 78
Vauvenargues, Luc de Clapiers,
    marquis de,
    Du bien et du mal moral, 74n
    'Essais sur quelques caractères',
        63n
    Maximes, 74n
    notice biographique, 74n
    opinion de S. de Grouchy sur sa
        définition du bien et du mal
        moral, 74
vertu(s),
    cause de la sympathie
        individuelle, 48n, 51, 55
    célébrée avec la liberté par
        Rousseau, 68
    désintéressée, sublime et élévation
        morale, 75 et n
    féminines et masculines chez A.
        Smith objet de polémique chez
        M. Wollstonecraft, 187 et n,
        188
    fraternité motivée par la v' plus
        forte que par le sang ou la
        nature, 51
    idée de la v',
        définition, 73
        insuffisante, 156
    inférieure à l'amour, 53
    institutions corrompues dispenses
        de la v', 101
    motivée par le raisonnement et la
        sensibilité, 56
    n'a pas de sexe selon M.
        Wollstonecraft, 188
    résultat d'un calcul moral, 100n
    risques et v' liés à l'amour selon
        A. Smith, 188 et n, 189
        position comparée aux autres
            auteures, 188 et n189